Großer Wander-Atlas

Allgäu
und Allgäuer Alpen

KOMPASS

Großer Wander-Atlas

Allgäu und Allgäuer Alpen

KOMPASS

TANNHEIMER BERGE

OSTALLGÄU

Liebe Wanderer, Bergsteiger, Radfahrer und Mountainbiker,

das Allgäu und die Allgäuer Alpen bieten vielseitige Landschaften, wie man sie sich abwechslungsreicher kaum wünschen kann. Alles, was sich Urlaubsgäste und stressgeplagte Erholungssuchende erträumen, finden sie im Allgäu, das für Erholung, Entspannung und Sport wie geschaffen ist. Großartige Landschaften, übersät mit kristallklaren Badeseen, Burgen und Königsschlössern – allen voran Neuschwanstein, das der bayerische Märchenkönig Ludwig II. bauen ließ – stille Bauerndörfer, malerische Städtchen und Marktflecken, ausgedehnte Wälder, Klöster, Museen und viele weitere Attraktionen kennzeichnen das West-, Unter-, Ober- und Ostallgäu. Ideal ist es also dort für Leute, die es gemütlich angehen lassen wollen. In diesen meist hügeligen Regionen warten ausgedehnte Radtouren, Themenwanderwege, viel Ruhe, Entspannung und keine Sekunde Langeweile.

Noch aufregender geht es in den Allgäuer Alpen zu, die großartige Bergziele für viele Familientouren anzubieten haben. Auch etliche Seilbahnen führen auf diese Berge, von deren Bergstationen schöne Rundwege über die panoramareichen Gipfelhöhen führen. Richtig spannend wird es auf den höheren Bergen, die mit ihren markanten Flanken, extrem steilen Grashängen und ihrer „herben Schönheit" beliebte Herausforderungen für Bergwanderer und Kletterer im Programm haben, die dort voll auf Ihre Kosten kommen. Aber auch viele moderatere Berge rund um dieses hohe Bergmassiv laden ein zum Bergsteigen auf kurzen Tagestouren oder zu mehrtägigen Durchschreitungen mit Hüttenübernachtung.

120 Touren an Seen und Flüssen, auf Radwegen und im Gebirge regen zum Genießen des schönen Erholungsbereichs an.

Mit wachen Augen und Sinn für die Schönheiten der Natur lässt sich der Reichtum der Tier- und Pflanzenwelt im Allgäu entdecken. Wer ein Gespür dafür hat, kann fast auf Schritt und Tritt interessante Blumen oder Tiere am Wegesrand bestaunen. Oder er lässt sich von der kulturellen Vielfalt und nicht zuletzt von der Vielzahl an Cafés und guten Wirtshäusern mit lauschigen Biergärten überraschen.

Wo es sinnvoll ist, sind die Touren als Rundwanderungen vorgestellt, bei denen der Ausgangspunkt wieder erreicht wird. Und die meisten Ausgangs- und Endpunkte liegen an Bahnhöfen oder Haltestellen öffentlicher Verkehrsmittel. Viele der vorgeschlagenen Strecken lassen sich auch gut mit dem Fahrrad bewältigen und das muss nicht immer ein Mountainbike sein.

Die meisten hier vorgestellten Routen sind gut markiert und beschildert. Trotzdem ist es unerlässlich, sich mit einer guten Karte auszurüsten und die Wegbeschreibungen aufmerksam zu lesen. Dann kann man sich kaum verlaufen, auch wenn es mal weglos durchs Unterholz gehen sollte. Die neuen Kompass Karten sind dafür goldrichtig. Wenn die Routenfindung grimmig wird, kann ein GPS-Gerät wertvolle Dienste leisten. Die Tracks für alle 120 Routen stehen auf der beigefügten CD zur Verfügung und können auf ein Navigationsgerät zur fast metergenauen Navigation geladen werden. Ein großer Teil der Routenbeschreibungen dieses Wanderatlasses stammt von Herbert Mayr, der die Wege mit Akribie ausgekundschaftet und detailgenau aufgeschrieben hat. Ohne seine wertvolle Hilfe hätte dieses Buch nicht entstehen können. Dafür bin ich ihm zu großem Dank verpflichtet.

Allen Wanderern und Radfahrern wünsche ich viele erlebnisreiche Stunden in der freien Natur, dieselbe Begeisterung, die mir die Recherche bereitet hat, und stets eine gesunde Rückkehr.

Buchenhain, im Sommer 2008

Gemütliche Rast mit Blick zum Grünten

Erlebnis Allgäu

Das Allgäu, am Nordrand der Alpen gelegen, ist von Eiszeiten geprägt. Große Gletscher haben ihre Moränen zu einer anmutigen Hügellandschaft geformt und zahlreiche Schmelzwasserseen hinterlassen. Diese verlanden immer mehr und bilden ausgedehnte Sumpf- und Moorlandschaften, die teilweise unter besonderem Schutz stehen, weil sie wertvolle Rückzugsgebiete für gefährdete Tier- und Pflanzengemeinschaften geworden sind. Wanderungen abseits der Straßen und ausgewiesenen Rad- und Spazierwege erfordern besondere Sensibilität und Rücksicht auf empfindliche Naturbereiche.

Immer wieder finden sich Schotterebenen und lang gezogene Flusstäler, die – wie am Lech – von Menschenhand aufgestaut und zur Stromerzeugung genutzt werden. Die dabei entstandenen Seen sind zu Naturrefugien aus zweiter Hand geworden.

Das Allgäu hat sich zu einem Erholungsgebiet ersten Ranges gemausert, das zu den beliebtesten deutschen Urlaubsrevieren gehört. Die nördlichen Teile des Allgäus eignen sich für Wanderer, die nicht nur an schönen Wegen, sondern auch an kulturellen Höhepunkten wie Klöstern, Kirchen, Burgen und Schlössern sowie an lauschigen Biergärten interessiert sind. West-, Unter- Ober- und Ostallgäu sind aber auch wie geschaffen für Radfahrer, die sich dort auf ein wahres Bikerdorado freuen können. Wer es schärfer mag und höher hinaus will, sucht die Allgäuer Alpen auf. Während die sanften Wald- und Wiesen-Bergeshöhen der Allgäuer Voralpen und der nördlichste Teil des Bregenzer Waldes ambitioniert wandernden Familien den rechten Rahmen geben, stellen die Berge des nordwestlichen Lechtals und im Gebiet um Ifen/Gottesacker schon deutlich höhere Anforderungen an Kondition und Ausdauer. Im Kleinwalsertal, den Tannheimer Bergen und den Allgäuer Hochalpen geht es dann richtig alpin zur Sache. Aber auch dort gibt es neben anspruchsvollen Klettertouren schöne Bergtouren, die jedem, der mit alpinen Gegebenheiten einigermaßen vertraut ist, große Freude bereiten können.

Außer Bergtouren bieten sich auch viele Talwege, Klammsteige und Alphütten als Ziel für weniger ambitionierte Wanderer an.

Mitten in Isny

Die Seen

Alatsee
Höhe 868 m
ca. 550 m lang und 300 m breit
maximale Tiefe 35 m

Alpsee (Hohenschwangau)
Höhe 814 m
ca. 1,90 km lang und ca. 4,70 km breit
maximale Tiefe 62 m

Bachtelweiher
Höhe 797 m
ca. 0,30 km lang und ca. 0,25 km breit

Badsee
Höhe 679 m
ca. 1,30 km lang und ca. 0,50 km breit
maximale Tiefe 7 m

Bannwaldsee
Höhe 786 m
ca. 2,40 km lang und ca. 1,80 km breit
maximale Tiefe 12 m

Eschacherweiher
Höhe 1000 m
ca. 0,60 km lang und ca. 0,30 km breit

Forggensee
Höhe 781 m (im Sommer)
ca. 8,70 km lang und ca. 2,80 km breit
Städtische Forggenseeschifffahrt
Tel. +49(0)8362/921363
www.fuessen.de

Freibergsee
Höhe 928 m
ca. 0,50 km lang und ca. 0,50 km breit
maximale Tiefe 24 m

Großer Alpsee
Höhe 725 m
ca. 3,30 km lang und ca. 1,00 km breit
maximale Tiefe 22,7 m

Grüntensee
Höhe 876 m
ca. 2,50 km lang und ca. 1,00 km breit
maximale Tiefe 11,2 m

Haldensee
1124 m
ca. 1,40 km lang und ca. 0,70 km breit

Hopfensee
784 m
ca. 2,50 km lang und ca. 0,70 km breit
maximale Tiefe 10,4 m

Illasbergsee
781 m
ca. 1,60 km lang und ca. 0,50 km breit

Illersee (Sonthofer See)
730 m
ca. 0,70 km lang und ca. 0,20 km breit

Ortwanger See
725 m
ca. 0,60 km lang und ca. 0,25 km breit

Rottachsee
850 m
ca. 4,80 km lang und ca. 0,90 km breit
maximale Tiefe 30 m

Sachsenrieder Weiher
706 m
ca. 0,50 km lang und ca. 0,30 km breit

Sameisterweiher
775 m
ca. 0,45 km lang und ca. 0,80 km breit

Schwansee
789 m
ca. 2,00 km lang und ca. 1,00 km breit
maximale Tiefe 7 m

Schwarzenberger Weiher
861 m
ca. 0,80 km lang und ca. 0,20 km breit

Stadtweiher (Kempten)
722 m
ca. 0,35 km lang und ca. 0,20 km breit

Sulzberger See
706 m
ca. 1,10 km lang und ca. 0,70 km breit
maximale Tiefe 14,7 m
Vilsalpsee
1165 m
ca. 1,30 km lang und ca. 0,50 km breit
maximale Tiefe 30 m
Weißensee
787 m
ca. 2,40 km lang und ca. 0,80 km breit
maximale Tiefe 24,7 m
Widdumer Weiher
705 m
ca. 0,40 km lang und ca. 0,15 km breit

Bahn • Bus

Deutsche Bahn Fahrplanauskunft
Tel. +49(0)1805/996633
Tel. +49(0)800/1507090
www.bahn.de

BEG Bayerische Eisenbahngesellschaft
Tel. +49(0)89/7488250
www.bayerntakt.de

Allgäu Express
Tel. +49(0)1801231232
www.mobil-mit-alex.de

Regionalverkehr Allgäu
Füssen: Tel. +49(0)8362/9390505
Oberstdorf: Tel. +49(0)8322/96770
www.rva-bus.de

Kleinwalsertal - Walserbus
www.kleinwalsertal.com

Regionalbus Augsburg GmbH
Tel. +49(0)8382/976598

Komm-mit-Reisen
Tel. +49(0)8321/671000

Bergbahnen

Oberstaufen-Hündlealp
www.huendle.de
Tel. +49(0)8386/2720
Hochgratbahn
www.hochgrat.de
Tel. +49(0)8386/8222
Füssener Jöchlbahn
Tel. +43(0)5675/63 63
www.tannheimertal.at/lifte-graen
Vogelhornbahn Tannheim
www.tannheimer-bergbahnen.at
Tel. +43(0)5676/6260
Neunerköpflebahn Tannheim
Tel. +43(0)5676/6260
www.tannheimer-bergbahnen.at
Iselerbahn
Tel. +49(0)8324/8081
www.skilifte-oberjoch.de
Krinnenalpbahn
Tel. +43(0)5675/8250
www.lifte-nesselwaengle.at
Diedamskopf Gondelbahn
Tel. +43(0)5515/41100
www.diedamskopf.at
Breitenbergbahn
Tel. +49(0)8363/5820
www.breitenbergbahn.de
Tegelbergbahn
Tel. +49(0)8362/98360
www.tegelbergbahn.de
Wannenjochbahn
Tel. +43(0)5676/6260
www.tannheimer-bergbahnen.at
Nebelhornbahn
Tel. +49(0)8322/96000
kleinwalser-
tal.com/bergsommer/bergbahnen-lifte

Hörnerbahn
Tel. +49(0)8326/9091
www.hoernerbahn.de
Söllereckbahn
Tel. +49(0)8322/98756
www.soellereckbahn.de
Fellhornbahn
Tel. +49(0)8322/96000
www.kleinwalsertal.com/bergsommer/bergbahnen-lifte
Walmendinger Hornbahn
Tel. +43(0)5517/56740
www.kleinwalsertal.com/bergsommer/bergbahnen-lifte
Ifen Sesselbahn
Tel. +43(0)5517/53340
www.kleinwalsertal.com/bergsommer/bergbahnen-lifte
Kanzelwandbahn
Tel. +43(0)5517/52740
www.kleinwalsertal.com/bergsommer/bergbahnen-lifte
Heuberglift (Bühlalp)
Tel. +43(0)5517/6395
www.kleinwalsertal.com/bergsommer/bergbahnen-lifte
Hornbahn
Tel. +49(0)8324/2404
www.hornbahn-hindelang.de
Mittagbahn
Tel. +49(0)8323/6149
www.mittagbahn.de
Rohnenlift
Tel. +43(0)5676/6260
www.tannheimer-bergbahnen.at

Rotes Waldvögelein

Tourismus-Info

Tourismusverband Allgäu Bayerisch Schwaben
Tel. +49(0)821/4504010
www.tvabs.de

Tourismusverband Ostallgäu
Tel. +49(0)8342/911313
www.ostallgaeu.de

Tourismusverband Unterallgäu
Tel. +49(0)8261/995375
www.tourismus.unterallgaeu.de

Oberallgäu Tourismus Service GmbH
Tel. +49(0)8321/80040
www.oberallgaeu.de

Touristikverband Lindau - Westallgäu e.V.
Tel. +49(0)8382/270136
www.lindau-westallgaeu.org

Ferienregion Allgäu - Bodensee
Tel. +49(0)7522/74211
www.ferienregion-allgaeu.de

Tourismusverband Tannheimer Tal
Tel. +43(0)5675/62200
www.tannheimertal.com

Tourismusverband Ferienregion Reutte
Tel. +43(0)5672/62336
www.ferienregion-reutte.at

Tourismusbüro Lechtal
Tel. +43(0)5634/5315
www.lechtal.at

Tourismusverband Tannheimer Tal
Tel. +43(0)5676/8120
www.jungholz.com

Kleinwalsertal Tourismus
Tel. +43(0)5517/51140
www.kleinwalsertal.com/tourismus

Allgäu Marketing GmbH
Tel. +49(0)831/5753730
www.allgaeu.info

Einkehr • Unterkunft

Hier finden Sie eine Übersicht der wichtigsten **Berggasthöfe, Alphütten, Schutzhütten** und **Wanderunterkünfte**. Bitte beachten Sie, dass sich die Telefonnummern kurzfristig ändern können - aktuelle Informationen erhalten Sie in den örtlichen Tourismusbüros (siehe Seite 13) oder im Internet unter www.alpenverein.de und www.naturfreunde.de

Oberallgäu

Alpenhof Reuterwanne
Tel. +49(0)8365/338
www.alpenhof-reuterwanne.com

Kuhschwandalp
Tel. +49(0)8325/1313
www.kuhschwand.de

Untere Reuterwannealp
Tel. +49(0)1726005053

Allgäuer Voralpen

Alpe Dornach
Tel. +49(0)8322/6630
www.alpe-dornach.de

Berghaus Schwaben
Tel. +49(0)8326/438

Bergstation-Gaststätte am Mittagberg
Tel. +49(0)8323/8790
www.mittagbahn.de

Bergstation Hochgratbahn
Tel. +49(0)8386/8332
www.hochgratbahn.de

Buhlsalp
Tel. +49(0)8321/3733
www.buhls-alpe.de

Gasthaus Breitachklamm
Tel. +49(0)8322/4643
www.gasthaus-breitachklamm.de

Grüntenhütte
Tel. +49(0)8327/7474
www.gruenten-huette.de

Hirschalp
Tel. +49(0)1752078961

Höllritzeralp
Tel. +49(0)8328/274

Kemptener Naturfreundehaus
Tel. +49(0)831/65281

Mittelbergalp
Tel. +49(0)8321/85087

Scheidwangalp
Tel. +49(0)8321/86763

Schnitzlertalalp
Tel. +49(0)1759877414

Sennalpe Oberberg
Tel. +49(9)8321/9711 und
Tel. +49(0)8323/6784

Sorgalp I
Tel. +49(0)8365/368

Untere Lauchalp
Tel. +49(0)8386/8177

Waldhaus
Tel. +43(0)5517/6823
www.waldhaus-riezlern.at

Kleinwalsertal

Adlerhorst
Tel. +43(0)5517/5186
www.das-hoechste.de

Alpengasthof Hörnlepass
Tel. +43(0)5517/57070
www.hoernlepass.at

Bärgunthütte
Tel. +43(0)664/3110453
www.baergunthuette.de

Berggasthof Bühlalp
Tel. +43(0)5517/5579
www.buehlalpe.at

Berggasthof Schwabenhütte
Tel. +43(0)5517/5654
www.schwabenhuette.at
Bergrestaurant Ifenhütte
Tel. +43(0)664/3400693
www.ifen.de/ifenhuette
Bergstation Kanzelwand
Tel. +43(0)5517/30064
www.kanzelwandbahn.de
Bernhardsgemstelhütte
Tel. +43(0)664/2003035
Fluchtalpe
Tel. +49(0)8322/606332
www.fluchtalpe-wildental.de
Gasthaus Küren
Tel. +43(0)5517/68900
www.kueren.de
Hintere Gemstelhütte
Tel. +43(0)5517/368580
Innere Kuhgehrenalp
Tel. +49(0)8326/1833
Innere Wiesalpe
Tel. +43(0)650/7497196
Tel. 43(0)5517/6685
www.wiesalpe.de
Käsker Breitenalpe
Tel. +43(0)5515/4110233
Melköde
Tel. +43(0)5517/6368
Mindelheimer Hütte
Tel. +49(0)8378/7238
www.mindelheimer-huette.de
Mittlere Spitalalp
Tel. +43(0)676/3069671
Obere Gemstelalpe
Tel. +43(0)664/1636206
Restaurant Bergadler
Tel. +49(0)8329/54240
www.ifen.de/bergadler
Schwarzwasserhütte
Tel. +43(0)5517/30210
Schwendle
Tel. +43(0)5517/20444
www.gasthaus-schwendle.at
Widdersteinhütte
Tel. +43(0)664/3912524
www.widderstein-huette.at

Allgäuer Hochalpen

Alpe Bärgündele
Tel. +49(0)8321/83419
www.hirtenstube.de
Alpe Mitterhaus
Tel. +49(0)1608033939
Berggasthaus Gletscherspalte
Tel. +49(0)8324/651
www.gletscherspalte.de/hindelang
Berggasthaus Hochleite
Tel. +49(0)8322/3390
www.hochleite.de
Berggasthof Gerstruben
Tel. +49(0)8322/4424
Berghaus am Söller
Tel. +49(0)8322/3341
www.berghausamsoeller.de
Berghaus Schönblick
Tel. +49(0)8322/4030
www.berghausschoenblick.de
Bergstation Kanzelwandbahn
Tel. +43(0)5517/30064
www.kanzelwandbahn.de
Café Horn
Tel. +49(0)8324/8249
www.cafe-horn.de
Enzianhütte
Tel. +49(0)1707931655
www.enzianhuette-oberstdorf.de
Fellhorn-Gipfelstation
Tel. +49(0)8322/9600413
www.fellhorn.de
Fiderepasshütte
Tel. +43(0)5517/20626

Gappenfeldalpe
Tel. +43(0)5675/6390
Gasthaus Adler in Hinterhornbach
Tel. +43(0)5632/318
www.hinterhornbach-adler.at
Gasthaus am Vilsalpsee
Tel. +43(0)5675/6293
Gasthaus Seealpe
Tel. +49(0)83228682
Gasthof Sonnenklause
Tel. +49(0)8321/3614
www.sonnenklause.de
Gaststätte Bergkristall
Tel. +49(0)8322/98050
Giebelhaus
Tel. +49(0)8324/8146
www.giebelhaus.de
Gundalpe
Tel. +49(0)8324/973730
www.gundalpe-oberjoch.de
Kemptner Hütte
Tel. +49(0)8322/700152
Fax +49(0)8322/30091909
www.kemptner-huette.de
Konstanzer Jägerhaus
Tel. +49(0)8324/8111
Landsberger Hütte
Tel. +43(0)5675/6282
Oberauhütte
Tel. +49(0)8322/6930
Obere Traualpe
Tel. +43(0)676/5114563
Oytalhaus
Tel. +49(0)8322/80381
www.oytalhaus.de
Prinz-Luitpold-Haus
Tel. +49(0)8322/700154
www.prinz-luitpoldhaus.de
Rappenseehütte
Tel. +49(0)8322/700155
www.rappenseehuette.de
Schwarzenberghütte
Tel. +49(0)1733927766
Strand Café
Tel. +49(0)8322/4857
www.freibergsee.net
Waltenberger Haus
Tel. +49(0)8322/700156
Wiedhaghütte
Tel. +49(0)8324/7123
www.wiedhagalpe-oberjoch.de
Willersalpe
Tel. +49(0)1719939847
Zipfelsalpe
Tel. +49(0)8324/8052

Tannheimer Berge

Älpele
Tel. +43(0)5675/20096
Berggasthaus Adlerhorst
Tel. +43(0)5675/8224
www.adlerhorst-haldensee.at
Edenbachalp
Tel. +43(0)5675/6460
Füssener Hütte
Tel. +43(0)676/3423221
www.tannheimertal.at/fuessener-huette
Krinnenalp
Tel. +43(0)5675/8189
Nesselwängler Ödenalp
Tel. +43(0)676/4920184
www.edenalpe.at
Obere Strindenalp
Tel. +43(0)5675/6285
Ostlerhütte
Tel. +49(0)8363/424
Otto-Mayr-Hütte
Tel. +43(0)5677/8457
www.otto-mayr-huette.de
Schneetalalp
Tel. +43(0)676/9604415
www.schneetalalm.com
Vilser Alpe
Tel. +43(0)676/5111263
und +43(0)676/4247953
www.vilseralm.at

Ostallgäu

Burghotel Falkenstein
Tel. +49(0)8363/914540
www.dein-all-gaeu.de/partner/burghotel_falkenstein
Königshaus in der Bleckenau
Tel. +49(0)8362/81181
www.berggasthaus-bleckenau.de
Rohrkopfhütte
Tel. +49(0)8362/8309
Säulinghaus
Tel. +43(0)664/2524415
www.saeulinghaus.at
Saloberalm
Tel. +43(0)5677/8788
www.saloberalm.de
Tegelberghaus
Tel. +49(0)8362/8980
www.tegelberghaus.de

Gefahren

Auf den Touren im Bergbereich sind die alpinen Gefahren besonders zu beachten. Vor allem das Wetter ist ein besonderes Kapitel, das immer wieder unterschätzt wird. Gewitter sind in den Sommermonaten fast an der Tagesordnung. Auf einem sogenannten Eisenweg (Ferrata; Klettersteig), also an einem Drahtseil, besteht erhebliche Gefahr durch Blitzschlag. Doch auch Gipfel, Grate und Wasserläufe muss man bei Blitzgefahr meiden, und man darf sich nicht in Felsennischen oder Höhlen unterstellen! Stattdessen Mulden aufsuchen, in die Hocke gehen, Beine zusammenpressen und Stöcke weglegen!
Selbst auf markierten Bergwegen, ja sogar Fahrwegen, droht nicht nur nach Unwettern in felsigen Bereichen Steinschlag. Auch weiter oben unachtsam gehende Bergwanderer können Steinschlag auslösen. Und Gämsen scheint es regelrecht Vergnügen zu bereiten - oder wollen sie damit vielleicht ihre Vorrechte im Gebirge ausdrücken? Deshalb muss man sich in gefährdeten Bereichen, vor allem auf Klettersteigen, mit einem Steinschlaghelm schützen.
Besondere Risiken bestehen auf alten Schneefeldern, die im Frühsommer in steilen Karen oder auf schattseitigen Flanken zu wahren Rutschbahnen werden können. Mit

Aufstieg auf den Hochvogel

Eine seltene weiße Alpenrose

Rutschbahn werden. Nasses Gras stellt eine erhebliche Gefahr im Steilgelände dar, auch wenn durch die modernen griffigeren Stiefelsohlen diese Gefahr deutlich gemindert ist. Das Gleiche gilt übrigens für glitschigen Lehmboden oder durch intensive Begehung glatt polierte Felspartien.

Ausrüstung

Im Gelände muss der Wanderer für jedes Wetter gerüstet sein. Leichte

Wanderstöcken und gutem Schuhwerk ist man zwar sicherer in solchen Bereichen, doch vorsichtshalber sollte man dort – auch auf ausgetretenen Spuren – Leichtsteigeisen (sogenannte Grödel) anlegen, vor allem, wenn der Schnee verharscht oder vereist ist.

Neben der Steinschlaggefahr besteht im Steilgelände eine erhebliche Gefahr abzustürzen. Felsengriffe, die sich zum Festhalten anbieten, können auch auf viel begangenen Routen ausbrechen. Deshalb darf man sich auf Felsengriffe immer erst dann verlassen, wenn man ihre Festigkeit vorher geprüft hat. Dabei aufpassen, dass ein herausbrechender Stein nicht weiter unten Gehende gefährdet!

Selbst eine harmlose Wiese kann im Morgentau zu einer gefährlichen

Sommerkleidung für strapaziöse Routen in praller Sonne, also kurze Hosen und ein luftiges T-Shirt (zusätzlich eines zum Wechseln) und ein Sonnenschutz für den Kopf, gehören ebenso zur richtigen Ausstattung wie warme Kleidung gegen Kälteeinbruch. Lange Überhose, Fleecejacke oder Pullover, Handschuhe und warme Mütze dürfen daher auch beim Aufbruch in schönstem Sonnenschein nicht fehlen. Und natürlich auch keine Regenbekleidung. Ob die moderne Überbekleidung, deren Bezeichnung meist mit -tex endet, wirklich so wasserdicht und hoch atmungsaktiv ist, wie die Werbung verspricht und das viele Geld wert ist, was das Sportgeschäft dafür verlangt, muss jeder selbst entscheiden. Manchmal tut es auch billigere

Kleidung. Besonders wichtig ist natürlich festes Schuhwerk mit griffiger Profilsohle. Trekkingschuhe sind zwar bequem und leicht, aber seitliche Stabilität gegen Verknacksen bieten sie den Füßen kaum. Für Klettersteige werden ein Klettersteigset und ein Steinschlaghelm empfohlen.

Proviant sollte man auch mitnehmen, wenn man auf der Route in Gasthäusern einkehren könnte. Manche Wirtshäuser haben Ruhetag oder sind aus anderen Gründen geschlossen, und eine schöne Brotzeit will man sich ja auch nicht entgehen lassen. Was eingepackt wird, richtet sich nach den persönlichen Wünschen. Obst sollte dabei nicht fehlen und auch an alkoholfreien Getränken darf man keineswegs sparen - auch wenn ein kühles Bier auf dem Gipfel oder unter schattigen Kastanien schon ein besonderer Hochgenuss sein kann ... Am besten eignen sich Tee oder isotonische Getränke, wie beispielsweise Apfelsaftschorle.

Für die Sicherheit sollte man eine Rucksackapotheke mit Rettungsdecke und - heute schon fast ein Muss - ein Handy mitnehmen, um notfalls, wenn Funkverbindung besteht, schnell Hilfe holen zu können.

Und noch etwas darf keinesfalls vergessen werden, besonders wenn im Sommer die Sonne flirrt: der Sonnenschutz. Ein Sonnenhut alleine reicht nicht. Alle der Sonne ausgesetzten Körperstellen und die Lippen müssen durch Cremes mit hohem Lichtschutzfaktor geschützt werden.

Gerade für die verwegeneren Routen, die auch durch wegloses Gelände führen, sollte man einen Kompass dabei haben und im Bergbereich einen Höhenmesser, damit die Standortbestimmung leichter fällt. Allerdings muss man den Umgang mit diesen Geräten beherrschen. Also vorher üben!

Für die besonders langen Touren braucht man hauptsächlich im Herbst, wenn die Tage kurz sind, eine Stirnlampe.

Das alles gehört in einen Rucksack, der gut sitzen und verhindern muss, dass am schweißnassen Rücken der Gipfelwind zum Hexenschuss führt ...

Fehlen nur noch ein Paar Wanderstöcke, die im Gebirge den Aufstieg erleichtern und beim Abstieg die Belastung der Gelenke reduzieren. Muss man sich auf ausgesetzten Passagen oder auf einem Klettersteig mit den Händen festhalten, schnallt man die Stöcke natürlich an den Rucksack. Deshalb eignen sich besonders gut stabile Teleskopstöcke (beim Kauf darauf achten, dass sie sich bei Belastung nicht eigenmächtig zusammenschieben).

Beste Wanderzeit

Im Allgäu und den Allgäuer Alpen ist das ganze Jahr über Saison. Im Winter und im Frühjahr gehört das Gebirge allerdings den Skifahrern. Doch einige Berge werden zunehmend auch im Winter bestiegen. Die eigentliche Wanderzeit beginnt dort erst zwischen Anfang und Mitte Juni so richtig. Dann ist der Schnee meist so weit abgeschmolzen, dass man auch die größeren Lawinenkegel überqueren kann. Die Alpenblumen stehen dann in voller Blüte, und die Luft ist rein für eine schöne Rundschau. Im Sommer ist das Gewitterrisiko beachtlich. Bei der Länge der Touren, die sogar einen ganzen Tag oder mehr beanspruchen können, muss man dies unbedingt beachten. Deshalb empfiehlt sich für Wanderungen besonders der Herbst, in dem das Wetter oft beständiger ist, dann aber leider die Tage schon wieder kürzer werden. Zum Höhepunkt der Laubfärbung können die Touren zu tief greifenden Erlebnissen werden.

Flachlandtouren lassen sich überwiegend das ganze Jahr durchführen. Wenn der Schnee nicht gerade meterhoch liegt, kann man – entsprechend ausgerüstet – auch durch tief verschneite Wälder und Flussauen wandern. Die Touren zu den Badeseen hebt man sich allerdings besser für den Hochsommer auf.

Parken

An vielen Ausgangspunkten gibt es Parkplätze, die an besonders beliebten Orten mitunter überfüllt und im Winter bisweilen nicht geräumt oder nach Sturmschäden auch als

Holzlagerplätze verwendet werden. Inzwischen werden zudem teilweise erhebliche Parkgebühren verlangt, die man mit Münzen am Automaten bezahlen muss. Da Änderungen jederzeit möglich sind, werden in diesem Buch dazu keine verbindlichen Angaben gemacht.

Gehzeiten

Die in diesem Wanderführer angegebenen Gehzeiten gelten für Wanderer mit durchschnittlicher Kondition. Wer länger braucht, als hier angegeben: Die Freude an der Natur und das Wohlergehen sollen das Ziel sein, nicht der Leistungsanspruch.

Notruf

Mit dem Handy ist Hilfe über die europäische Notrufnummer 112 erreichbar. Auch im Festnetz wird diese einheitliche Notrufnummer künftig gültig sein.

Alpines Notsignal

Trotz Funktelefonie muss jeder Bergwanderer das Alpine Notsignal beherrschen, denn nicht überall besteht Telefonkontakt.
Hilfe: 6-mal pro Minute ein gut sichtbares oder hörbares Signal (Pfeifen, Rufen, Lichtsignal) in gleichmäßigen Abständen, gefolgt von 1 Minute Pause. Dann die Signale wiederholen.
Antwort: 3-mal pro Minute ein gut sichtbares oder hörbares Signal in gleichmäßigen Abständen, gefolgt von 1 Minute Pause. Dann Wiederholung.

Die Riedkapelle im Benninger Ried

Auskunft • Wetter

Alpine Auskunftstelle
Deutscher Alpenverein (DAV):
Tel. +49(0)89/294940

Alpiner Notruf
Euronotruf: Tel. 112

Wetterdienst
Deutscher Wetterdienst:
Tel. +49(0)190/1160-11 (Alpenwetter)
DAV-Wetterbericht: Tel. +49(0)89/295070
Lawinenlagebericht:
Tel. +49(0)89/12101210 (Tonband)

KOMPASS-Karten GmbH
www.kompass.at

Sonnenuntergang am Bannwaldsee

KOMPASS

KOMPASS Wanderkarten

WK 2	Bregenzer Wald - Westallgäu
WK 3	Allgäuer Alpen - Kleinwalsertal
WK 03	Oberstdorf - Kleinwalsertal
WK 4	Füssen - Außerfern
WK 04	Tannheimer Tal
WK 179	Pfaffenwinkel
WK 187	Oberschwaben
WK 188	Kaufbeuren-Ostallgäu

Schwierigkeitsbewertung

Um die Tourenauswahl zu erleichtern, wird jede Tourennummer in einem farbigen Dreieck dargestellt, das die zu erwartenden Anforderungen symbolisiert:

▼ **Blau** Diese Routen sind einfach. Sie verlaufen auf Forststraßen oder guten Wegen. Zwar können sie im alpinen Bereich steil sein, sie sind aber nicht ausgesetzt und höchstens auf kurzen Strecken felsig.

▼ **Rot** Touren dieser Art können gut trainierte Wanderer auf Anhieb schaffen. Sie erfordern allerdings in den Bergen bisweilen etwas Trittsicherheit und Schwindelfreiheit. Mitunter verlaufen die Routen auf unmarkierten Etappen, die etwas Orientierungsgabe verlangen.

▼ **Schwarz** Zu dieser Kategorie gehören anspruchsvolle Touren. Sie eignen sich nur für erfahrene Wanderer mit guter körperlicher Verfassung. Im gebirgigen Bereich setzen sie alpine Erfahrung und entsprechende Ausrüstung voraus und verlangen absolute Trittsicherheit und Schwindelfreiheit. Sie verlaufen teilweise auf gesicherten Klettersteigen, aber auch über längere Strecken in abgeschiedenem, unerschlossenem, weglosem und unmarkiertem Gelände. Eine stabile Wetterlage ist Voraussetzung für Touren dieser Kategorie.

Schreibweisen

Viele Namen von Ortschaften, Landschaften, Alpen, Bergen, Gewässern und anderem werden in Kartenwerken, auf Wegweisern und von der einheimischen Bevölkerung höchst unterschiedlich gesprochen und geschrieben. Selbst ob es Alp oder Alpe heißt (im Ostallgäu wird verschiedentlich auch Alm verwendet), wird unterschiedlich gehandhabt. Deshalb kann es Abweichungen von Angaben auf Kartenwerken und Wegweisern zu den Schreibweisen in diesem Buch geben.

Tour-Besonderheiten

Zur schnellen und übersichtlichen Information finden Sie im Kopf einer jeden Tourenbeschreibung Symbole, die folgende Bedeutung haben:

 Anreise mit öffentlichen Verkehrsmitteln möglich

 Bergbahnunterstützung grundsätzlich möglich

 familienfreundliche Route; für Kinder geeignet

 Einkehrmöglichkeit auf der Route

 Übernachtungsmöglichkeit auf der Route (bei Bergtouren)

 Klettersteig (nur bei alpinen Routen)

 Route für Radfahrer geeignet

 Mountainbike sinnvoll (bei alpinen Routen)

 wintertaugliche Route

Frühling in Riezlern

Scheidegg - Scheffau

Mit dem Mountainbike zu den schönsten Westallgäuer Wasserfällen

Ausgangspunkt: Scheidegg, Parkplatz Scheidegger Wasserfälle, 713 m
Höhenunterschied: 730 m
Fahrzeit: 2 ¾ Std. + ca. ½ Std. Fußwege zu den Wasserfällen
Charakter: anspruchsvolle Mountainbike-Rundfahrt über 22,5 km; auch längere einfache Asphaltstrecken; kaum Autoverkehr; beachtliche Höhendifferenzen
Einkehr: Scheffauer Stuben und Poltwirt in Scheffau
Karte: KOMPASS WK 2

Geologiefreunde aufgemerkt! Diese spannende Rundfahrt führt zu den schönsten Wasserfällen des Allgäus, die man teilweise im Wald suchen muss, wenn man nicht genau weiß,

In Unterstein

wo sie liegen. Deshalb ist diese Beschreibung ausgesprochen präzise. Und obendrein gibt es noch als kleine geologische Sensation den Gletschertobel bei Scheffau zu sehen.

Bevor man losfährt, sollte man auf alle Fälle die zu den schönsten Geotopen Bayerns zählenden Rohracher Wasserfälle (Scheidegger Wasserfälle) besuchen. Über markante Nagelfluhfelsen stürzt das Wasser in zwei riesigen Kaskaden in tiefe Gumpen hinein. Das muss man gesehen haben! Die anderen Wasserfälle auf dieser Route sind übrigens von ähnlichem Charakter, auch sie stürzen markante Nagelfluhfelsen hinab.

Vom unteren Parkplatz der Scheidegger Wasserfälle geht es auf einem Asphaltsträßchen nach Süden und unmittelbar vor der Bachbrücke links ab. Nun zweimal hintereinander mit Schwung durch das Wasser. Weiter auf grober Schlepperspur, die schräg links steil aus dem Bachgraben ansteigt. Nach beschwerlichem Steilaufstieg wieder zu einer deutlichen Fahrspur. Auf ihr gering ansteigend nach rechts. Hinter dem Weidegatter durch eine enge Linkskehre und steil den Hang querend hinauf, bis

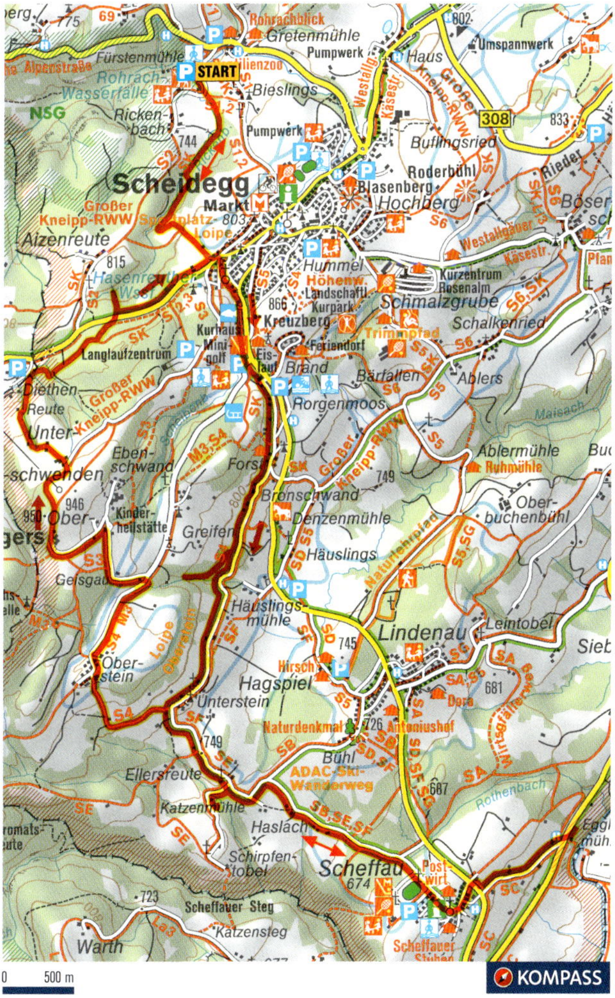

Der Scheidegger Wasserfall

an der Hangkante freie Wiesen erreicht werden. Dort dreht der Weg rechts ab und führt zur Autostraße in Scheidegg hinüber. Auf ihr rund 30 Meter weit nach links, dann rechts auf den Bergwaldweg einbiegen. Auf der Höhe der evangelischen Kirche nach links auf den zur Ortsmitte beschilderten Fußweg abzweigen und sehr eng zur Fahrstraße. Auf ihr rechts weiter, zu den Kurteichen und zum Kurhaus. Auf dem Fuß- und Radweg neben der Staatsstraße 2386 dahin, in Brand rechts abbiegen und in Richtung Forst weiter.

Am Ortsende von Forst nach rechts auf eine Asphaltstraße Richtung Unterstein einschwenken. Durch das Bauerndorf Bronschwand und hinter dem Ort zu einem Wasserbehälter auf der rechten Straßenseite am Waldrand. Von dort zweigt eine Schlepperspur nach rechts in den Wald ab, die sich nach rund 150 Metern verzweigt. Dort sich rechts haltend über den Bach, an einem Schuppen vorbei und auf der immer schmäler werdenden Pfadspur auf gleicher Höhe in dichten Wald hinein. Durch ein paar Bachgräben und am Rande einer tiefen Schlucht dahin. Dann sich etwas rechts haltend der Wegspur steil ansteigend folgen und zur eindrucksvollen Schwedenhöhle, neben der ein Wasserfall munter herunterfällt.

Auf demselben Weg zum Wasserbauwerk zurück, rechts abbiegen und nach Unterstein. Am Ende des verträumten, idyllischen Ferienortes sich schräg nach links halten und in langer Talfahrt gegen Südosten durch Haslach und nach Scheffau. In der Ortsmitte nach links zur Autostraße, dieser knapp 100 Meter weit nach rechts folgen und nach links auf eine schmale Straße einbiegen, die 15% steil abfällt. Unten wird wieder eine Autostraße erreicht, der man ein kurzes Stück nach links zum beschilderten Gletschertopf folgt.

Auf demselben Weg in mühsamer Bergauffahrt bis zum Ortseingang von Unterstein zurück. Dort der Beschilderung „Katzensteg - Schirpfentobel“ links folgend im Wald hinab, am Wohnhaus vorbei, über die Brü-

cke und unmittelbar hinter ihr auf einem Forstweg nach links in den Wald hinein. Zu Fuß hinunter zum markanten Schirpfentobel mit seinem schönen Wasserfall.
Nach dem dritten Wasserfallbesuch wieder nach Unterstein hinauf, nach links in Richtung Oberstein abzweigen und der Beschilderung folgend in den verträumten Ort hinein. Dabei muss man eine steile Wiese mit insgesamt vier Drehkreuzen überwinden, was mit dem Mountainbike nicht einfach ist.
Geradewegs durch den Ort und auf dem Sträßchen bis Geisgau. Dort scharf nach links auf die Autostraße einschwenken und in längerem Anstieg nach Oberschwende hinauf. Bei der Klinik wieder nach links abdrehen und zum obersten Hof von Oberschwende. Von ihm auf einem Feldweg zum höchsten Punkt der Tour, einer weiten, aussichtsreichen Wiesenkuppe.
Kurz vor der Scheitelstrecke links abbiegen, am Waldrand steil nach Unterschwende hinab und durch den Ort. Beim letzten Hof nach links auf einem Wiesenweg zum oberen Rand eines Grabens. Unmittelbar hinter ihm nach rechts abdrehen und auf schmalem Weg steil nach Reute hinunter, wo wieder ein Sträßchen erreicht wird. Auf ihm nach rechts und zum Rickenbach hinab. Unmittelbar vor der Brücke rechts abdrehen und dem Wanderweg in Richtung Hasenreuter Wasserfall folgen. Sich nach einem Treppenaufstieg links haltend zu einem Fahrweg und der Wanderwegbeschilderung durch den Wald folgen. Man darf die nach links beschilderte Abzweigung nicht übersehen. Sie weist zur Fahrstraße hinab, die man zu einem Wanderweg quert, der zum besonders schönen Hasenreuter Wasserfall führt. Der restliche Rückweg folgt dem Fuß- und Radweg neben der Autostraße nach Scheidegg, wo am Ortseingang der Hinweg erreicht wird. Auf ihm zum Ausgangspunkt zurück.

Der Gletschertopf Scheffau

Wangen - Lindenberg

Berg- und Talfahrt im Westallgäu

Ausgangspunkt: Wangen im Allgäu, Bahnhof, Parkplatz, 573 m
Höhenunterschied: 625 m
Fahrzeit: 2¾ Std.
Charakter: schöne, sportliche Radrundfahrt über 35 km mit zwei interessanten Stadtbesichtigungen
Einkehr: zahlreiche Gasthäuser an der Route
Karte: KOMPASS WK 188

Zwei schmucke Städtchen und dazu noch eine Wallfahrtskirche sind die Attraktionen auf dieser spannenden Auf- und Abfahrt durch das Westallgäu. Da insgesamt mehr als 600 Höhenmeter zu überwinden sind, bleibt diese Radtour sportlich versierten Bikerfreunden vorbehalten. Besonders aufregend ist übrigens die Hinfahrt von Wangen im Allgäu nach Lindenberg. Dort fährt man längere Strecken auf Autostraßen und ein unangenehmes Routenstück durch weglosen Wald. Wer so etwas nicht schätzt, sollte auf der als Rückfahrt beschriebenen Route nach Lindenberg hinfahren. Diese Strecke ist deutlich einfacher.

Idylle bei Mothen

Vom Bahnhofsplatz in Wangen schiebt man das Rad auf einem Fußweg und über eine Treppe in die historische Altstadt hinunter (Fußgängerzone). Nach der Besichtigung des historischen Stadtkerns an der B 32 nach Süden aus der Stadt hinaus, um links nach Schwarzenberg einzubiegen. Der Verkehr lässt nun bis Wohmbrechts deutlich nach. In Wohmbrechts die B 12 und die Bahnstrecke queren und hinter dem

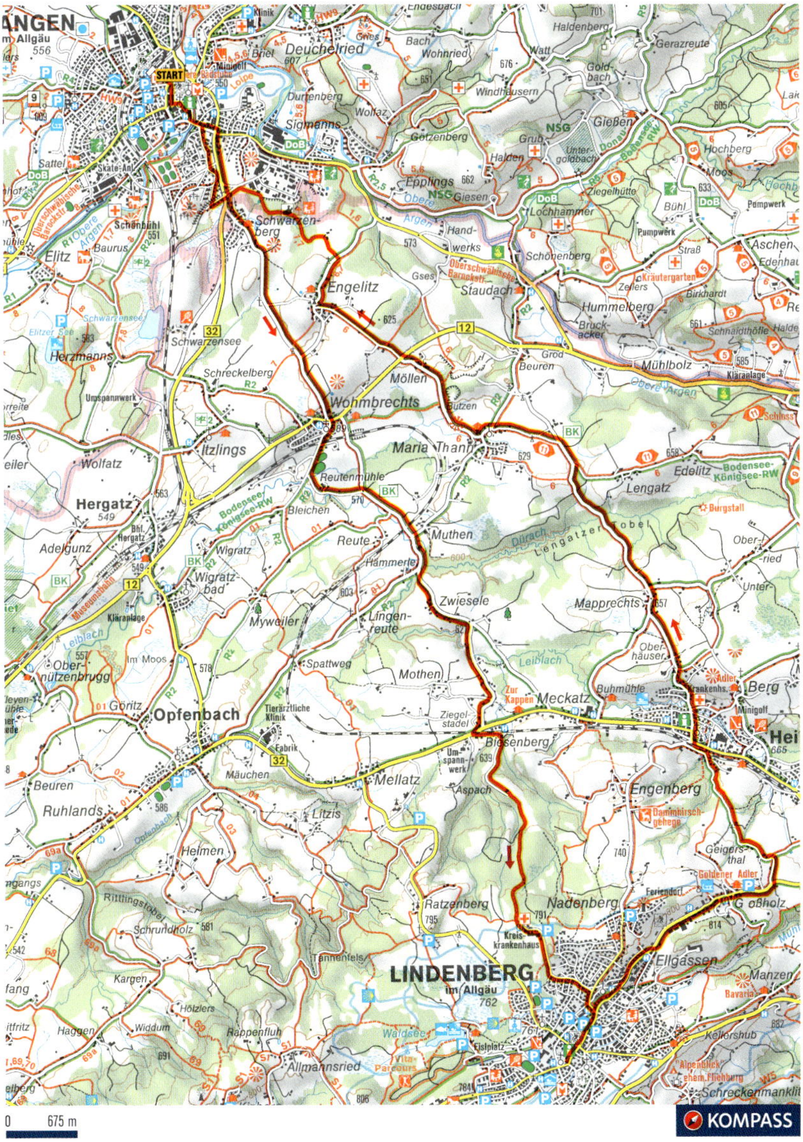

Lindenberg im Allgäu

Sportplatz links zur Reutenmühle abzweigen. An der folgenden Straßeneinmündung nach rechts abbiegen und nach Zwiesele hinauf. Auf der Scheitelstrecke rechts nach Mothen und zur B 32 in Biesenberg. Dort kurz nach rechts (gegen Westen) und unmittelbar hinter dem Bahnübergang scharf nach links abbiegen. Rund 250 m weit neben der Bahnstrecke dahin, dann nach rechts abknickend steil nach Süden hinauf und in den Wald hinein. Der Fahrweg dreht rechts ab. Von dort führt eine Schlepperspur geradeaus gegen Süden weiter in den Wald hinein und endet schließlich. Die alten Wege sind im sumpfigen Wald weitgehend zugewachsen, sodass man das Rad tragend sich bis zur Höhe von 796 m durchs Unterholz kämpfen muss, ehe hinter dem Waldrand völlig unerwartet das Kreiskrankenhaus erreicht wird.

Links um das Krankenhausgelände herum und zunächst gegen Süden, dann nach Südosten und zuletzt gegen Südwesten zum Stadtkern von Lindenberg.

Nach der Stadtbesichtigung auf der Staatsstraße 2378 aus Lindenberg hinaus und nach Goßholz hinauf. Unmittelbar vor der Bushaltestelle, noch vor dem Ortsende, nach links abzweigen und in flotter Talfahrt durch Geigersthal bis Heimenkirch. Im Ort nach rechts durch die Bahnunterführung, dann scharf nach links. Bei der Kirche die Kemptener Straße verlassen und geradeaus hinab. In strammem Gegenanstieg von rund 20% Steigung nach Oberhäuser, bei der schmucken Kapelle links abzweigend nach Mapprechts und durch den romantischen Lengatzer Tobel. Hat man den tiefen Bachgraben verlassen, sieht man schon den Kirchturm der Wallfahrtskirche Maria Thann über die Wiesen ragen. Nach links auf den Giebelweg einbiegen und nach kurzer Bergfahrt nach Maria Thann hinein. Man verlässt den Wallfahrtsort gegen Nordwesten, quert bei Möllen die B 12 und biegt in Engelitz scharf nach rechts ab. In einer Senke zweigt nach links ein Sträßchen zu einem Hof ab. Auf ihm fährt man weiter, wendet sich beim Hof nach links und folgt der Wanderwegmarkierung durch den Erholungswald. An einem idyllischen Weiher mit Grillplatz vorbei erreicht man Schwarzenberg, von wo es nicht mehr weit zum Bahnhof von Wangen ist.

Wangen im Allgäu

Leutkirch - Isny

Radlrundtour im Württembergischen Allgäu

Ausgangspunkt: Leutkirch, Bahnhof, Parkplatz, 653 m
Höhenunterschied: 680 m
Fahrzeit: 4 Std.
Charakter: lange Radrundfahrt über 50 km auf überwiegend asphaltierten, stillen Nebenstrecken; eine Steilauffahrt mit 16%!
Einkehr: Gasthäuser in Leutkirch und Isny, Gasthaus Rad in Enkenhofen, Schäferhof bei Bettmauer, Gasthof „Zum Kreuz" in Beuren
Karte: KOMPASS WK 187

Die beiden Allgäuer Städtchen Leutkirch und Isny mit ihren historischen Stadtkernen sind es wert, besichtigt zu werden. Daneben gibt es auch noch ein großartiges Naturschutzgebiet zu bestaunen und während der ganzen, langen Fahrt die schöne Landschaft des Westallgäus mit markanter Bergkulisse im Hintergrund.

Man fährt vom Bahnhofsplatz zur Poststraße hinüber, am Einkaufszentrum vorbei und dann nach rechts auf die Wangener Straße. An der Ampel bei der Hermann-Neuner-Straße nach links abdrehen, am Ende der Straße nach rechts und aus Leutkirch hinaus. An einem auffallenden Rain steht eine Kapelle.

Enkenhofen

LEUTKIRCH
im Allgäu
START
HERLAZHOFEN
Badsee
Beuren
ISNY
im Allgäu
Neutrauchburg
Weidach
Argenbühl
Eisenharz
Christazhofen
Gottrazhofen
Engerazhofen
Toberazhofen
Winterazhofen
Missen
Urlau
Friesenhofen
Adrazhofen
0 750 m
KOMPASS

Dort nach links und dem Straßenverlauf folgend zur Landesstraße 319. Auf dem Radweg neben der Autostraße nach links, an den Haslerhöfen vorbei und nach rechts abbiegend nach Spitzenrain hinauf. Durch eine hügelige, typische Westallgäuer Wald- und Wiesenlandschaft weiter, mitten in Bettelhofen bei der ersten Abzweigung rechts weiter und zur Autostraße. Auf ihr über Toberazhofen nach Engerazhofen und dann nach links in Richtung Winterazhofen abbiegen.

Noch vor der Scheitelstrecke eines ausgedehnten Hügels auf einem kurzen Straßenstich nach rechts zur Kapelle Lasallette abbiegen und wieder zurück zur Fahrstraße. Ihr über Winterazhofen nach Engelboldshofen folgen, an dessen unterem Ortsrand man links abbiegen muss. Unmittelbar hinter dieser Abzweigung wieder nach links in

Leutkirch

Richtung Moosacker. Bei der Gabelung schräg links, in der Linkskehre der Asphaltstraße geradeaus in den Wald hinein und an der folgenden Verzweigung wieder schräg nach links. Im Wald an allen Kreuzungen geradeaus weiter, beim Waldrand nach links abbiegen und zur Asphaltstraße hinab, der man nach rechts bis Enkenhofen folgt. Im Ort links, am Ortsausgang nach rechts und der Autostraße folgen. An der Tobelmühle flott abwärts vorbei nach Gottsrazhofen. Nach der Querung der Unteren Argen bei der Straßenverzweigung links weiter. Auf der relativ stark befahrenen Autostraße nun unbequem bis Steig hinauf, wo man links abbiegt. Deutlich entspannter durch Argenbauer, am Rande von Unterharprechts nach links, dann nach rechts nach Oberharprechts und bei der Kapelle geradeaus weiter. Nach kurzer Gefällstrecke zur Landesstraße 265. Auf ihr nach links weiter und schon nach 200 m nach rechts abbiegend bis Boden. Dort nach links abzweigen und ins Naturschutzgebiet Bodenmös. Dem Wegweiser folgend sogleich nach links ins Riedmüllermoos. Besonders schön ist es dort Ende Mai, wenn die Orchideenwiesen in voller Blüte stehen.

Nach dem Riedbach dreht eine Fahrspur unterhalb der Autostraße nach rechts ab, führt gegen Osten und rechts abbiegend wieder ins Bodenmös. Hinter der Startbahn des Segelflugplatzes nach links durch ein Vogelschutzgebiet und ab dem Flugplatzgebäude auf ei-

Ideales Radlgelände im Württembergischen Allgäu bei Bettelhofen

nem Sträßchen nach Isny hinein. Nach dem Besuch der historischen Altstadt auf der Kastellstraße durch die Vorstadt und auf dem Radweg in Richtung Kleinhaslach.

Beim Wendeplatz in Kleinhaslach beginnt ein kurzer Fußweg, der über eine Wiese zum Römerkastell hinaufführt. Von dort zur Straße zurück und gegen Osten zur alten Bahnstrecke. Dort nach links und neben der Unteren Argen zum Wirtshaus Schäferhof. Nun nach rechts abbiegen, um bald darauf der Radwegmarkierung nach links Richtung Leutkirch zu folgen. In Furtenwies geradeaus, bei Rengers vorsichtig die Autostraße queren. Nach Schwanden, geradeaus durch Haubach und in Waden strapazierender 16%-Steilauffahrt mühsam hinauf, bevor man nach Beuren hinunterflitzen kann. Im Ort beim Gasthof „Zum Kreuz“ nach rechts auf den Tafachweg abzweigen und dann scharf nach links auf die Landesstraße 320. Gleich darauf nach rechts auf den Seeweg einbiegen und auf schmalem Asphaltweg zum Badsee hinunter. Am Seeufer nach rechts, beim Naturbad den See verlassen und über Allmisried nach Winnis hinauf.

In Winnis nach rechts abbiegen und an deutlich beschilderter Abzweigung dem Radweg Allgäu nach links in den Wald folgen. Entlang der Radwegbeschilderung bis zum Campingplatz am Hinterweiher und dort nach rechts nach Herlazhofen. Im Ort nach rechts abbiegen, flott zur Straßenkreuzung hinab und auf der Kreisstraße 7906 geradeaus nach Leutkirch zurück.

Riedholzer Kugel, 1066 m und Eistobel

Von der Argen zum höchsten Punkt des Westallgäus

Ausgangspunkt: Riedholz, Parkplatz an der Eistobelbrücke, 710 m
Höhenunterschied: 400 m
Gehzeit: 3 Std.
Charakter: großartige Rundwanderung durch die Schlucht des Eistobels und auf ein panoramareiches Gipfelchen
Einkehr: Gasthof Adler in Riedholz und Gasthof Argentobelbrücke
Karte: KOMPASS WK 187

Auf dieser beliebten Rundtour lässt sich der spannende Weg durch den Eistobel mit einer kleinen Bergwanderung ideal verbinden. Es wird keine Minute langweilig werden, denn auf der Wanderung lockt ein Glanzlicht nach dem anderen.

Vom Parkplatz und dem Kassenhäuschen (Eintritt) geht man auf einem Treppensteg in das Argental hinab, das direkt unter der Eistobelbrücke erreicht wird. Nun dem breiten Weg nach Süden durch den Eistobel folgen. Man kommt an den Streuwiesen mit dem unter einem Nagelfluhfelsen angelegten Familienplatz vorbei, erreicht die ersten Wasserfälle: den aufregenden Großen Wasserfall, die Zwinge, wo sich das Wasser zwischen Sturzblöcken windet, die Hohe Wand und den Wasserfall am Eissteg. Dort biegt man nach links ab, quert die Argen und folgt der beschilderten Route, bis sich nach rechts ein kurzer Abstecher zur Kapelle und zur Ruine der

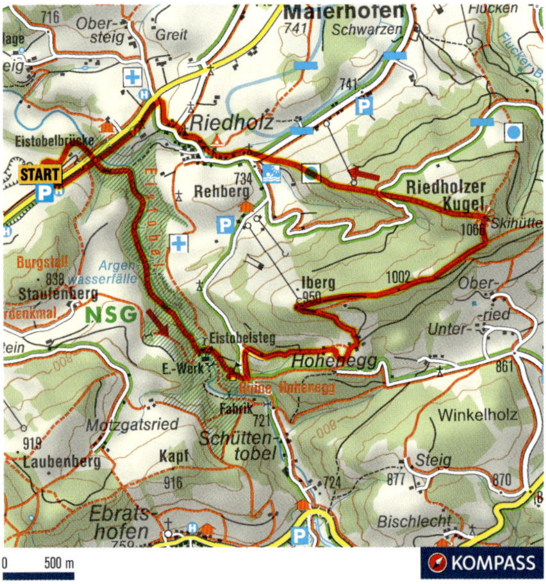

Blick über den Eistobel zur Riedholzer Kugel

Burg Hohenegg anbietet. Von dort auf demselben Weg zurück und zur Kreuzung hinauf. Sich dort links halten und beim Fahrweg scharf nach rechts abbiegen zum Jugendheim. Von ihm der Beschilderung folgend zum malerischen Ort Hohenegg.

Dort beginnt der Anstieg zum Iberg. Er führt moderat gegen Nordwesten hinauf, bis die Bergstation des Skilifts erreicht ist. Dort sich rechts haltend auf dem breiten Höhenrücken sehr gering ansteigend zur Bank am Punkt 1002 m. Bei der folgenden Abzweigung etwas steiler nach links hinauf und am Rande einer Lichtung nach links abdrehend auf dem Weg zum höchsten Punkt der Riedholzer Kugel.

Der Abstieg führt auf schmalem Wurzelweg gegen Westen durch den Wald hinunter, quert einen Fahrweg und fällt in der gleichen Richtung nach Riedholz ab. Durch den Ort und zur Autostraße hinaus. Neben ihr verläuft ein Fuß- und Radweg zur Eistobelbrücke und gleich dahinter ist wieder der Ausgangspunkt erreicht.

Der Eistobel

Am Ende der letzten Eiszeit bildete sich vor rund 15000 Jahren im Talkessel von Ebratshofen ein Schmelzwassersee. Das Wasser aus diesem See lief in einer Rinne ab, die sich im Laufe vieler Jahrtausende immer mehr vertiefte, bis schließlich die Schlucht entstanden war. Weil sich im Winter oft haushohe, bizarre Eiszapfen in der Schlucht bilden, wird sie Eistobel genannt. Der Eistobel gehört zu den schönsten Geotopen Bayerns. Ausführliche Erklärungen zu den geologischen Besonderheiten im Eistobel werden auf einer Infotafel des Bayerischen Umweltministeriums gegeben.

Im Eistobel

Von Memmingen nach Ottobeuren

Radltour zur weltberühmten Basilika

Ausgangspunkt: Memmingen, Parkplatz (teuer) am Bahnhof , 600 m
Höhenunterschied: 350 m
Fahrzeit: 2¾ Std.
Charakter: leichte, gemütliche und nicht zu lange Radrundfahrt über 35,5 km mit wenigen Steigungen; die Rückfahrt ist bretteben
Einkehr: etliche Gasthäuser an der Route
Karte: KOMPASS WK 187

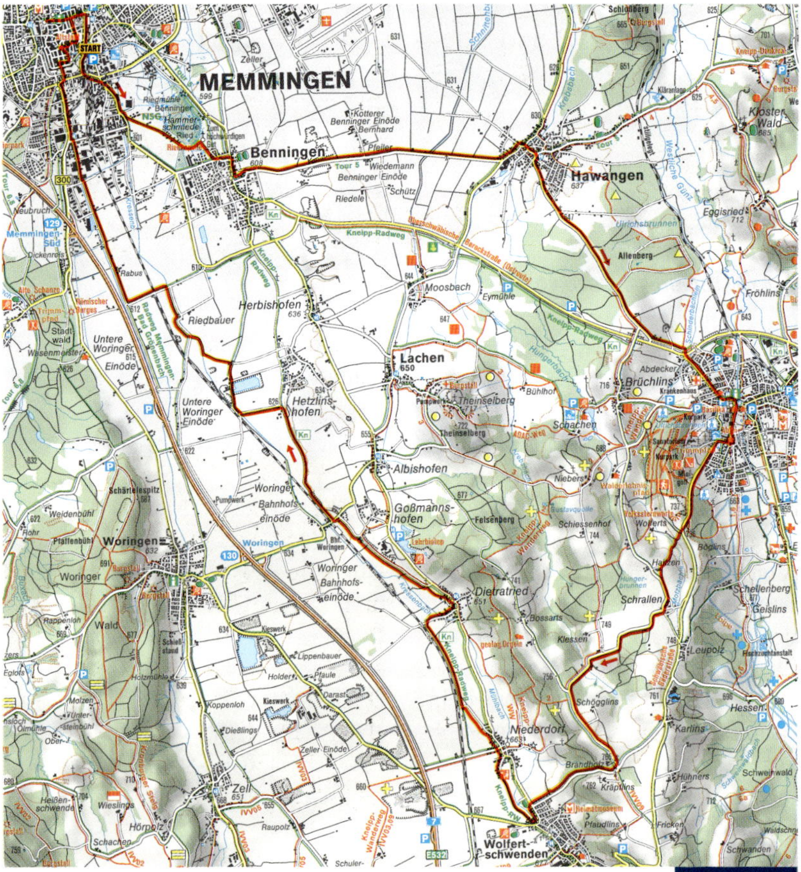

0 750 m

KOMPASS

Bei der Riedkapelle

Bei dieser netten Radltour südlich von Kempten kommt man an ein paar interessanten Anziehungspunkten vorbei, von denen die Basilika und das Benediktinerkloster in Ottobeuren die wichtigsten sind. Aber auch die Riedkapelle und die Altstadt von Memmingen sind auf jeden Fall einen Besuch wert.
Vom Parkplatz fährt man auf der Bahnhofstraße nach Süden und biegt nach links in die Luitpoldstraße ein. Gleich hinter der Bahnunterführung nach rechts und in Richtung Ulm weiter. Beim Werksgelände nach links in das Naturschutzgebiet Benninger Ried, in dem die schmucke Riedkapelle steht. Dann durch Benningen und auf schnurgerader Straße gegen Osten nach Hawangen.
Den netten Ort nach Südosten verlassen und in geringem Anstieg nach Ottobeuren. Nach der Besichtigung von Basilika und Kloster nach Süden aus dem Markt hinaus und in sportlicher Auffahrt weiter. Der Radweg neben der Autostraße endet auf einer Anhöhe neben dem Denkmal für Pater Ulrich Schiegg (1752-1810), dem Erbauer des ersten deutschen Heißluftballons und Mitbegründer der bayerischen Landvermessung.
Von dem Denkmal auf schmalem Fahrweg steil bergab und in der

Das Steuerhaus in Memmingen

Rechtskehre nach links auf einen Feldweg. Auf ihm in einen Graben hinunter und dann nach Haitzen hinauf. Am Ortseingang nach links abdrehend zur Straße hinüber und auf ihr nach links bis Schrallen. Am Ortsrand von Schrallen sich rechts halten, um nach Klessen weiterzuradeln.

Durch Klessen geht es zügig bergab und nach der alten Ölmühle wieder bergauf. Bei der Wegverzweigung am Waldrand schräg nach links weiter. In Kräpflins/Brandholz ebenfalls schräg nach links und in flotter, kurvenreicher Talfahrt nach Wolfertschwenden hinein. Dort kurz nach links der Autostraße folgend gegen Südosten, dann nach rechts auf die Ringstraße abzweigen und

Die Umrahmung des Zifferblattes der Kemptener Martinskirche wurde 1524 von Bernhard Strigel geschaffen.

dem nunmehr gut beschilderten Kneippradweg nach Norden folgen. Über Dietratried nach Goßmannshofen und in zügiger Fahrt eben nach Hetzlinshofen weiter. Von dort kann man entweder dem beschilderten Radweg über Benningen nach Memmingen zurück folgen oder man schwenkt nach links, um etwas unübersichtlich im Zickzack am Zementwerk vorbei nach Riedbauer und sich links haltend zur lärmenden Autobahn zu fahren. Von dort nach Norden bis in die sehenswerte Altstadt von Memmingen und zum Bahnhof zurückradln.

Die Basilika von Ottobeuren

Kloster Ottobeuren

Um das Jahr 764 wurde das Kloster von den Grafen Silach gegründet und von Mönchen aus dem Bodenseegebiet besiedelt. Durch die Reichsunmittelbarkeit war das Kloster nur dem Kaiser und sonst niemandem unterworfen. Es kam zu großem Reichtum, was man an den prunkvollen Bauten noch heute deutlich sehen kann. Während der Säkularisation haben sich die Mönche nicht vertreiben lassen. Unter König Ludwig I wagten sie 1834 einen Neuanfang und heute gibt es wieder eine selbstständige Abtei.

6

Wallfahrtskirche Gschnaidt, 884 m

Im Unterallgäu

Ausgangspunkt: Altusried-Kimratshofen, Bushaltestelle, 750 m; Parkplatz am Sportplatz
Höhenunterschied: 200 m
Gehzeit: Gschnaidt 1¾ Std., Rückweg 1½ Std., gesamt 3¼ Std.
Charakter: wechselnde Steigungen auf Wegen und Fahrspuren, teilweise weglos; Orientierungsgabe erforderlich
Einkehr: in Gschnaidt
Karte: KOMPASS WK 187

Die Pilgertour zu dem hoch gelegenen Wallfahrtsort bei Maggmannshofen startet an der Bushaltestelle in Kimratshofen. Ein Fußgängerweg steigt neben der Straße in Richtung Leutkirch zum Ortsende. Gleich darauf gibt es einen Wanderwegweiser nach Hohentann. Nach einem Feldwegabschnitt über eine Waldkuppe geht's kurz weglos an zwei Telefonmasten vorbei. Auf einem Steg im Wiesental des Holzmüller-

Der malerische Kimratshofer Weiler Holzmühle

bachs das Ufer wechseln. Dort setzt sich die witzige Pfadfinderei an einem uralten Zaun entlang fort, bis im Wald eine steile Fahrspur erreicht wird. Den folgenden Waldweg kreuzen und auf einem undeutlichen Pfad weiter nach Hohentann gehen.

Direkt vor dem Einödhof beginnt rechts ein Feldweg. An der nächsten Verzweigung dem Schild nach Wendelins folgen. Über ein Bächlein, dann auf einer längeren schwach ausgeprägten Fahrspur über eine Wiese zum Weiler Wendelins. An der ersten Gabelung hält man sich rechts, an der zweiten links und ab dem Wegende am Waldrand bergauf. Zuletzt geradeaus auf einem recht verwachsenen Pfadstück und an einer Hecke entlang in das Gschnaidt, einer Erhebung (880 m) mit zwei Wallfahrtskapellen, einem Kreuzweg, einer Heilquelle und einem Gasthaus. Nach einem Besuch der Kirche – nebenan steht eine Kapelle mit einer Sammlung von Sterbekreuzen – und einer schmackhaften Brotzeit führt der Weiterweg nach Lendraß in Richtung Hohentann bis zu einem nach Holzmühle beschilderten Feldweg. Nach einer kurzen Wiesenspur auf einem Waldpfad durch ein Mischgehölz bergab nach Holzmühle. Auf einem Holzsteg über den bekannten Holzmüllerbach und anschließend auf einem Feldweg über eine Anhöhe zurück nach Kimratshofen.

Ottenstall im Rorachtal

Altusrieder Weiler und Einöden

Ausgangspunkt: Altusried, Bushaltestelle bei der Post, 722 m; Parkplatz am Ortsrand in der beim Gasthof Rößle abzweigenden Poststraße
Höhenunterschied: 140 m
Gehzeit: Ottenstall 1½ Std., Rückweg 1 Std., gesamt 2½ Std.
Charakter: kleine Steigungen, lückenhaft bezeichnete Fahrwege; kurzer Pfad; Orientierungsgabe vorteilhaft
Einkehr: keine
Karte: KOMPASS WK 187

Auf teilweise schönen alten Wegen umkreist diese Genusswanderung in fortwährendem Auf und Ab die einstige Nordwestbucht des nacheiszeitlichen Kempter Gletschersees. Stille Waldinseln, murmelnde Wiesenbäche, verstreute Weiler und Einöden gestalten diese nördliche Moränenlandschaft zu einem liebenswerten Flecken Allgäu.

Vom Ausgangspunkt wandert man nach Norden auf der Hauptstraße und anschließend auf der Kaldener Straße zum Ort hinaus und zum Ortsteil Strobels. Hinter dem ersten Hof leitet eine Fahrspur zu den oberen Häusern. Nach kurzem Abstieg auf einem Wirtschaftssträßchen steigt vom Weiler Knaus die Straße in einer Kehre über das anmutige Hügelland Richtung Diesenbach.

Bei den Quellbächen des Altenrieder Bachs

Hinter einem Feuchtbiotop Richtung Binzen talwärts und wenig später auf einen Waldweg abbiegen. In der Talmulde von Binzen geht es auf einem Sträßchen unter der nach Kimratshofen verlaufenden Staatsstraße hindurch und recht bequem im Wiesental des von der Wiggensbacher Flur kommenden Rorachbachs nach Ottenstall.

Am Ortsschild beginnt sich eine Feldwegschleife zur versteckten Einöde Ösch aufzuschwingen. Anschließend weist das Schild „Figlers" auf einen abfallenden Waldweg, der sich zu einem reizvollen Pfad verschmälert. Am Wegweiser nach Ösch hält man sich rechts und genießt nun für ein Weilchen die Ruhe des Waldes.

Rechts in den Wirtschaftsweg von Figlers einschwenkend zu einem Aufschwung. An der anschließenden Wegteilung nach links bergab und neben dem kurvigen Oberlauf des Altusrieder Bachs nach Altusried zurück.

Moderner Blickfang in Altusried

Sachsenrieder Weiher

Reicholzrieder Moos und Haldenmühle

Ausgangspunkt: Dietmannsried, 689 m, Bahnhof, Parkplatz
Höhenunterschied: 160 m
Gehzeit: Reicholzried 1 Std., Sachsenrieder Weiher 1½ Std., Rückweg 1¾ Std., gesamt 4¼ Std.
Charakter: kurze spürbare Steigung; meist beschilderte Feld-, Wald- und Wanderwege (kleines Stück auf Pfadspur), ruhige Gemeindesträßchen
Einkehr: in Reicholzried
Karte: KOMPASS WK 187

Für diese abwechslungsreiche Runde im Oberallgäu eignet sich als Startpunkt der Bahnhof in Dietmannsried. Die Bahnhofstraße leitet dorfauswärts zur Querung der Kreis-

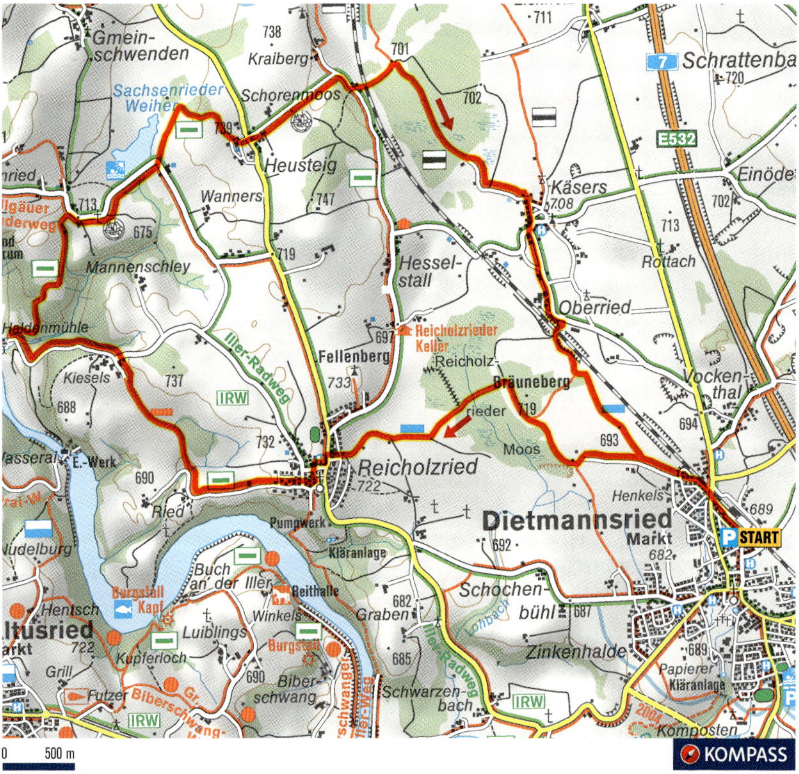

0 500 m

Der Sachsenrieder Weiher bei Reicholzried

straße. Ein Fußweg wird bald von einem Wirtschaftsweg abgelöst. An der Gabelung bei einem Einzelhof nach links und an einem weiteren Anwesen in Richtung Reicholzried. Ein Forstweg verläuft nun durch den in seiner Randzone artenreichen Mischwald des Reicholzrieder Mooses. Auf einem Feldweg geht es nach Reicholzried hinein.

Bei der Kirche folgt man der St.-Georg-Straße und im weiteren Verlauf einem Bauernsträßchen zu den Höfen von Ried hinab. Auf dem anschließenden Feldweg geht es durch ein Wäldchen zum Weiler Kiesels. Dort folgt man dem Schild zum Sachsenrieder Weiher und auf ein Sträßchen, das ins Illertal hinunterführt. Am Eingang des FKK-Freizeitparks Haldenmühle vorbei kommt man auf einem Waldweg in eine wilde Bachschlucht, von der aus man dem Richtungszeiger „Sachsenried" zu einem Wanderweg folgt. Der später steiler werdende Ziehweg verlangt ein paar Schweißtropfen. Über eine Wiesenebene bummelt man nach Sachsenried und in Kürze auf verkehrsarmer Straße zum Sachsenrieder Weiher.

Am Ende des schilfumschlossenen Badegewässers (Tafel „Heusteig") folgt man einer Grasspur entlang der Uferzone auf ein Waldeck zu. Nahe der Landkreisgrenze beginnt ein Feldweg, der zu den Höfen von Heusteig ansteigt. Die Kreisstraße kreuzen und auf stillem Sträßchen zum Weiler Schorenmoos talwärts. Ein Wanderweg quert die Bahn und zieht sich durchs gleichnamige Hochmoor nach Käsers. Dort hält man sich erst an die Straße Richtung Reicholzried und schlendert hinter dem Haus Nr. 11 nach links zu den Anwesen von Oberried. Bei Pferdekoppeln führt ein Feldweg mit hübschen Bergblicken zurück nach Dietmannsried.

Von Ronsberg nach Obergünzburg

Von der Günz in Teufels Küche

Ausgangspunkt: Ronsberg, 700 m, Parkplatz am Schützenheim hinter der Kirche,
Höhenunterschied: 280 m
Gehzeit: 3 ½ Std.
Charakter: schöner Spaziergang über insgesamt 14,3 km mit vielen Sehenswürdigkeiten
Einkehr: in Obergünzburg
Karte: KOMPASS WK 188

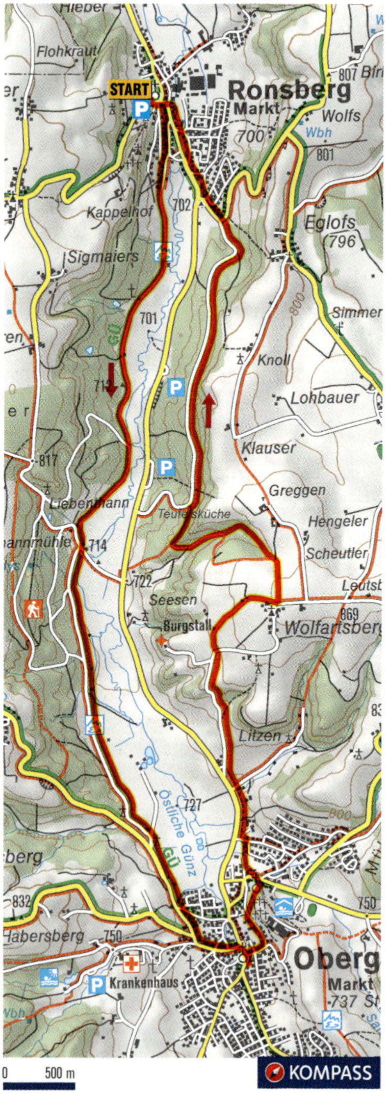

Genau genommen müsste diese Tour zum Ostallgäu gerechnet werden. Von der räumlichen Zuordnung in diesem Buch passt sie aber gut zu den Oberallgäuer Touren. Zwischen Obergünzburg und Ronsberg fließt die Östliche Günz durch ein prächtiges Tal. Beim Hinweg führt die Route auf dem Günzradweg neben der mäandrierenden Günz beschaulich nach Süden bis Obergünzburg. Spannender ist der Rückweg auf den östlichen Hängen der Günz, wo man zu einem der schönsten Geotope Bayerns kommt. Man kann die Tour auch mit dem Fahrrad unternehmen, sollte aber dann auf jeden Fall ein Mountainbike wählen, denn bei der Rückfahrt geht es bisweilen etwas ruppig zu.
Vom Parkplatz zur Hauptstraße und auf ihr nach Süden hinab, bis nach rechts die Mühlstraße abzweigt.

Auf ihr aus dem Ort heraus und auf dem Günzradweg (Ostallgäuer Wanderweg) weiter. Der gute Weg schlängelt sich bequem durch das malerische Tal nach Liebenthann. Sich hinter der Liebenthanner Wirtschaft rechts haltend, bis beim Parkplatz die Autostraße erreicht wird. Neben ihr nach Obergünzburg hinein und zum schönen Marktplatz. Bei der Kirche biegt man nach Osten ab und geht etwas bergauf, bis nach links die Berggasse abzweigt. Auf ihr gering ansteigend hinauf. Auf der Scheitelstrecke zweigt bei einem Bildstock nach rechts ein schmaler Fußweg ab. Er steigt zur Nikolauskirche an und fällt hinter der Kirche zur Kaufbeurer Straße ab. Auf ihr kurz nach links (Nordwesten) und dann nach rechts auf die Ronsberger Straße einbiegen. Auf dem Fuß- und Radweg geradeaus zur von-Grünenstein-Straße, auf ihr kurz nach links und dann neben der Staatsstraße nach Norden weiter. Bei einem Hof schräg nach rechts abzweigen und in einem längeren, forschen Anstieg zu einem Waldsaum hinauf, wo die Hangkante erreicht wird. Geradeaus weiter, in der Rechtskurve des Sträßchens wieder geradeaus und dann in weitem Rechtsbogen nach Wolfartsberg hinauf.

Am Rande des Bauerndorfs scharf nach links abbiegend eine Hecke entlang und in einer Hangmulde nach links. Am Waldrand weiter und in den Wald hinein, auf eine Fahrspur. Sie schnürt sich zusammen und verzweigt sich. Dort nach links auf schmaler Wegspur steil zu einem Forstweg hinab. Auf ihm nach rechts weiter und in einer Kehre nach rechts, bis man das Geotop „Teufelsküche" (siehe Kasten) erreicht. Nach der Besichtigung des Geotops wird ein deutlich breiterer Fahrweg erreicht, der gegen Norden nach Ronsberg abfällt.

Das Geotop Teufelsküche

In einem Umkreis von etwa 400 Meter verstreut liegen zum Teil hausgroße Felsen. Denn

„Als hier vor vielen Hundert Jahren
manch wild Getier und Bären waren
erkor ein Mann als sichren Hort
für Frau und Kind sich diesen Ort.
Weil er noch nicht gekannt das Haus
grub er sich eine Höhle aus.
Sie lebten gut in jenen Tagen.
Mit Pfeil und Bogen ging er jagen.
Viel junges Wild und frische Fische
gab es in seiner Felsenküche.
Des Nachts wenn's kalt und sternenhell sie wärmten sich am Bärenfell.
So lebten sie hier viele Jahre
gesund und ohne Müh' und Plage.
Zum Trinken gab es Beerenwein
und so schlich sich das Unheil ein.
Der blauen Kirschen giftger Saft
hat Weib und Kind dahingerafft.
Bevor das Gift auch ihn zernagte
er bitterböse Worte sagte.
Dem, so berichtet die Legende
war der Teufelsküche Ende."

Nach Meinung der Geologen glitten oder stürzten von der Hangkante Gesteinsbrocken herab, die in der Mindel-Kaltzeit vor ca. 400000 Jahren entstanden waren.

Obergünzburg

Hofgut Unterkürnach
Zwei Mal durch den Hohentanner Wald

Ausgangspunkt: Altusried-Walzlings, 825 m, Bushaltestelle; Parkmöglichkeit bei der zweiten Abzweigung nach Schwarzachen
Höhenunterschied: 210 m
Gehzeit: Unterkürnach ¾ Std., Rückweg 1¼ Std., gesamt 2 Std.
Charakter: mäßige Steigungen; überwiegend beschilderte Fahrwege, kurzer Abschnitt auf ruhiger Staatsstraße; etwas Orientierungsgabe hilfreich
Einkehr: in Unterkürnach
Karte: KOMPASS WK 187

Diese seniorenfreundliche Halbtagestour durch die erfrischende, mittelgebirgsartige Landschaft des Hohentanner Waldes zählt zu den beglückendsten Unternehmungen in diesem schönen Wanderrevier. Auf der beschriebenen Wirtshauswanderung im Grenzgebiet zwischen den Gemeinden Altusried und Wiggensbach überschreitet man gleich zwei Mal den lang gezogenen Mischwaldhöhenzug, ohne jedoch dabei groß außer Atem geraten zu müssen. Am Start bei der Bushaltestelle in Walzlings zeigt der Wanderwegweiser „Schwarzachen" den Kurs. Nach einer Bachquerung folgt man dem Forstweg durch Mischwald in Richtung Butzenwald. An der Gabelung nach links, an der

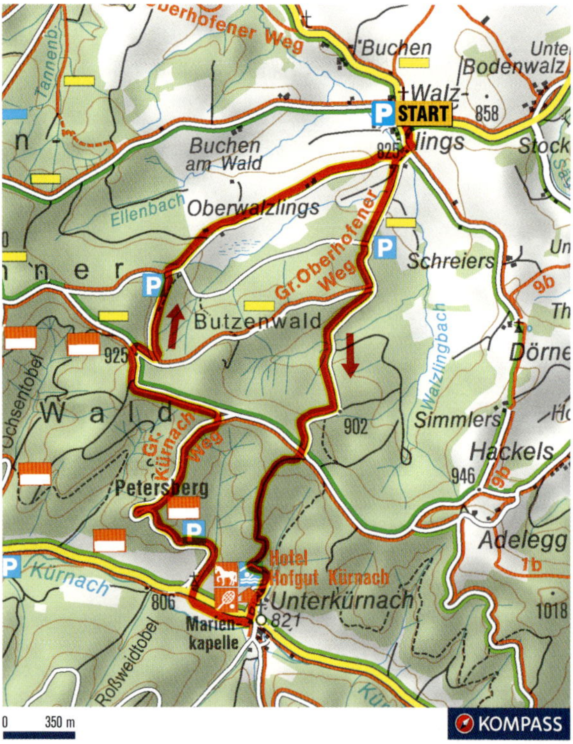

Frühlingseinzug im Hohentanner Wald

nächsten Verzweigung abermals nach links und an der Kreuzung geradeaus stetig bergauf. Auf dem Höhenzug des Hohentanner Waldes einen breiten Forstweg queren und anschließend auf dem Waldweg talwärts, wobei an einer Gabelung auf die Markierung zu achten ist. Das Kürnachtal wartet im Wiggensbacher Weiler Unterkürnach mit einer stattlichen Einkehr auf: dem Hofgut Kürnach.

Ein kurzes Stück nach rechts und auf der wenig befahrenen Staatsstraße weiter, dann auf gewundenem Forstweg über den Petersberg erneut in den Hohentanner Wald hinauf. Jenseits der Talsohle erstreckt sich der mittelgebirgsartige Kürnacher Wald. Auf der Höhe bei einem Wegdreieck in Richtung Frauenzell, beim nächsten Wegdreieck „Gschnaidt" der Beschilderung „Walzlings" folgen und bei der nächsten Verzweigung gemütlich zum Weiler Oberwalzlings hinab. Auf einem Sträßchen anschließend zurück nach Walzlings.

Hohenkapf, 1121 m

Versteckter Minigipfel am Eschacher Weiher

Ausgangspunkt: Buchenberg-Eschach, 977 m, Bushaltestelle am Dorfende Parkmöglichkeit am Straßenrand
Höhenunterschied: 200 m
Gehzeit: Hohenkapf 1¾ Std., Rückweg ¾ Std., gesamt 2½ Std.
Charakter: kurzer Steilaufstieg zum Hohenkapf; meist beschilderte Feld- und Forstwege, Pfade und kleine Abschnitte auf Sträßchen; ein wenig Orientierungsgabe vorteilhaft
Einkehr: Brotzeitstube
Karte: KOMPASS WK 187

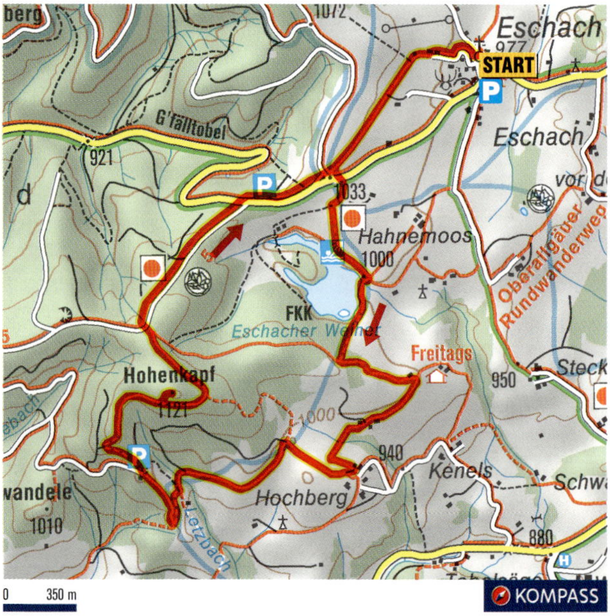

0 350 m

Hohenkapf nennt sich die höchste Erhebung im reichgestaltigen Buchenberger Wald im Süden des Eschachtals. Der selten besuchte Gipfel dieses unscheinbaren Waldschopfs über dem idyllisch gelegenen Eschacher Weiher mit seinen schützenswerten Hoch- und Übergangsmooren überragt sogar um ein paar Meter den wesentlich bekannteren Schwarzen Grat.

Von der Kirche in Eschach auf einem Anliegersträßchen in Richtung Eschacher Weiher hinauf. Wenig später wechselt die Route auf einen aussichtsreichen Feldweg. Bei der nächsten Verzweigung geradeaus und auf einer flachen Fahrspur zum Wanderparkplatz über dem Badesee. Dort die Kreisstraße queren und auf einem Wanderweg hinab zum streckenweise von Wald gesäumten, traum-

haft gelegenen Eschacher Weiher mit kleiner FKK-Insel.
Nach links zum Ende des Sees spazieren und einem Wegweiser zur Brotzeitstube auf einen sanft steigenden Wiesenpfad und zu einem Aussichtspunkt folgen. Dort reicht der Ausblick vom Blender über das Illertal und Buchenberg, die Ammergauer und Allgäuer Alpen bis zu den Höhenzügen Hauchenberg und Sonneneck.
Bei einem Anwesen leitet ein Feldweg zur Brotzeitstube hinab. Auf schmalem Sträßchen weiter zu den Häusern von Hochberg. Den mit „Hoher Kapf“ beschilderten Feldweg wählen und auch nach kleinem Höhenverlust in Richtung Hoher Kapf weiter. Auf einer Pfadabzweigung über den bewaldeten Einschnitt des Letzbachs. Bis auf eine deftige Einlage steigt man schließlich ohne große Anstrengung zum Hohenkapf an. Am Beginn eines Forstwegs auf einem Waldwegabstecher zum aussichtsfreien höchsten Punkt, der etwas östlich der topografischen Markierung abseits des Weges liegt.
Nach einer entspannenden Rast auf dem einsamen Gipfelchen geht es nur kurz zurück und auf dem Forstweg über eine Kuppe. Zuletzt trifft man auf dem Sträßchen, das man auf dem Hinweg weiter östlich gequert hatte, wieder beim Wanderparkplatz am Eschacher Weiher ein. Von hier ist es nur noch eine kurze Strecke bis nach Eschach hinein.

Idyll aus Wasser und Wolken: der Eschacher Weiher

Blender, 1072 m

Stadtnahes Bergziel mit blendender Aussicht

Ausgangspunkt: Wiggensbach-Ermengerst, Bushaltestelle nördlich der Kirche, Parkmöglichkeit, 825 m
Höhenunterschied: 220 m
Gehzeit: Blender 1½ Std., Abstieg ¾ Std., gesamt 2¼ Std.
Charakter: mäßig steile Aufstiege; gut beschilderte Fahr- und Radwege und Pfade
Einkehr: keine Möglichkeit
Karte: KOMPASS WK 187

Nicht nur wegen der Aussicht auf eine lange bezaubernde Gipfelkette nimmt der Blender unter den Kempter Wanderzielen eine Sonderstellung ein. Es ist auch seine Vermittlerrolle zwischen dem stadtnahen Wiesenland und den schier endlosen Wellen des Kürnacher und Buchenberger Waldes, die ihn so anziehend macht.
Bei der Kirche von Ermengerst – übrigens bereits 1037 wurde die Ermengerster Burg als Sitz eines Kempter Dienstmannengeschlechts erwähnt – der Wegweiser „Notzen" den Auftakt. Gleich in der ersten Kurve geradeaus einem Gehweg zum Ortsende hinauf folgen. Ein aussichtsreicher, gemütlicher Feld-

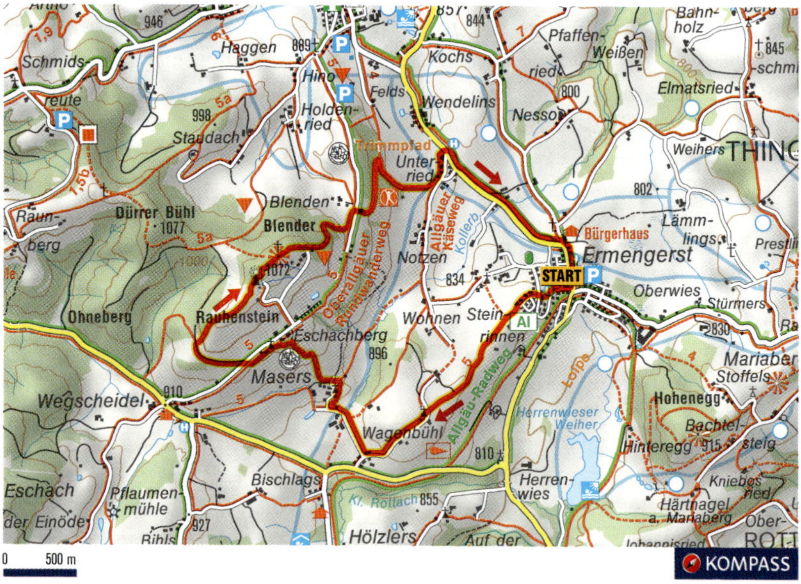

Nahe der Kirche des Wiggensbacher Ortsteils Ermengerst beginnt der wahrscheinlich schönste Aufstieg zum Blender.

weg passiert in Richtung Wegscheidel ein paar einzeln stehende Höfe. Auf einer Wiesenspur erreicht man den Weiler Wagenbühl mit seiner Kapelle.

Das stille Sträßchen nach rechts hinunter zu den Häusern von Masers bietet vorzügliche Einblicke in die Allgäuer Hochalpen. Nach dem Gebäude der ehemaligen Masersmühle lenkt der Wegweiser zum Blender abermals auf eine Wiesenspur. Die deutlich ansteigende und zwischendurch weglose Route hält direkt auf den Blenderturm zu und schlägt bei einer Ruhebank einen Haken.

Im fast 1000 Meter hoch gelegenen Weiler Eschachberg auf schmalem Sträßchen an der geschindelten Kapelle vorbei und beim letzten Haus auf den nach rechts abgehenden Feldweg. Wo sich der Blick in den Kürnacher Wald öffnet, leitet ein Wiesenpfad über den Rauhenstein genannten Bergrücken zum Blender hinauf. Das Panorama vom Fuß des 115 Meter hohen Fernmeldeturms reicht von den Ammergauer Alpen über die Zugspitze zu den Tannheimer Kalkzinnen und über die rassigen Oberstdorfer Majestäten bis zu den Nagelfluhbergen.

Der jetzt nach Wiggensbach beschilderte Pfad führt anfangs flach am Waldrand entlang und später im Wald nach Blenden bergab. Ein Sträßchen queren, im weiteren Verlauf auf einem Waldweg (Trimmpfad) in Richtung Notzen nach Unterried. Von dort auf einem bequemen Radweg zurück nach Ermengerst.

Hirschdorfer Illerschleife

Beschaulich von Stadtteil zu Stadtteil

Ausgangspunkt: Kempten-Heiligkreuz, Bushaltestelle bei der Kirche, Parkplatz, 710 m; von Kempten Richtung Krugzell
Höhenunterschied: 80 m
Gehzeit: Hirschdorf 1¼ Std., Rückweg 1 Std., gesamt 2¼ Std.
Charakter: sanfte Steigung; meist unbeschilderte Wirtschafts- und Fußgängerwege, Pfade und kleine Abschnitte auf stillen Sträßchen; etwas Orientierungsgabe vorteilhaft
Einkehr: in Härtnagel
Karte: KOMPASS WK 187

Bei der schmucken Kirche in Heiligkreuz beginnt dieser relativ einfache Ausflug über die abgelegenen nordwestlichen Kempter Stadtteile. Man spaziert die Augustinerstraße bergab und zweigt bei der Wirtschaft auf den ansteigenden Fahrweg „Am Wald“ ab. An einem Bauernhof vorbei kurz auf einer Pfadspur, danach auf einem Feldweg nach Neuhausen hinab. In derselben Richtung weiter bis zur Straße nach Kempten, dort nach rechts auf

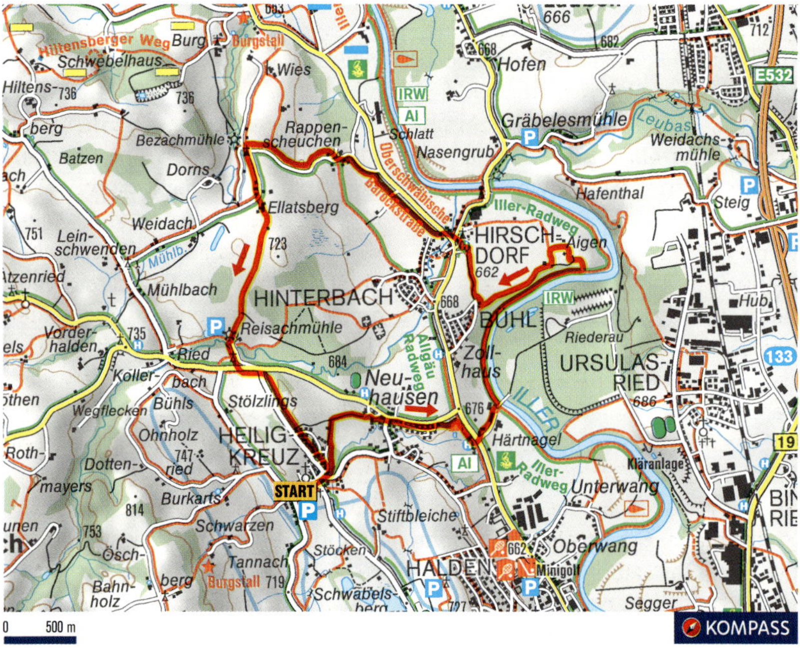

Artenreiche Waldinsel beim Weiler Reisachmühle

dem Fußgängerweg neben der Straße zu den Häusern von Härtnagel hinunter und am Marmor- und Granitwerk vorbei zum Illeruferweg. Diesen nach links und bei der Schranke in der Hirschdorfer Schleife auf einen stillen Pfad, der bei der Gärtnerei von Ajen und am Waldrand entlang nach Zollhaus führt. Dort nach rechts auf einen Feldweg und nach Hirschdorf.

Beim einstigen Schloss, das Mitte des 15. Jahrhunderts Sitz der Herren von Hirschdorf und Reichenbach war und ein Jahrhundert später den Kempter Klosterfrauen von St. Anna als Zuflucht diente, quert man die nach Krugzell führende Staatsstraße. Ein paralleler Fußgängerweg führt zum Weiler Rappenscheuchen. Dort das Illertal auf einem ruhigen Sträßchen verlassen und mit weitem Ausblick zum Umkehrpunkt der Runde. Die Häuser von Bezachmühle rechts abseits liegen lassen und zu den Höfen von Ellatsberg.

Dem Schild 6 zu einem ebenen Wirtschaftsweg folgen, der vorbei an einem bunt zusammengewürfelten Mischgehölz zu den beiden Anwesen von Reisachmühle führt. Neben einem alten Fachwerkhaus zweigt ein Waldpfad ab, der zum stillen Ufer von Voglers Weiher führt. Dieses früher gefragte Badegewässer der Heiligkreuzer Jugend bietet eine letzte beschauliche Tourenunterbrechung.

Zurück in Reisachmühle überquert man die Kollerbachbrücke, danach eine Straße und erreicht bald wieder den Ausgangspunkt in Heiligkreuz.

Mariaberg und Hohenegg, 915 m

Pfundige Höhenwanderung im „wilden Westen"

Ausgangspunkt: Kempten, Bushaltestelle in der Feichtmayrstraße, Parkplatz beim Stadtweiher am westlichen Ortsrand, 730 m
Höhenunterschied: 170 m
Gehzeit: Hohenegg 1½ Std., Abstieg 1½ Std., gesamt 3 Std.
Charakter: geringer Aufstieg; teilweise bezeichnete Spazierwege, Pfade und ruhige Fahrwege
Einkehr: in Mariaberg
Karte: KOMPASS WK 187

Diese kleine Bergrunde durch die bewegte Landschaft im Westen von Kempten beginnt beim Café „Am Stadtweiher". Man folgt erst dem

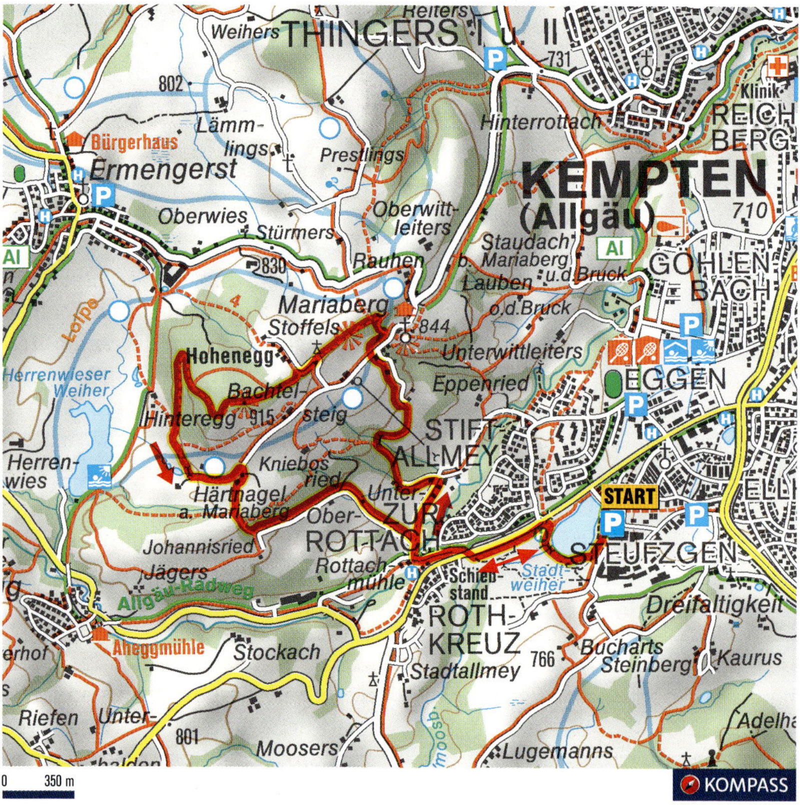

Uferspazierweg und hat im weiteren Verlauf durch lockeren Auwald den Wildmoosbach als Begleiter. Am Ortsanfang des Stadtteils Rothkreuz die Staatsstraße queren und dem Radweg durch das Siedlungsgebiet „Im Rothkreuz" folgen. Nach der Rottachbrücke nach rechts und bei einer Gabelung in den Pulvermühlweg einbiegen. Bald nach links auf ein ansteigendes Anliegersträßchen abzweigen, das zum Anwesen Unterried führt. Eine Wegschleife überwindet einen Bachtobel und den ehemaligen Skihang.

Hinter dem Kempter Stadtweiher ragt der Mariaberg auf.

Hinter der Illerstadt fesselt das Alpenpanorama mit dem imposanten Zugspitzmassiv. Vom Einödhof Eppenried auf schmaler Fahrbahn in engen Windungen – Tiefblicke in zwei weitere Tobel – hinauf zu den Häusern von Mariaberg.

Am gleichnamigen Landgasthaus mühsam auf einem Waldpfad über Holztreppen zum Aussichtspunkt Mariaberg hinauf. Von ein paar Ruhebänken unter einer gedrungenen Kiefer lässt sich sogar noch das untere Illertal sehen. Ein Wiesenpfad folgt danach dem Höhenzug an einer Panoramatafel vorbei.

Der markanteste Blickfang ist neben den Oberstdorfer Bergspitzen der Hochvogel. Sich stets geradeaus haltend auf einem Forstweg zum Aussichtspunkt Hohenegg. Nun talwärts auf einem abwechslungsreichen Pfad in Richtung Herrenwieser Weiher. Bei einer Verzweigung im Fichtenjungwald das Rautenzeichen beachten. Später über der prächtigen Senke des Badesees am Zaun entlang zum Weiler Hinteregg. Von dort kurz auf einem Wirtschaftsweg bergwärts und erneut zu einem mit „Herrenwieser Weiher" beschilderten Feldweg. Bei einer Verzweigung dem Fußgängerweg in Richtung Pulvermühle hinab und links auf einem schmalen Sträßchen nach Oberried. Bald darauf auf der bereits bekannten Route zum Ausgangspunkt in Kempten zurück.

Durchs Leubastal nach Wildpoldsried

Auf Schleichwegen durch Feuchtgebiete

Ausgangspunkt: Betzigau, Bushaltestelle am westlichen Ortsanfang, 728 m; Parkplatz bei der nahe gelegenen Kirche
Höhenunterschied: 90 m
Gehzeit: Wildpoldsried 1½ Std., Rückweg 1¼ Std., gesamt 2¾ Std.

Charakter: geringe Steigungen; überwiegend unbeschilderte Fahrwege; längerer Abschnitt auf nasser Pfadspur; Orientierungsgabe vorteilhaft
Einkehr: in Wildpoldsried
Karte: KOMPASS WK 188

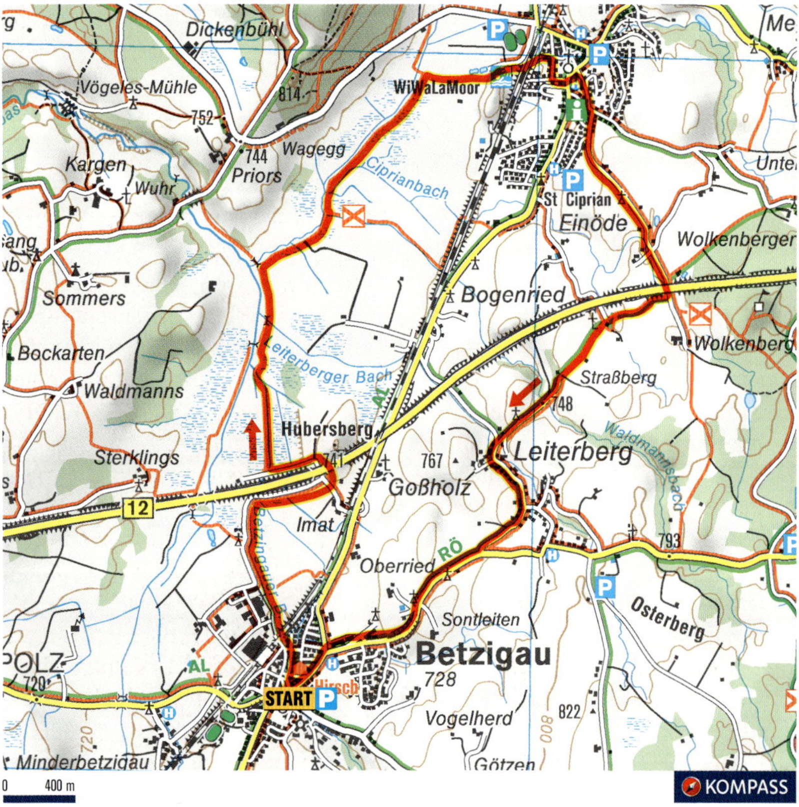

Für diese einsame Genießertour biegt man von der Hauptstraße nach Norden in die Wagegger Straße ein, die nach dem Bahnübergang zu einem Wirtschaftsweg wird, der den Betzigauer Bach begleitet. Bei einer Gabelung mit Flurkreuz nach rechts, unter der B 12 hindurch und gleich wieder nach links. Noch vor den Schrebergärten bei einer Abzweigung erneut am Bach entlang. Der rustikale Kurs entführt ins stille Betzigauer Moos mit weiten Feuchtwiesen, artenreichem Gehölz und reizvollen Schilfzonen. Am Ende der letzten Eiszeit füllte dieses Becken noch ein riesiger Schmelzwassersee.

Unterwegs im abwechslungsreichen Betzigauer Moos

Nach dem Überschreiten des Wasserlaufs mündet die Route in einen besseren Querweg. Anschließend geht es auf einer Brücke über den Leiterberger Bach.

An der Gabelung vor der Leubasbrücke, unterhalb der Wagegger Höhe, nach rechts an der träge strömenden Leubas entlang. Bei der folgenden Verzweigung sich links halten und auf feuchter Wiesenspur weiterhin dem Flüsschen folgen. Den Ciprianbach überqueren und vor einer weiteren Brücke nach rechts auf einer Pfadspur dem Klärkanal folgen. Beim Sportplatz von Wildpoldsried durch die Bahnunterführung zu den Tennisplätzen und zur Dorfmitte, wo gleich mehrere Einkehrmöglichkeiten zu einer ausgiebigen Tourenunterbrechung verlocken.

Hinter der Kirche verlangen die Steigungen der Berg- und Burgstraße zu den Höfen der Wolkenberger Einöde hinauf erstmals ein bescheidenes Engagement. Doch in Richtung Burgruine Wolkenberg geht es auf einem ruhigen Sträßchen wieder eben weiter. Nach der Unterführung der B 12 geht es nach rechts an Straßberg vorbei, durch die Senke des Waldmannsbachs, danach auf einer Fahrspur nach Leiterberg, den Blender vor Augen.

Dann folgt man dem Leiterberger Bach durch das idyllische Örtchen hinauf. Auf einer wenig befahrenen Straße kehrt man schließlich zuletzt mit hübschem Bergblick zurück nach Betzigau.

Bachtelweiher

Spritztour für ein kurzes Zwischenhoch

Ausgangspunkt: Kempten, Bushaltestelle Schuhmacherring im Stadtteil „Auf dem Lindenberg", Parkmöglichkeit, 700 m
Höhenunterschied: 100 m
Gehzeit: Bachtelweiher ¾ Std., Rückweg 1½ Std., gesamt 2¼ Std.
Charakter: geringe Anstiege; kaum beschilderte Fußgänger- und Wirtschaftswege, weitgehend ruhige Sträßchen
Einkehr: keine
Karte: KOMPASS WK 187

Diese kleine Erholungsrunde durch den nahen Osten von Kempten beginnt bei der Bushaltestelle Schuhmacherring. Dort sind die Bahngleise in Richtung Bachtelmühlsiedlung zu queren, bevor man in den Kirchenweg einbiegt. „Am Alpenblick" hinauf und auf einen schmalen Fußweg, der zu einer Anhöhe aufsteigt. Man genießt dabei ein ausgezeichnetes Gebirgspanorama von den Tannheimer Bergen bis zum Hochgrat und sogar zum klobigen Widderstein.

Eine schmale Privatstraße führt über den Höhenzug zu den beiden Bauernhöfen des Stadtteils Hinterholz und zu den verstreuten Häusern von Moos hinab. Vor der A 7 über die Bahnbrücke, auf einem Wirtschaftsweg talwärts und entlang einer verträumten Schilfzone

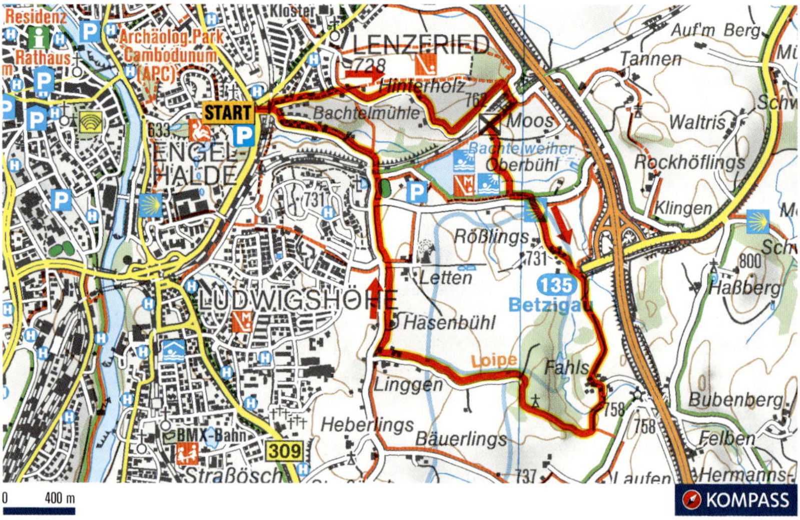

östlich am Bachtelweiher vorbei. Danach nach links in einen Fußweg einschwenken und auf einem ansteigenden Anliegersträßchen nach Rößlings. Auf einem Wirtschaftsweg kurz zur Kreuzung am Wasserbecken hinunter, nach rechts über die Brücke des Bachtelweiher-Zuflusses und zum Duracher Ortsteil Fahls hinauf, der durch eine Birkenallee erreicht wird.

Geradeaus nochmals über den im Gehölz versteckten Bach, danach auf einem Querweg über eine Waldkuppe zum Weiler Linggen. Unterwegs ergeben sich herrliche Ausblicke über den Duracher Talkessel auf die Berge und über das Illertal zum Blender. Zum Schluss gemütlich auf einem ruhigen Sträßchen an den zwei benachbarten Anwesen von Hasenbühl vorbei. Hinter den Schrebergärten folgt man einem Fußgängerweg zu der alten Bahnunterführung hinab und wieder zurück nach Kempten.

Der Bachtelweiher bei Lenzfried

Archäologischer Park Cambodunum

Im Stadtteil „Auf dem Lindenberg“ kann man im Archäologischen Park die Vergangenheit der römischen Stadt Cambodunum, einer der ältesten deutschen Städte, nacherleben. Die Anlage besteht aus drei Teilen: der gelungenen Teilrekonstruktion eines gallo-römischen Tempelbezirks im Maßstab 1:1, aus den Kleinen Thermen, einer antiken Bade- und Freizeitanlage der einstigen Römerstadt mit originalen Grundmauern, Böden, Heizkeller und Kanälen und aus dem Forum, Zentrum des einstigen städtischen und öffentlichen Lebens und Heiliger Bezirk. Bereichert wird der historische Komplex durch sehr beachtenswerte Ausstellungen.

Öffnungszeiten täglich außer Montag 10-16.30 Uhr (Mitte Dezember bis Mitte März geschlossen), Tel. +49(0)831/2525200.

17

Dürrer Bichl und Knollerhag, 954 m

Auf die höchsten Erhebungen des Kempter Waldes

Ausgangspunkt: Betzigau-Möstenberg, Bushaltestelle, 885 m; Parkmöglichkeit am Straßenrand auf der Kuppe am oberen Ortsrand
Höhenunterschied: 180 m
Gehzeit: Dürrer Bichl 1¾ Std., Knollerhag ½ Std., Rückweg 1¼ Std., gesamt 3½ Std.
Charakter: kleine Steigungen; zum Teil beschilderte Forstwege und kurze Pfade; etwas Orientierungsgabe vorteilhaft
Einkehr: in Hauptmannsgreut
Karte: KOMPASS WK 188

Von der Bushaltestelle geht es auf den Weg durch die grüne Lunge des Allgäus. Beim oberen Ortsrand folgt man an der Kapelle vorbei dem Wirtschaftssträßchen in Richtung Stellbrunnenwiese. In der ersten Kurve entführt ein Waldweg in den zu Beginn noch lockeren Kempter Wald. Weglos ein kurzes Stück über die Weide und vor einem Stadel nach links auf einen Pfad. Beim Stockermoos auf einem Holzsteg über

Am Nordrand des Kempter Waldes bei Hauptmannsgreut

einen kleinen Bach. Bald darauf nach rechts wieder auf einen Waldweg und am Wiesenende nach rechts auf die Kempter-Wald-Straße in Richtung Grillplatz Stellbrunnen hinab.

Kurz danach weist das Schild „Dengelstein“ nach links auf einen Forstweg. An der kommenden Gabelung sich links haltend den Bannholzbach queren. Bei dem von Blaubeergestrüpp überzogenen Klammmoos verschmälert sich der Fahrweg zum Wurzelpfad. Erneut auf einem Forstweg, bleibt man der breiten Hauptroute treu, die zum Schwäbisch-Allgäuer-Wanderweg führt. Buchen und Birken, Ahorn und Eschen, Erlen und Espen mischen sich ins Nadelgrün.

An der Weggabel auf schwacher Steigung nach links weiter in Richtung Stellbrunnen. Am Rande des Naturwaldreservates Dürrer Bichl, der zweithöchsten Erhebung des Waldes, über eine Windwurffläche und zu einer Lichtung mit der Alten Jägerhütte (auch Jägerhaus) und Kapelle. Dort nach links auf die in Richtung Betzigau führende Waldstraße. An der nächsten Kreuzung nach rechts auf einen Forstweg, der zum höchsten Punkt des Kempter Waldes, dem Knollerhag (Panoramatafel), führt: Ausschau über das Fichtenmeer zu den Ammergauer und Tannheimer Gipfeln.

Bei einer Wildfütterung lässt man sich vom Täfelchen „Hohe Schulter“ den Kurs zeigen und trifft nach deutlichem Höhenverlust und kleinem Gegenanstieg in Hauptmannsgreut ein. Am Wirtshaus geht man nach rechts und auf einem Wirtschaftsweg, später dann auf einer Wiesenspur, bergab zur Kunstwerkstatt Betzigau, wo man auf die Straße in Richtung Möstenberg stößt.

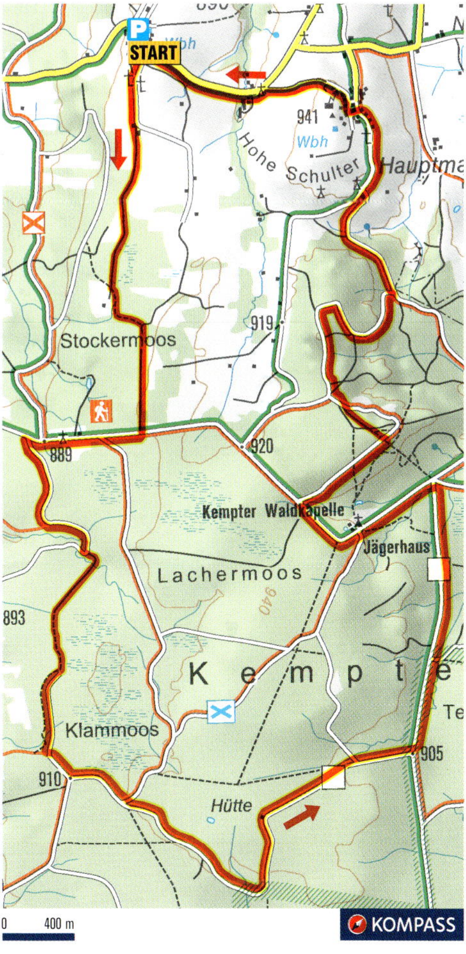

Waldgasthaus Tobias und Sinkmoos

Herber Moorduft im Durach-Quellgebiet

Ausgangspunkt: Durach-Bodelsberg, Bushaltestelle am Gasthof Adler, 896 m; Parkplatz hinter dem Wirtshaus
Höhenunterschied: 90 m
Gehzeit: Waldgasthaus Tobias 1¼ Std., Sinkmoos ½ Std., Rückweg ½ Std., gesamt 2¼ Std.
Charakter: mäßige Steigung; meist bezeichnete Forstwege und Pfade
Einkehr: Waldgasthaus Tobias
Karte: KOMPASS WK 188

Der spannende Routenverlauf führt zu den jungen Wassern der Durach in der Südwestecke des Kempter Waldes. Beim Gasthof Adler kurz der Kreisstraße in Richtung Görisried folgen. Am Ortsende dem Wegzeiger „Rundweg-Sinkmoos-Tobias" nach auf einen asphaltierten Wirtschaftsweg, später auf einem gemütlichen Pfad den Waldsaum entlang. Nach einem Bachsteg über den Durach-Oberlauf nach rechts in einen Forstweg einbiegen. An einer Verzweigung kaum spürbar bergauf in Richtung Alte Jägerhütte und in den Kempter Wald hinein.

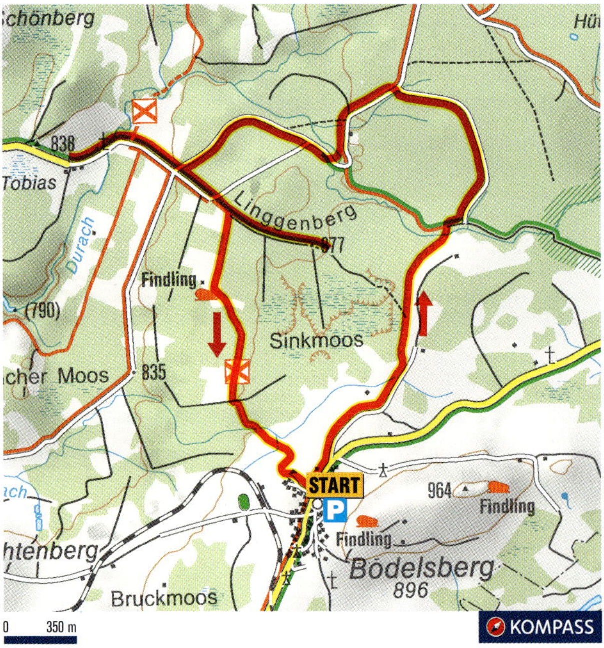

Man bummelt über eine Kuppe und folgt bei einer Verzweigung dem abfallenden Weg. Hinter einem Bachlauf kommt man zur Forsthütte Albrecht-Plätzle. Man bleibt weiter auf Talkurs, überquert ein weiteres Mal die Durach, spaziert

In der Südwestecke des Kempter Waldes lockt das verschwiegene Sinkmoos den Naturfreund zu einem Abstecher.

an einem Tobel entlang und erreicht zuletzt auf befestigter Fahrbahn nach einer nochmaligen Durachbrücke an der Öffnung des Waldes das beliebte Ausflugsziel Waldgasthaus Tobias.

Nach der Einkehr zurück zum Asphaltende und erneut der Richtung „Rundweg Sinkmoos" folgen. Diese Route Richtung Bodelsberg ist identisch mit dem Oberallgäuer Rundwanderweg.

Bei der Wegteilung nach längerer mäßiger Steigung lohnt sich ein kleiner Abstecher. Dazu anfangs noch weiter in Richtung Sinkmoos und in der Kurve kurz darauf geradeaus auf eine mit dünnen Rundhölzern ausgelegten Fahrspur. Diese führt auf dem Linggenberg in das Sinkmoos. Das stille und einen herben Duft verströmende Hochmoor fesselt mit leuchtenden Birkengruppen und üppig verteilten Moorkiefern, den sogenannten Spirken.

Bei einem lauschigen Plätzchen am Jagdsitz neben einem Ackerstreifen umkehren, da der alte Fußpfad zugewachsen ist. Nun wieder in Richtung Bodelsberg, über Waldwiesen und an einer Wildfütterung vorbei. Auf einem Wanderweg über den Steg des Langeneckbachs queren und zum Schluss an ein paar Nagelfluhfindlingen und einem stattlichen Zwillingswacholder vorbei wieder zurück zum Ausgangspunkt nach Bodelsberg.

Kapf, 998 m

Schauwarte über dem Weißachtal

Ausgangspunkt: Oberstaufen, Bahnhof, Parkplatz, 795 m
Höhenunterschied: 240 m
Gehzeit: Kapf 1½ Std., Abstieg ¾ Std., gesamt 2¼ Std.
Charakter: kurzzeitig steilere Aufstiege; meist beschilderte Forst-, Feld- und Spazierwege, Pfade und stille Sträßchen
Einkehr: Café Paradies
Karte: KOMPASS WK 2

Geflecktes Knabenkraut

Obwohl der Oberstaufer Kapf nicht einmal eine vierstellige Gipfelhöhe vorzuweisen vermag, darf er sich dennoch als vortreffliche Schauwarte rühmen. Am einprägsamsten erweist sich allerdings nicht der schnelle Diretissima-Aufstieg sondern die vorgeschlagene Rundwegschleife über den Quellwassern der Oberen Argen mit Abstieg zum Café Paradies.

Vom Bahnhof in Oberstaufen auf dem Gehsteig zur Kirche und dem Wegweiser zur Sparkasse nach. Ein Stück auf der Schlossstraße beachtet man die Tafel „Sinswang". Der vorbildlich angelegte, zum Kalvarienberg beschilderte Wanderweg führt durch einen kühlen Bachtobel. Nach einem Aussichtspunkt auf einem schmalen Sträßchen erhol-

sam an Weidehängen entlang stets in Richtung Sinswang.
Nach einem kleinen Höhenverlust vor einer Doppelkurve (prächtiger Hochgratblick nach links!) den anfangs kräftig steigenden Forstweg hinauf. Bei der Verzweigung über einem weiteren Mischwaldtobel nimmt man den Feldweg und findet ab dem folgenden Einzelanwesen über dem Talbecken der Oberen Argen wieder eine asphaltierte Fahrbahn vor.
Bei einem Bauernhof die Sinswanger Route nach links verlassen und auf ein aussichtsreiches Alpsträßchen, das bald von einem Waldweg abgelöst wird. Von diesem sich rechts haltend auf einen teilweise wurzeligen Pfad und ohne große Anstrengung auf die bewaldete Bergkuppe des Kapfs.
Von dort oben hat man direkt die Kette der auffallend horizontal strukturierten Nagelfluhkette vor Augen. Unten öffnet sich die tiefe Kerbe des Weißachtals und in der Ferne setzen sich die Bregenzerwaldberge und das markante Alpsteingebirge in Szene – das richtige Plätzchen zum Träumen und Schwärmen.
Bergab auf einem Pfad am Waldrand in Richtung Laufenegg. Beim Café Paradies im Ortsteil Berg beginnt ein Spazierweg, der nach Oberstaufen zur schon bekannten Schlossbergstraße und zum Bahnhof zurückführt.

Während des bequemen Abstiegs vom Kapf zum Café Paradies hat man über dem Weißachtal stets das wuchtige Alpsteingebirge vor Augen.

Ochsenberg, 1126 m

Einsamer Waldschopf über der Unteren Argen

Ausgangspunkt: Missen-Unterwilhams, Bushaltestelle am Restaurant Sennstube, Parkplatz, 820 m; zu erreichen auf der Straße Sibratshofen - Missen
Höhenunterschied: 350 m
Gehzeit: Ochsenberg 1¼ Std., Geratsried ¾ Std., Rückweg 1¼ Std., gesamt 3¼ Std.
Charakter: längere mäßige Steigungen; teilweise schlecht bezeichnete und undeutliche Pfade sowie Zieh- und Forstwege, anfangs kurz auf Staatsstraße;
Einkehr: keine Möglichkeit
Karte: KOMPASS WK 187

Man findet sich zu dieser kaum bekannten Minigipfel-Überschreitung am Restaurant Sennstube in Unterwilhams ein. Kurz folgt man der Straße taleinwärts und achtet beim Ortsteil Stoffelsmühle auf das Schild „Aigis“.

Ein Anliegersträßchen schwingt sich nach der Brücke über die Untere Argen in wenigen Kurven zu einem Hof auf. Auf einem Feldweg über einen Wiesenhang nach Aigis. An der Kapelle vorbei, durch den hoch gelegenen Ort und auf die Straße „Im Gern“ abzweigen. Nach dem letzten Haus eine Wiesenspur am Zaun entlang und in Richtung auf den bewaldeten Ochsenberg hinauf. Dem Hinweistäfelchen folgend auf einem Ziehweg über Weidewiesen weiter. Bald

wechselt der Ziehweg in einen angenehmen Waldpfad, der kurzzeitig oberhalb Respekt einflößender Abstürze verläuft. Wenige Meter vor der Einmündung in einen Forstweg folgt man dem Kammweg in Richtung Geratsried neben dem ansteigenden Forstweg zum Ochsenberg. Wegen der Fichten ist die Aussicht von der Ruhebank auf dem höchsten Punkt leider begrenzt. Auf weiterhin wenig ausgeprägtem, zunehmend verwachsenem Pfad, der ein bisschen Pioniergeist fordert, bleibt man mit kurzem Blick zur Nagelfluhkette dem Kamm treu. Wer einen komfortableren Kurs vorzieht, wählt hier die abfallende Fahrspur und schwenkt rechts in einen Forstweg ein. Beide Routen treffen bei einem Nagelfluhblock wieder zusammen. Der Kammweg ist nun am Waldrand besser begehbar. Auf einem Ziehweg trifft man in Geratsried ein. Dort auf dem Feldweg in Richtung Aigis über einer Landschaft mit vielen Tälern mit kleinen Steigungen durch lockeren Bergwald. An der Gabelung hinter einem Brunnen sich geradeaus halten. Der Weg verschmälert sich zum Wanderweg. Nach einem Tobelsteg geht es gemütlich auf einem Forstweg nach Aigis, wo sich der Kreis schließt. Das letzte Stück kehrt man auf der schon bekannten Route wieder nach Unterwilhams zurück.

Die junge Untere Argen im Missener Ortsteil Stoffelsmühle

Wilhams - Lüßeck, 965 m

Zwischen Sonneneck und Hauchenberg

Ausgangspunkt: Weitnau, Bushaltestelle an der Post, Parkplatz, 790 m
Höhenunterschied: 300 m
Gehzeit: Wilhams 1¾ Std., Lüßeck ¾ Std., Rückweg ¾ Std., gesamt 3¼ Std.
Charakter: mäßige Anstiege; mitunter spärlich bezeichnete Pfade, Wirtschafts- und Forstwege, mehrere weglose Abschnitte; Orientierungsgabe erforderlich
Einkehr: in Wilhams
Karte: KOMPASS WK 187

Als Startpunkt für den individuellen Orientierungskurs wählt man Weitnau. Auf der Hoheneggstraße in etwa östlicher Richtung zum Ortsende. Dort dem Wanderwegweiser „Rieder“ folgend auf einen Feldweg. Nach kurzer Wiesenspur bei einem Einzelanwesen auf einen ansteigenden Waldweg. Hinter einem Viehstall sind mehrere weglose, flache Viehweiden zu queren, dabei auf die Durchgänge achten. Von hier gibt es schöne Ausblicke über das Weitnauer Tal zum langen Höhenzug des Sonnecks. Nach Kreuzung eines Waldwegs stößt man auf einen Pfad. Über einen Bachsteg gelangt man mit zwei letzten Weidequerungen zum Weiler Rieder.

Das Sträßchen in Richtung Weitnau verlässt man gleich wieder auf einem Feldweg an einem Bäch-

Verträumter Weiher im Weitnauer Weiler Rieder

lein. Der Wegweiser „Hauchenberg" zwingt erneut zum Queren wegloser, aber bestens beschilderter Viehweiden. Danach folgt man einem Pfad, später einem Waldweg und an der Wegspinne bei einem Teich dem Naturlehrpfad in Richtung Wilhams, ein Trettenbach-Quellwasser als Begleiter. Die Schautafeln vermitteln einiges über Wald, Alpwirtschaft und Bergbäche. Die mit „Carl-Hirnbein-Weg" ausgewiesene Route benützt später einen Wirtschaftsweg, der durch das Wiesental des Trettenbachs leitet. Noch ein Aufschwung, dann ist am Ostfuß des Hauchenbergs das Dörfchen Wilhams erreicht. Nach einer gemütlichen Einkehr geht man durch das prächtige Wiesental zurück. Am Ende der Lichtung zweigt der Wurzelpfad in Richtung Hauchenberg-Weitnau ab. Man folgt ihm gering ansteigend und kommt etwas später auf einen schönen Waldweg. Bei einem Wegdreieck geht es auf dem Höhenweg weiter, der sich bald zu einem schmalen Pfad zusammenschnürt. Nach einer Forstwegquerung folgt der Kurs der Anhöhe Lüßeck, zwischendurch erneut als Waldweg. Bei einem Weidedurchgang mit hübscher Ausschau über das Tal der Unteren Argen zu Stuiben, Rindalphorn und Hochgrat weist das Höhenweg-Täfelchen bergab durch einen etwas beengenden Jungwald. Auf einem Forstweg geht es schließlich nach Weitnau zurück.

Hin und wieder blüht die Herbstzeitlose auch weiß.

Jugethöhe, 1024 m

Begeisternde Rundtour durch das Stixner-Tal

Ausgangspunkt: Missen, Bushaltestelle in der Ortsmitte, Parkplatz in der Nähe, 854 m
Höhenunterschied: 300 m
Gehzeit: Schlettermoos 1½ Std., Jugethöhe ½ Std., Rückweg 1 Std., gesamt 3 Std.
Charakter: meist gut beschilderte Feld- und Forstwege, kurze Wanderwege und Pfade (kleine Abschnitte auf Pfadspuren), zuletzt Sträßchen
Einkehr: Siedelalp
Karte: KOMPASS WK 187

Der erste Höhepunkt dieser prächtigen Aussichtstour ist der außerordentlich schöne Tiefblick auf Missen, der den Wanderer auf dem anfangs asphaltierten Wirtschaftsweg vom Parkplatz bei der Ortsmitte in Richtung Kühberg erwartet. Vor einem Einödhof weist das Routentäfelchen auf einen zwischendurch undeutlichen Feldweg – ein kleiner Abschnitt über eine Viehweide erweist sich sogar als weglos. Der genussreiche Kurs folgt stets dem etwa parallel zum Hauchenberg verlaufenden Kühbergrücken. Ausblicke auf die Nagelflugberge im Süden. Bei der Hinterhaselbachalp (auch Kaplanalp genannt) weitet sich das Panorama über den klotzigen Daumen zu

Vom winzigen Aussichtsbuckel bei der Siedelalp bietet sich ein herrlicher Rundblick.

den Hintersteiner Bergen. Auf flachem Forstweg in Richtung Knottenried. Noch vor Knottenried auf dem gut beschilderten und bald fallenden Forstweg, später auf einem kurzen Wanderweg, der die Staatsstraße von Missen quert, zum Schlettermoos. Dem Schild „Siedelalpe“ auf einen Wanderweg folgen. An einer Wollgraswiese entlang, im Wald einen Forstweg queren. Dort einer kleinen Tafel „Waldweg zur Siedelalpe“ nach auf einen gering ansteigenden Wurzelpfad, der in Richtung Siedel in einen Waldweg mündet. Nach kurzem Pfadabschnitt auf einem Alpweg zur Siedelalp hinauf, wo man gut einkehren kann. Auf der mit „Jugetalpe“ ausgewiesenen Pfadspur zum Kreuz auf dem warzenartigen Aussichtsbuckel hinauf. Damit das Kind einen Namen hat, wollen wir ihn Jugethöhe nennen. Ein höchst malerisches Bild gibt die Immenstädter Talsenke mit dem Kleinen Alpsee ab. Auf der Rückseite des netten Voralpen-Gipfelchens zur Jugetalp hinab. Hinter der einfachen Hütte auf einem Pfad an der Bergstation des Stixner Skilifts vorbei und über einen bewaldeten Höhenzug weiter talwärts.

Nach einem Bachsteg auf den „zur Pfarralpe“ beschilderten Waldweg, der mit einem geringen Gegenanstieg aufwartet.

Anschließend auf einem Sträßchen in ein paar Schleifen zu einer Kneippanlage und nach Missen.

23

Alpsee-Rundwanderweg

Um den größten Natursee des Allgäus

Ausgangspunkt: Immenstadt-Bühl am Alpsee, Bushaltestelle, 743 m; Parkplatz beim See, zu erreichen von der Abzweigung an der Tankstelle
Höhenunterschied: 280 m
Gehzeit: Ratholz 1¾ Std.,
Rückweg 1½ Std., gesamt 3¼ Std.
Charakter: geringe Steigungen; gut beschilderte Wander- und Feldwege, Pfade und Anliegersträßchen
Einkehr: in Ratholz und See
Karte: KOMPASS WK 3

Dieser Genießerausflug beginnt bei der Bushaltestelle in Bühl auf dem Gehweg der Rieder Steige. Am Ortsende weist das Schild „Ergelweg n. Rieder" zu einem ansprechenden Wanderweg. Dieser begleitet den Dorfrand und steigt in ein paar Windungen über dem Alpsee durch Buchenwald nach Rieder. Sich dort in Richtung Gschwend halten und gleich darauf einem flachen Fahrweg folgen. Später zieht sich ein Pfad durch den Mischwald zum Wasserfall, der über zwei hohe Felsstufen in eine Tobelkerbe prasselt. Ein Treppenanstieg führt nach Gschwend.

Das Sträßchen in Richtung Hintersee führt nun an einer Kapelle vor-

bei und zu einem Einödhof. Dort lenkt die Markierung des Alpsee-Rundwanderwegs auf einen Feldweg. Beim nächsten Einzelanwesen beginnt ein Waldpfad, der reizvoll über zwei Bachstege und Stufen zum Weiler Hintersee am Ende des Alpsees führt. Etwas oberhalb der Queralpenstraße und des Teufelssees nun - zwischendurch kurz auf einem Alpweg - nach Ratholz. Beim Gasthof Hornstuben am Fuß des Ratholzer Tobels nochmals zwei Bachquerungen, bevor man den Gasthof Jägerhaus erreicht, wo man an der Sommerrodelbahn die B 308 unterquert.

Auf einem Feldweg, streckenweise auf einem Pfad über die Konstanzer-Ach-Brücke zum Alpsee und nach Trieblings. Nach dem Bahnübergang auf dem uferbegleitenden Anliegersträßchen an der Einöde Alpseewies vorbei, bis die stimmungsvolle Seepromenade durch eine enge Bahnunterführung nach See leitet. Bald darauf trifft man auf der Kirchsteige wieder in Bühl ein.

Eine versunkene Stadt im Alpsee?

Nahe dem Alpsee-Ostufer soll einstmals eine prachtvolle Stadt den Eingang ins Konstanzer Tal geschmückt haben. So behauptet es zumindest die Sage. Die ungewöhnlich fruchtbare Umgebung verwöhnte die Menschen mit einem Überangebot an Milch, Butter und Käse. So griff mit der Zeit die Verschwendungssucht um sich. Ja, manchen Einwohnern stieg der Reichtum sogar so zu Kopf, dass sie als Baumaterial für ihre Kellertreppen Käselaibe verwendeten. Doch die Strafe Gottes ließ nicht lange auf sich warten. Die Stadt versank samt der fetten Wiesenauen im Erdboden. Ein riesiger See füllte fortan den Talboden.

Alpsee mit Waldschopf-Duo Immenstädter und Gschwender Horn

24

Über Akams nach Obereinharz

Im mannigfaltigen Bergstättgebiet

Ausgangspunkt: Immenstadt-Knottenried, Bushaltestelle, Parkplatz, 1003 m
Höhenunterschied: 220 m
Gehzeit: Obereinharz 1 Std., Rückweg 1½ Std., gesamt 2½ Std.
Charakter: einfache Anstiege; ausreichend beschilderte Feldwege, Pfade und Pfadspuren, kurze Sträßchen, mehrere weglose Abschnitte; Orientierungsgabe erforderlich
Einkehr: in Akams und Zaumberg
Karte: KOMPASS WK 3

Sonnige Bergweidegebiete, hoch gelegene Feuchtwiesen, geheimnisvolle Waldtobel, faszinierendes Alpenpanorama und blitzsaubere Weiler mit heimeligen Wirtshäusern – das zu Immenstadt gehörende Bergstättgebiet zwischen Hauchenberg und Alpsee ist trotz seiner eindrucksvollen Wanderrouten erfreulicherweise noch einigermaßen ruhig.
Mit einem Ausblick in die Daumengruppe von der Bushaltestelle das Sträßchen in Richtung Akams hinunter zu einem Einzelanwesen. Auf dem Naturlehrpfad, anfangs ein flacher Feldweg, über eine Viehweide. Nach kurzem Waldweg, wieder mit „Akams“ beschildert, weglos über zwei Wiesen.
Erneut auf einem Feldweg talwärts spazieren, am Wilden Bichel wieder weglos über eine Wiese nach Akams. Dort am Kirchlein bergab

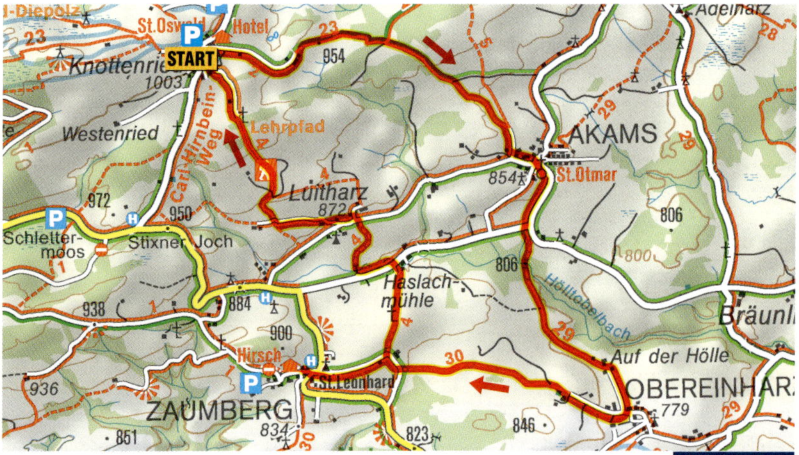

Auf aussichtsreichen Wegen zwischen Knottenried und Akams

und kurz auf der Straße in Richtung Einharz. Bei zwei Häusern geradeaus auf einem Pfad über eine Wiese, im Wald über die Hölltobelbachbrücke und leicht fallend nach Obereinharz.
Jetzt dem Wegweiser nach Zaumberg folgen und zu einem einzelnen Hof hinauf. Hinter diesem nach links auf einem Feldweg durch eine Wiesenmulde. Das Wanderwegschildchen weist später auf eine Pfadspur. Nach einem Waldstück trifft man bald in Zaumberg ein, wo sich eine Einkehr anbietet. Anschließend kurz zum Straßenende zurück, dem Schild „Luitharz (Säge)" nach links folgend wieder mal weglos über eine Weide. Auf der folgenden Pfadfinderei über eine kleine Wiesenkuppe die Wanderweg-Schilder beachten! An der Luitharzer Säge (auch Haslachmühle) auf die westwärts führende Straße, kurz danach nach rechts auf einem Wiesenpfad an einem Wollgrasflecken vorbei und nach Luitharz hinein. Dort auf einem schmalen Sträßchen in Richtung Knottenried hinauf und vor einer Einöde nach rechts auf den abzweigenden Feldweg.
Das Finale über die Wiesenhänge nach Knottenried beschert noch eine längere weglose Etappe.

Lohwegkapelle - Gopprechts

Diepolzer Höhenrundkurs

Ausgangspunkt: Immenstadt-Diepolz, Bushaltestelle in der Ortsmitte, 1020 m; Parkplatz bei der Kirche
Höhenunterschied: 350 m
Gehzeit: Rieggis 1¼ Std., Gopprechts 1 Std., Rückweg 1½ Std., gesamt 3¾ Std.
Charakter: kleine Steigungen; spärlich bezeichnete Pfade und teils feuchte Waldwege, kurze Sträßchen; Orientierungsgabe nötig
Einkehr: in Rieggis und Gopprechts
Karte: KOMPASS WK 3

Schwalbenwurzenzian

In der Ortsmitte von Diepolz zeigt die Tafel „Hauchenberg“ den Beginn dieser kurzweiligen Runde. Bei der Kirche auf dem steilen Wirtschaftssträßchen, dem Kapfweg, mit Alpenblick in Richtung Freundpolz. Am Asphaltende weiter auf einem flachen Waldweg, wenig später auf einer Pfadspur über Weiden und Wiesen. Wo man auf den mit „Lohweg“ beschilderten Waldweg stößt, diesem kurz folgen und am Wald erneut auf eine Pfadspur. Bergab zur Lohwegkapelle, einer unter Fel-

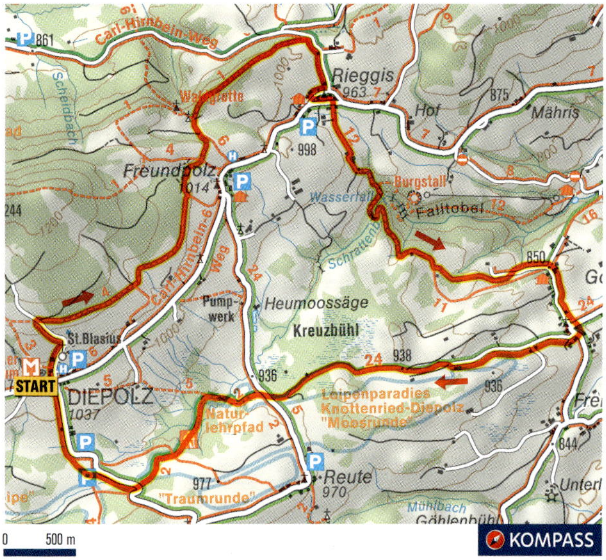

Bei Gopprechts

sen geduckten Doppelgrotte, ist es nun mit einer weiteren Wiesenquerung nicht mehr weit. Nach kurzem Rückweg bei einer Verzweigung nach rechts und auf dem markierten Waldpfad in Richtung Rieggis ansteigen. Weidespuren leiten ab einer jäh abstürzenden Kuppe am Waldsaum talwärts. Das nach Niedersonthofen führende Sträßchen führt nach Rieggis. Die Vorfahrtsstraße in Richtung Gopprechts kreuzen. Vor einem Einzelanwesen einer Wandertafel auf eine Wiesenspur folgen. Im Wald auf einen Pfad, der am Falltobel zu einer Verzweigung führt. Die Gopprechtser Route quert den Schrattenbach zu einer Feuchtwiese. Nach einer nochmaligen kurzen Pfadspur, die an einem Stadel vorbeiführt, einem Feldweg bis zu einer Kurve folgen und hinter einem Zaunüberstieg weglos an einem Jägerstand links vorbei über ein Weidegebiet. Ein Feldweg leitet nach Gopprechts. An der Kapelle auf das Anliegersträßchen in Richtung Diepolz zu einer Wasserversorgung hinauf. Bei einer Alphütte wechselt man zu einem Parallelweg und wandert im weiteren Verlauf auf flacher Wiesenspur zum bereits sichtbaren Beginn eines weiteren Feldwegs, der im Wald von einem Pfad abgelöst wird. Zwischendurch auf einem feuchten Waldweg und über ein Sträßchen. Auf einem Naturlehrpfad immer weiter in Richtung Diepolz und schließlich an einer Kneippanlage vorbei. An der Gabelung nach dem Schrattenbachsteg nach links auf einen Forst- und zuletzt einen Wirtschaftsweg, der nach Diepolz zurückführt.

Eisenbolz - Speckbach-Wasserfall

Berg- und Talkurs für passionierte Pfadfinder

Ausgangspunkt: Weitnau-Hellengerst, Gasthof Goldenes Kreuz, Parkplatz, 949 m
Höhenunterschied: 150 m
Gehzeit: Speckbach-Wasserfall 1½ Std., Rückweg ½ Std., gesamt 2 Std.
Charakter: einfache Steigungen; dürftig bezeichnete Fahrwege und Pfadspuren, auch weglose Abschnitte, zuletzt Radweg; Orientierungsgabe erforderlich
Einkehr: keine Möglichkeit
Karte: KOMPASS WK 187

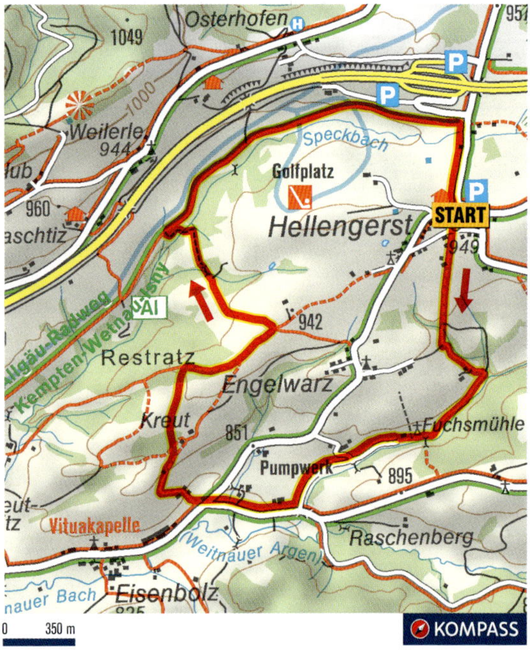

Wegen der wiederholten weglosen Einlagen ist diese kurzweilige Unternehmung über dem Weitnauer Tal als mittelschwer einzustufen. Es handelt sich dabei wohlgemerkt nicht um eine willkürliche Schikane, sondern um spannende, offizielle Wanderrouten, die selten begangen werden.

Das Täfelchen „Fuchslochweg" weist beim Gasthof Goldenes Kreuz in Hellengerst an der Kirche zum letzten Haus hinab. Allerdings ist es ein wenig übertrieben, diese erste Etappe als Weg zu bezeichnen. Zwei Schilder erleichtern zumindest die Orientierung über eine größere spurlose Wiese. Auf einem kurzzeitig von einem Zufahrtssträßchen unterbrochenen Feldweg kommt man an einem Engelwarzer Einödhof vorbei. In der Talsohle neben dem Fuchsbach dahin und im weiteren Verlauf auf einem stillen Sträßchen bis nach Eisenbolz.

Am Ortsanfang folgt man dem Wegweiser

zum Wasserfall und wandert auf einem Fahrweg in einer Kehre aufwärts. An einem Stadel dem Wegweiser folgend auf eine Fahrspur. Nach kaum nennenswerter, weglo-ser Weidequerung vor dem Einödhof Kreut an einer vereinzelt markierten Fichtenreihe zu einer Anhöhe hinauf.

Auf einer Pfadspur anschließend durch einen kleinen dunklen Waldfleck, dann in Richtung Hellengerst am Waldrand abermals in derselben Richtung weglos über freie Weide zu einem Wirtschaftsweg. Diesem talwärts folgen und - zuletzt wieder ohne Weg - am Waldsaum zum Speckbach-Wasserfall, der sich in diesem verschwiegenen Winkel über eine Felsstufe ergießt. Nach einem Bachsteg nach rechts auf dem vom Weitnauer Tal sanft ansteigenden Radweg, der die Trasse des Isny-Bähnles benützt, unter dem Gestüt Osterhof vorbei zum ehemaligen Bahnhof Hellengerst und zurück zum Ausgangspunkt.

Bei Eisenbolz

Falkenstein, 1115 m

Spannender Felsenthron über der Iller

Ausgangspunkt: Rettenberg, Bushaltestelle am Rathaus, 806 m; Parkplatz an der Turnhalle
Höhenunterschied: 300 m
Gehzeit: Falkenstein 1 Std., Abstieg 1 Std., gesamt 2 Std.
Charakter: kurzzeitig steiler, mit Drahtseilen gesicherter, etwas ausgesetzter Gipfelaufstieg; meist gut bezeichnete Pfade und Feldwege
Einkehr: keine Möglichkeit
Karte: KOMPASS WK 3

Von der Häuserschar des am Grünten-Bergfuß versammelten, anmutigen Dorffleckens Rettenberg erschließen gleich mehrere Wanderwege den lang gezogenen Rottachberg-Höhenzug mit dem 400 Meter über dem Illertal thronenden Falkenstein, auch „Auf dem Falken" genannt. Für den Besuch des überraschend exponierten Aussichtsfelsens gibt es eine Kombination aus einem wildromantischen Waldweg und einem pfiffigen Gratweg, eine durchaus schon als mittelschwer einzustufende Spritztour. Vom Rathaus zur Ortsmitte, hinter dem Gasthof Adler-Post an einem alten Holzhaus in den ansteigenden Falkensteinweg und dem Wanderwegweiser „Kleiner Rundweg - Gebhardshöhe" in die Bergstraße folgen. Nach dem Ortsende von einem flachen Feldweg freie Sicht ins obere Illertal und in den Formenreichtum der Allgäuer Hochalpen. Ein Wiesenpfad leitet von einem Flurkreuz

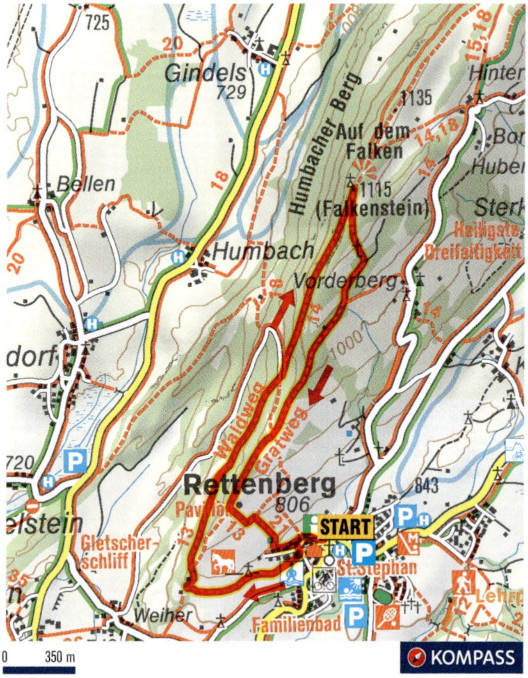

Der malerische Erholungsort Rettenberg schmiegt sich an den Westrücken des Falkensteins. Über dem Illertal erhebt sich der Hauchenberg.

zu einer Rastbank unter einer ausladenden Eiche.
Den Kurs zur Gebhardshöhe kurz darauf bei der Weggabelung auf den Waldweg in Richtung Falkenstein verlassen. Kaum spürbar geht es durch Mischwald aufwärts. Der Pfad schwingt sich über, später auch unter, Nagelfluhabstürzen deutlicher auf. Bei einer Kreuzung weiterhin dem gewohnten Wegweiser folgen. Der mit zahlreichen Drahtseilen gesicherte Aufstieg ist gelegentlich etwas ausgesetzt. Von der Gabelung bei einer kleinen Hochmulde zum Falkenstein. Unten breitet sich großflächig und beiderseits der Iller ein beeindruckendes Mosaik aus Wiesen und Waldflecken mit eingestreuten Siedlungen bis nach Kempten hin aus. Zurück zur Gabelung bei der Hochmulde der Tafel „Gebhardshöhe“ folgen. Nach geringem Gegenanstieg mit kurzer Felsstufe setzt der reizvolle Abstiegssteig an. Der sogenannte Gratweg folgt einem schmalen, bewaldeten Bergkamm. Weiter unten auf einem zwischendurch undeutlichen Pfad über einen bequemen Rücken mit Weidelichtungen zum Aussichts-Pavillon auf der Gebhardshöhe. Nach einem Viehtrieb direkt hinab nach Rettenberg.

Widdumer Weiher

Naturoase aus zweiter Hand

Ausgangspunkt: Sulzberg-Ottacker, Bushaltestelle bei der Kirche, Parkplatz, 750 m
Höhenunterschied: 100 m
Gehzeit: Widdumer Weiher 1 Std., Rückweg 1¼ Std., gesamt 2¼ Std.
Charakter: unwesentliche Anstiege; überwiegend beschilderte Wirtschaftswege, mitunter feuchte Pfadspuren und verkehrsarme Straßen, kurzer wegloser Abschnitt
Einkehr: in Widdum
Karte: KOMPASS WK 187

Auf dieser Tour ist Alpenvorland-Wandern stressfrei und doch begeisternd.

Ein kaum befahrenes Sträßchen mit hervorragendem Ausblick über das Illertal zu Hauchenberg, Stoffelberg und Blender verbindet Ottacker mit dem Ortsteil Oberhub. Nach kurzem Talkurs nach links zum Einödhof Zehren abbiegen. Jenseits eines Bächleins ist der gering ansteigende Feldweg ein kleines Stück durch eine Viehweide unterbrochen. Ab einer Verzweigung geht es auf Feldwegen, streckenweise auch auf schönen, mitunter feuchten Pfadspuren durch eine herrlich ursprüngliche Streuwiesensenke zum Natur-

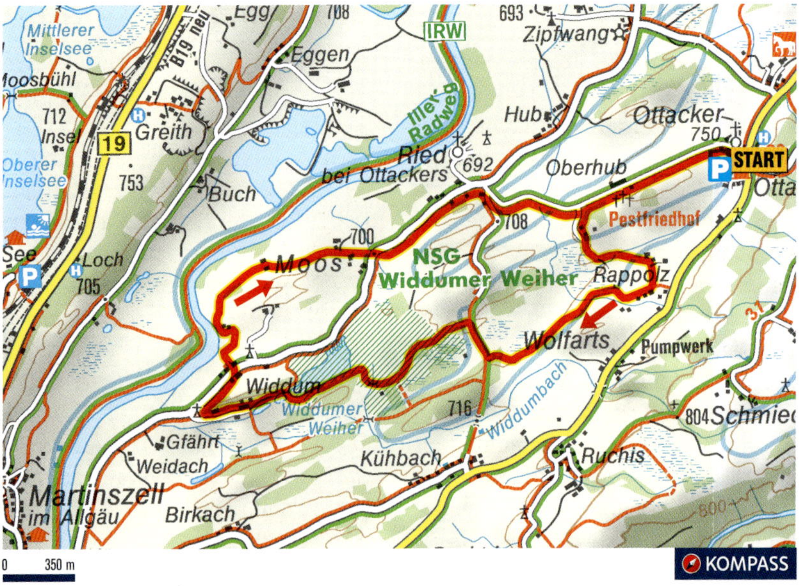

Der Widdumer Weiher im Illertal bei Martinszell

schutzgebiet Widdumer Weiher.
Entlang des Waldufers nun weiter zum Auslauf des zauberhaften Gewässers. Der Beschilderung „Häusern“ zur Fischerhütte im Waltenhofer Weiler Widdum folgen. Dort kann man sich eine schmackhafte Fisch-Brotzeit servieren lassen.
Bei der Einmündung in die Straße von Martinszell kurz nach rechts zu den nördlichen Häusern von Widdum zurück und an der Bushaltestelle nach links den Feldweg zu den Iller-Stromschnellen einschlagen.
An der Gabelung bei einem Tümpel anschließend nach rechts zu den Anwesen von Moos. Dort nach links auf die stille Straße zum Sulzberger Weiler Ried. Dort nach rechts und mit einem sanften Anstieg nach Oberhub und zurück nach Ottacker.

Naturidyll Widdumer Weiher

Man sieht dem seerosengeschmückten Widdumer Weiher seinen künstlichen Aufstau auf den ersten Blick nicht gleich an, so harmonisch schmiegt er sich in die sanft hügelige Umgebung. Die vom letzten Eiszeitgletscher geformte Senke füllte einstmals ein natürlicher Schmelzwassersee, der irgendwann verlandet war. Das im Mittelalter von Ritter Konrad von Sulzberg für 1000 Pfennige an das Kloster Kempten verkaufte Gewässer ist heute ein wichtiges Rückzugsgebiet für gefährdete Pflanzen und Tiere, auch für die Zugvögel. Stillgewässer und Flachwassergebiete, Verlandungszonen sowie Nieder- und Übergangsmoore liegen unmittelbar beieinander. 1991 erwarb die Kreisgruppe Oberallgäu des Landesbundes für Vogelschutz das Feuchtbiotop nahe dem Illerufer.

Von Moosbach nach Schmieden

Einfache Aussichtsrunde am Rottachsee

Ausgangspunkt: Sulzberg-Moosbach, Bushaltestelle in der Ortsmitte, 885 m; Parkplatz bei der Kirche
Höhenunterschied: 100 m
Gehzeit: Schmieden 1¼ Std., Rückweg 1 Std., gesamt 2¼ Std.
Charakter: gemütliche Steigungen; meist beschilderte, stille Sträßchen, kurzer Pfad
Einkehr: keine
Karte: KOMPASS WK 187

Besonders an Wochenenden und Feiertagen pilgern Erholungsuchende gerne in ganzen Heerscharen um den schlanken Rottachsee. Doch nicht nur der vortrefflich angelegte Rundweg lohnt einen Besuch dieser malerischen Ecke. Eine Vielzahl empfehlenswerter Wanderwege strebt vom bunten Treiben weg und von dem beliebten Freizeitgewässer über entlegene Weiler und Einöden den aussichtsreichen Höhen entgegen. So auch die folgende Route von der Moosbacher Grotte nach Schmieden, auf der man bestens die Seele baumeln lassen kann.

Man startet in der Ortsmitte von Moosbach in Richtung Bodelsberg und zweigt am Dorfrand auf den Grottenweg ab. Nach dem Gasthaus auf einem asphaltierten Wirtschaftsweg, später auf einem Pfad mit Aus-

Wildente im Rottachsee

Über Petersthal am Rottachsee ragt das Burgkranzegger Horn auf

blicken über den Rottachsee, an einem bewaldeten Bachgraben bergab zu einem Nagelfluhfindling. Der Felsen beherbergt eine natürliche, von Efeu umrankte Grotte, die ein winziger Garten schmückt. Am Rottachsee nach rechts in den Seerundweg einschwenken und zum Badestrand. Hinter dem Badestrand erläutert die Tafel des Wasserwirtschaftsamtes neben einer Übersichtskarte Zweck und Funktionen des Rottachsees.

Vom Ende des Stausees ein Stück auf gering ansteigender Straße in Richtung Sulzberg, an der Kreuzung auf das stille, flache Sträßchen zum Weiler Riedis. Nach der Kirche auf einem Wirtschaftsweg über der Waldfurche der Rottach zu den Bauernhöfen von Schmieden, dem Wendepunkt des Erholungsspaziergangs.

Auch auf dem folgenden Sträßchen, das an einer weiteren winzigen Nagelfluhgrotte vorbeileitet, wird kaum ein Auto unterwegs sein. Kurz vor Lanzenberg folgt man nach rechts dem Schild „Waitzis" auf einen gemächlich ansteigenden Feldweg. Bald darauf wird eine Kuppe erreicht, von der sich ein traumhafter Blick über das Illertal und zu den Immenstädter Bergen bietet. Auf einsamer Höhenwanderung kommt man über ein paar Viehweiden zu den wenigen Anwesen von Waitzis. Verkehrsarme Straßen führen von dort schließlich wieder nach Moosbach zurück.

Sulzberger See

Entdeckungswanderung ohne Leistungsdruck

Ausgangspunkt: Durach, Bahnhof, Parkplatz, 714 m
Höhenunterschied: 200 m
Gehzeit: Sulzberger See ¾ Std., Sulzberg 1 Std., Rückweg 1¾ Std., gesamt 3½ Std.
Charakter: geringfügige Anstiege; zum Teil beschilderte Wirtschafts- und Wanderwege, meist ruhige Sträßchen, kurzes Stück weglos

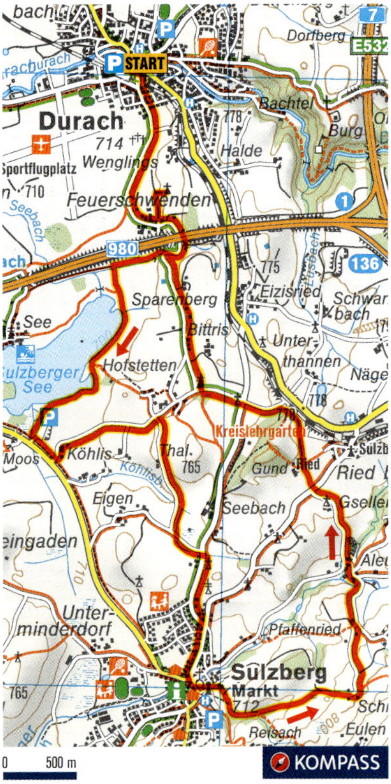

Einkehr: in Sulzberg
Karte: KOMPASS WK 187

Beginnen wir die gemütliche Runde am Bahnhof in Durach. Vom Rathaus auf der Bürgermeister-Batzer-Straße über die Gleise und am Flugplatz vorbei nach Feuerschwenden. Am Ortsende sollte man sich den Abstecher auf einem Kreuzweg zur Kapelle nicht entgehen lassen. An der Gabelung nach der A7-Unterführung auf einem Wirtschaftsweg zum Sulzberger See hinunter. Der schöne Wanderweg zur Sandbank führt am einsamen Badeufer und später an einer Schilfzone entlang durchs Naturschutzgebiet. Mehrere Stege überbrücken Feuchtstellen.
Nach links auf einen Radweg nach Köhlis einbiegen und von dort wieder nach links auf ruhigem Sträßchen zum Weiler Hofstetten hinauf. Am Ortsbeginn nach rechts zur Einöde Thal und nach etwas Höhenverlust auf einem Wirtschaftsweg zu den Häusern von Seebach. Nahe der Einmündung in die von Eizisried kommende Straße, erinnert in der Weide ein Gedenkstein an die einstige Burg mit Vogtei Seebach. Wenig später kommt man nach Sulzberg. Hinter dem schlanken Kirchturm wählt man den Pfarrweg

und an einer Straßeneinmündung den bergwärts leitenden Hohlweg. Bei einer Verzweigung auf dem rechten Feldweg und bei der nächsten Gabelung geradeaus über Viehweiden an einem Tobel entlang. Zur Einöde Schnitzen muss man sich mit einem weglosen Stück begnügen. Für Fußgänger besteht dort ein altes Gehrecht, zudem sind Weidedurchgänge eingerichtet. Ein Bauernsträßchen fällt nun leicht über den Weiler Pfaffenried nach Aleuthe mit dem Fachwerkbau des Sägewerks ab.

Auf einer Brücke über den Sulzberger Bach. Auf der ruhigen, ansteigenden Straße in Richtung Sulzberg-Ried am Einödhof Gsellen vorbei. Nach der Querung der Straße von Sulzberg beim Hof Gund dem Schild „Durach" folgen. Ein Feldweg leitet am Kreislehrgarten von Ried vorbei. Nach einer Waldkuppe auf stillem Sträßchen zur Hofstettener Kapelle hinab. Von dort auf einem aussichtsreichen Sträßchen links an den Häusern von Bittris und Sparenberg vorbei. Bei Feuerschwenden mündet das Sträßchen in den bekannten Kurs zurück nach Durach.

Der stimmunsvolle Sulzberger See im Kempter Süden nennt sich auch Öschlesee.

Süße Versuchung ...

Ellegghöhe, 1120 m
Malerisches Seenland und ein Grüner Pfad

Ausgangspunkt: Wertach, Bushaltestelle beim Verkehrsamt, Parkplatz, 900 m
Höhenunterschied: 300 m
Gehzeit: Faistenoy 1¾ Std., Ellegghöhe ¾ Std., Abstieg 1¾ Std., gesamt 4¼ Std.
Charakter: einfache Steigungen; meist gut beschilderte Fahrwege und Pfade
Einkehr: in Faistenoy und Oberellegg
Karte: KOMPASS WK 3

Die Genießertour beginnt beim Verkehrsamt in Wertach. Ein Schild weist an einem skurrilen Erosionsgebilde vorbei zur Sennerei im Kramerweg. Nach dem Queren der Marktstraße bei der Bäckerei in einer Sackgasse zur Kirche. Auf dem Panoramaweg an der Hauptschule vorbei. Den Wanderwegweiser „Wolfsgrube“ beachtend auf einem

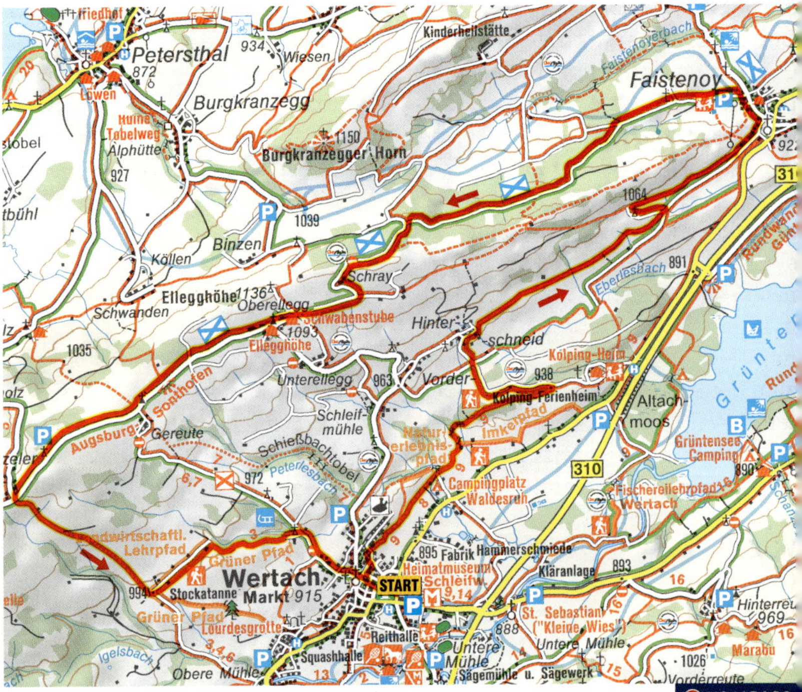

Während des Abstiegs nach Wertach zeigt sich der Grünten

Feldweg am Hang entlang und bei der Verzweigung geradeaus.
Der blauen Markierung Richtung Campingplatz folgen. Beim Spielplatz über den Peterlesbach in Richtung Grüntensee. Im weiteren Verlauf auf einer Wiesenspur an einem Stadel vorbei und nochmals über einen Bachlauf. Ein Pfad schwingt sich am Waldrand kurz auf und nach einem kleinen Waldstück stößt man vor dem Kolpingheim auf einen Wirtschaftsweg. Auf diesem zum Weiler Hinterschneid. Im weiteren Verlauf schnürt sich der über dem Grüntensee entlang der Ellegghöhe verlaufende aussichtsreiche Weg nach Faistenoy für eine Weile zum Pfad zusammen.
Oberhalb der Kirche an ihr vorbei und nach links in die Brunnenstraße. Am Ortsende nach links dem Schild „Schwäbisch-Allgäuer-Wanderweg" in Richtung Oberellegg folgen. Im Anschluss an einen Aufschwung wechselt der Kurs bei der Verzweigung – dort nach links – in einen Forstweg, der zur Ellegghöhe mit den Höfen von Schray deutlich ansteigt.
Auf dem stillen Höhensträßchen über Wiesenhänge nach Oberellegg und auf den Grünten zu nach Gereute (mit alter Kapelle) kommt man an einer Panoramatafel vorbei. Nach einem Ausblick zum Rottachsee und übers Illertal bei den Höfen von Binzeler nach links – die Tannheimer Felszinnen vor Augen – auf einen talwärts führenden Feldweg. Kurz nach einer Gabelung auf höchst einsamer Pfadspur nach links über eine Reihe von Viehweiden. Auf dem „Grünen Pfad", einem zuletzt asphaltierten Wirtschaftsweg, erfährt man manches über Land- und Forstwirtschaft und kehrt zurück nach Wertach.

Faistenoyer Bach und Mittelberger Rücken

Informativer Dorf-Spaziergang

Ausgangspunkt: Oy, Bahnhof, Parkplatz, 909 m
Höhenunterschied: 150 m
Gehzeit: Mittelberg 1¼ Std., Rückweg 1 Std., gesamt 2¼ Std.
Charakter: geringe Anstiege; gut beschilderte, stille Fahrwege und Pfade
Einkehr: in Mittelberg
Karte: KOMPASS WK 188

Vom Bahnhof in Oy steigt ein Fußgängerweg an der Kneippanlage vorbei zur Dorfmitte an. Auf den linken Gehsteigen folgt man Haupt- und Wertacher Straße, bis beim Verkehrsamt das Schild „Faistenoy" auf einen talwärts leitenden Wirtschaftsweg lenkt. Das Zeichen des

Schwäbisch-Allgäuer-Wanderwegs weist über ein wegloses Wiesenstück. Danach auf einem Pfad zum Faistenoyer Bach hinunter, die zum gleichnamigen Ort führende Straße queren und auf dem Mühlbachweg, dreimal das Ufer wechselnd, dem bewaldeten Wasserlauf folgen.
Die Straße kreuzen und auf dem

Johanniskraut

Bachpfad in Richtung Burgkranzegger Horn weiter. Bei der Verzweigung – nach einem weiteren Steg – das Schild „Mittelberg" beachtend nach rechts und neben einem Seitenbächlein bergauf.
Bei einer Verzweigung hält man sich an die Oyer Route und trifft gleich darauf im hoch gelegenen Filialort Mittelberg mit seinen alten

Das einladende Dörfchen Mittelberg

Höfen ein. Der Steinlehrpfad, ein Feldweg und später eine kurz fallende Wiesenspur, führen mit Blick auf die Ammergauer Alpen und die Zugspitze zum Pestfriedhof. Zuvor erläutert eine Tafel auf dem Moränenwall am Rand des einstigen Lechgletschers Wissenswertes über die Gestalt des Alpenvorlandes während der letzten Eiszeit. Es bedarf einiger Fantasie, sich vorzustellen, dass der Illergletscher gut 200 Meter den Standort der Mittelberger Kirche überragt hat.

Nach dem Pestfriedhof mit Denkmal an den Schwarzen Tod entlang der Steinmeile ein Stück auf der Straße und dann zwischen Gehölzstreifen auf einem Wirtschaftsweg an einem Bachgraben in Richtung Rottachschlucht hinab. Von der nächsten Kreuzung auf einem Sträßchen hinauf zum Weiler Kressen mit altem Einfirst-Haus und zurück nach Oy.

Oyer Steinlehrpfad

Wer dem naturkundlich-geschichtlichen Lehrpfad in seiner gesamten Länge nachspüren möchte, kann sich anhand der Übersichtskarte beim Mittelberger Pestfriedhof ein Bild über den Routenverlauf machen. Die 8 km lange sogenannte Steinmeile zwischen Oy und Mittelberg informiert anschaulich auf insgesamt sieben Tafeln über das erdgeschichtliche Werden des Mittelberger Rückens sowie über Geschichte und Kultur der Gemeinde. Die vorbildliche Gestaltung hat kein Geringerer als der aus Kempten stammende Geologe Prof. Dr. Herbert Scholz vorgenommen.

Schwarzenberger Weiher

Auf Umwegen zu einem Naturidyll

Ausgangspunkt: Oy-Unterschwarzenberg, Bushaltestelle am südlichen Dorfeingang, 900 m; Parkplatz am Gasthaus Hirsch
Höhenunterschied: 140 m
Gehzeit: Kreuzbänkle 1¾ Std., Rückweg ¾ Std., gesamt 2½ Std.
Charakter: kaum Steigungen; teilweise bezeichnete Fahrwege und Pfade; Orientierungsgabe erforderlich
Einkehr: Gasthaus Hirsch
Karte: KOMPASS WK 188

Zur individuellen Umrundung der Schwarzenberger Höhe folgt man vom Gasthaus der Beschilderung „Alpe Wildberger Hof, Bachtel“ durch die Kreisstraßen-Unterführung. Der anschließend nach links abzweigende Wirtschaftsweg wechselt bald in einen undeutlichen Feldweg. Über den Obbach und in einer Schleife an einem Moorflecken vorbei. Bei der nächsten Gabelung geradeaus und neben Gebüschreihen sanft aufwärts. Dabei kann man eine schöne Aussicht in die Tannheimer und östlichen Oberallgäuer Berge genießen.
Nun nordwärts ein kleines Stück auf der Kreisstraße und nach links in Richtung Nagelfluhfindling auf einen Wirtschaftsweg. Sich bei einer Verzweigung an den gewohnten Wegweiser halten. Nach einem Wechsel von Waldflecken und Lichtungen auf undeutlichem Feldweg über eine Wiese. Bei der Gabelung beim Asphaltbeginn bestätigt der gelb-weiße Pfeil die Richtigkeit des Kurses.
Wenig später nach rechts auf das Sträßchen von Oberschwarzenberg, kurz darauf bei dem hinter einer Hecke versteckten Findling nach links in Richtung Kreuzbänkle.

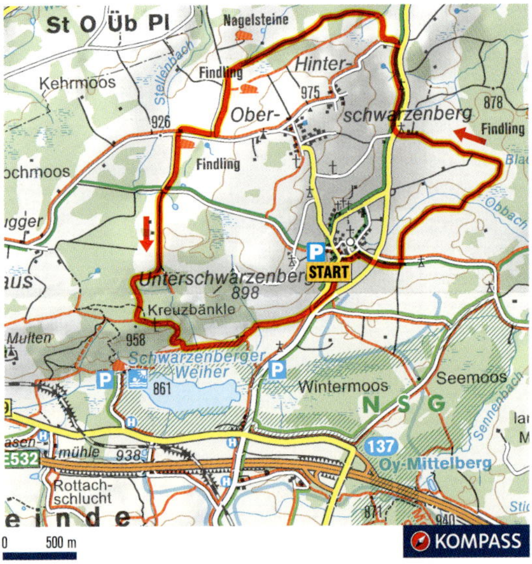

Schwarzenberger Weiher bei Oy

In leichtem Auf und Ab über Viehweiden. Wieder im Wald gestaltet sich die Fahrbahn zusehends feuchter. Dem rot-weißen Pfeil folgend auf einem Pfad zum Kreuzbänkle. An dem ungestörten Plätzchen überrascht ein einprägsamer Tiefblick auf den Schwarzenberger Weiher. Der Markierung zu einem abfallenden Zickzackpfad folgen. Am Bergfuß genehmigt man sich noch einen kurzen Abstecher – entlang von Feuchtwiesen – zum Schwarzenberger Weiher, wo sich bei Badetemperaturen eine kleine Erfrischung geradezu aufdrängt. Die Zugspitze bestimmt den Hintergrund dieses prachtvollen Landschaftsbildes.

Dann beginnt der Rückweg. Auf einem Fahrweg quert man zuerst zwei Bäche. Aber schon nach kurzer Zeit trifft man wieder in Unterschwarzenberg ein.

Reuterwanne, 1542 m

Einer der leichtesten Voralpengipfel

Ausgangspunkt: Wertach, Parkplatz an der B 310, Abzweigung Jungholz; Bushaltestelle, 934 m
Höhenunterschied: 600 m
Gehzeit: Reuterwanne 2 Std.,
Abstieg 1½ Std., gesamt 3½ Std.
Charakter: kurze steile Aufstiege; überwiegend beschilderte Bergwege; Orientierungsgabe wünschenswert
Einkehr: Alpenhof Reuterwanne, Untere Reuterwannealp
Karte: KOMPASS WK 3

Am Ostrand des Oberallgäus lockt über dem Grüntensee der ohne jeglichen Stress leicht zu schaffende Wandergipfel der Reuterwanne. Sein überzeugendes Ausblickspektrum reicht von den Ammergauer Alpen über die Zugspitze und die Tannheimer Berge bis ins Walsertaler Gipfelreich. Aus dem Angebot an Aufstiegen aus allen Himmelsrichtungen, von denen jeder seinen Reiz hat, ist hier die Westroute mit ihren zwei Einkehrmöglichkeiten vorgeschlagen.
Wo beim Wertach-Parkplatz an der B 310 die Straße nach Jungholz abzweigt, beginnt auch ein Sträßchen. Dieses führt durch Mischwald und über ein paar Lichtungen, von denen aus sich Reuterwanne und Sorgschrofen, Iseler und Daumen zeigen, zum Alpenhof Reuterwanne. Auf befestigtem Alpweg kommt

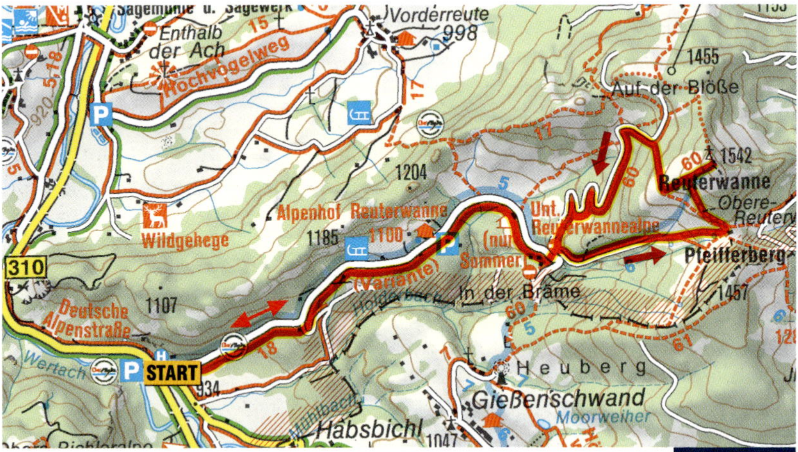

Das bei Jung und Alt gleichermaßen beliebte Bergwanderziel Reuter Wanne vom Nachbarn Pfaffenberg aus gesehen

man zur naheliegenden Unteren Reuterwannealp.
Nach einer Weidefläche geht es dann auf einem Forstweg weiter. An der Verzweigung bei einem Bachtobel dem Wegweiser zur Reuterwanne und kurz darauf der Beschilderung nach Jungholz folgen. Am Rand eines Tobels auf steilem Bergweg über einen Windwurfhang und bald durch Fichtenwald. Im Südwesten lenkt der Grünten den Blick auf sich. Zuletzt zieht sich ein Pfad zu einem Sattel, in dem die Obere Reuterwannealp steht. Nun gemächlich die südgerichteten Weidehänge queren und endlich ohne große Anstrengung über den Südwestrücken auf den Gipfel der Reuterwanne. Nach einer ausgiebigen Gipfelrast auf dem Anstiegsrücken wieder hinab und beim scharfen Knick der Aufstiegsroute wenige Minuten geradeaus zu einem quer verlaufenden Forstweg. Nach rechts einschwenken und zu einer Gabelung, wo ein Schild nach links die weitere Abstiegsroute anzeigt. An einem Felsabbruch vorbei und in ein paar Kehren durch den leider sehr stark geschädigten Bergwald zu den bekannten Alpweiden zurück. Die Untere Reuterwannealp und der Alpenhof Reuterwanne laden jetzt noch wahlweise zu einer wohlverdienten und gemütlichen Brotzeit ein. Zum Schluss geht es auf dem Sträßchen, das bereits vom Aufstieg bekannt ist, wieder zum Wertach-Parkplatz.

35

Hündlekopf, 1112 m

Wirtshauswanderung mit charmantem Bergziel

Ausgangspunkt: Oberstaufen-Weißach, Bushaltestelle bei der Weißachmühle, Parkplatz, 675 m
Höhenunterschied: 480 m
Gehzeit: Hündlekopf 1½ Std., Abstieg 2 Std., gesamt 3½ Std.
Charakter: mäßig steile Aufstiege; ausreichend beschilderte Wege, Pfade und ruhige Sträßchen
Einkehr: in Buchenegg, Gaststätte Hündlealp, Wirtshaus Hündle-Stuben und in Bad Rain
Karte: KOMPASS WK 2

Eine angenehme Besonderheit auf dieser einfachen Bergtour sind neben der ständigen Aussicht die wiederholt auftauchenden, gemütlichen Wirtshäuser. Deshalb kann man den Rucksackproviant diesmal getrost zu Hause lassen und dafür beschwingten Fußes das zwischen Konstanzer Tal und Weißachtal dem Prodelkamm vorgelagerte, liebenswerte Gipfelchen ansteuern.
Von der Weißachmühle auf dem Sennereiweg zu einer Gabelung und dort dem Wanderwegweiser zum Ifen folgen. Der am Ortsende ansetzende Ziehwegaufstieg bietet einen herrlichen Ausblick nach Oberstaufen. Im oberen Bereich geht es auf

0 400 m

KOMPASS

einem Pfad am Waldrand hinauf und im abgelegenen Weiler Ifen auf ruhigem Sträßchen ein Stück am tief eingeschnittenen Weißachtobel entlang. Bei der Straßenteilung neben einer Weißtanne nach rechts auf den Hochgrat zu und in der alten Bauernsiedlung Buchenegg in Richtung Hündlealp weiter.
Ein asphaltierter Alpweg führt an einer Schranke vorbei und windet sich über Weidehänge hinauf, wobei sich ein hübscher Ausblick ins Weißachtal ergibt. Vor dem Wegende nahe der Hündlealp präsentiert sich über Steibis das wuchtige Alpsteingebirge mit dem Säntis. Gleich darauf erreicht man auf einem Pfad den Hündlekopf. Der Alpsee und das Westallgäu breiten sich unten aus und im Süden erstreckt sich der Nagelfluhkamm. Herrlich ist es dort oben zu sitzen und das Auge über Täler und Höhen schweifen zu lassen.
Nach der Rast in Richtung Hündlealp und auf einem Ziehweg hinüber zur Gaststätte Hündlealp mit der Bergstation des Sessellifts. Das Hinweisschild zur Talstation zeigt zu einem Pfad, der gemächlich über Viehweiden bergab führt. Bei einem Schlepplift mündet die Route auf einen Alpweg. Auf diesem gelangt man in Kehren schließlich zum Wirtshaus Hündlestuben im Tal der Konstanzer Ach. Dort die Bundesstraße unterqueren, dann einem stillen, flachen Sträßchen folgen, das an den Häusern von Hinterstaufen vorbei leitet bis zum Ortsteil Bad Rain. Dort in den Waldweg einbiegen, der an einem Bächlein nach Weißach hinabführt.

Im Oberstaufer Weiler Ifen

Klammen, 1470 m

Wenig begangene Tour über dem Tal der Konstanzer Ache

Ausgangspunkt: Oberstaufen-Wiedemannsdorf, Bushaltestelle an der Abzweigung nach Thalkirchdorf, 741 m; Parkplatz beim Freibad
Höhenunterschied: 730 m
Gehzeit: Kuhschwandalp 1½ Std., Klammen 1½ Std., Abstieg 2½ Std., gesamt 5½ Std.
Charakter: steile Aufstiege; mitunter spärlich bezeichnete Pfade, kurze Strecke ohne Weg; zuletzt Alpsträßchen; Trittsicherheit erforderlich
Einkehr: in Thalkirchdorf, Kuhschwandalp und Brotzeitstüble Schwändle
Karte: KOMPASS WK 3

Man sollte den Klammen im Prodelkamm trotz seiner geringen Gipfelhöhe nicht unterschätzen. Der Nordaufstieg verlangt Kondition. Heute ist es kaum mehr vorstellbar, dass diese Hanglagen noch vor etwa 100 Jahren reines Weidegebiet waren und erst später aufgeforstet worden sind.

In Wiedemannsdorf geht man von der Abzweigung nach Thalkirchdorf durch die B 308-Unterführung und auf einem Gehsteig zum Ortsanfang von Thalkirchdorf. Ein Wirtschaftsweg und später ein Fußweg begleiten die Konstanzer Ach nach Osterdorf. Dort die Straße queren, dem nach Kuhschwand beschilderten Ziehweg in Kehren über steile Weidelichtungen folgen. Ab einer kleinen, abseits stehenden Alphütte steigt der Weg im Wald kräftiger

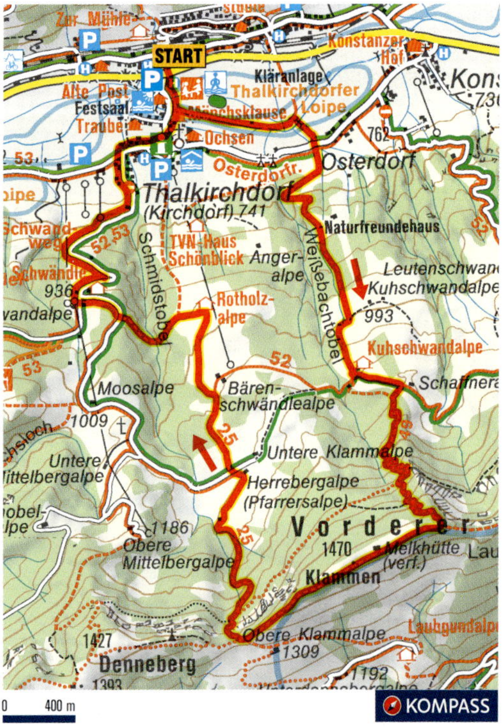

Die untere Klammalp am Nordfuß des Klammen

an, und bei den unteren Kuhschwandalpen legt die nur noch als Fahrspur ausgeprägte Route zur Einkehr Kuhschwandalp nochmals an Steigung zu.

Das Hinweisschild zur Schaffneralpe zeigt nun auf einen Pfad, der über Weidehänge zu einem Viehstall führt. Dort geht es in Richtung Klammen erst flach durch Brombeergestrüpp, dann auf zunehmend steilerem Waldpfad in anhaltendem Zickzackkurs auf die beweidete Kammhöhe. Über die verfallene Melkhütte zum unscheinbaren höchsten Punkt namens Klammen ist es nur noch ein Höhenspaziergang. Jenseits der Weißachfurche zeigen sich, wie auf einer Perlenkette aufgereiht, die Gipfel der Nagelfluhkette.

Deutscher Enzian

Der nun schmälere, licht bewaldete Höhenzug erfordert auf einer kurzen Strecke Trittsicherheit. Nach einem kleinen Rücken von einem Sattel den Abstieg in Richtung Thalkirchdorf auf einem Steig durch Mischwald fortsetzen. Zuletzt über eine weglose Alpweide zur Herrebergalp. Ein Fahrweg führt zur nahen Unteren Klammalp und weiter zur Bärenschwändlealp. Dort achtet man auf das Täfelchen „Schwendle“ und trifft kurz darauf bei der Rotholzalp ein. Von dort auf einem Wanderweg über eine Viehweide und im Schmidstobel über zwei Bachstege. Anschließend folgt ein Treppenaufstieg. Zum Schluss auf einem Alpsträßchen über die Schwandalp und am Brotzeitstüble Schwändle vorbei nach Thalkirchdorf und dann nach Wiedemannsdorf zurück.

Seelekopf, 1663 m und Hohenfluhalpkopf, 1636 m

Nagelfluh-Duo im Schatten des Hochgrats

Ausgangspunkt: Steibis-Hochgratbahn, Bushaltestelle und Parkplatz, 856 m
Höhenunterschied: 700 m
Gehzeit: Seelekopf ½ Std., Hohenfluhalpkopf ½ Std., Abstieg 1½ Std., gesamt 2½ Std.
Charakter: meistens bezeichnete Steige und Wege; eine Leiter am Übergang zum Seelekopf und eine abschüssige Abstiegspassage vom Hohenfluhalpkopf erfordern Trittsicherheit; Vorsicht bei Nässe!
Einkehr: Bergstation der Hochgratbahn, Schilprealp, Untere Lauchalp
Karte: KOMPASS WK 3

Die anregende Gratwanderung in der westlichen Nagelfluhkette beginnt mit Vorschusslorbeeren, dem Gondel-Service der Hochgratbahn. Auf einem Ziehweg geht man von der Bergstation mit Restaurant kurz bergab aufs Staufner Haus zu. Im weiteren Verlauf folgt in Richtung Falken genussreiches Höhenwandern. Ein Steig folgt dem breiten Graskamm, auf dem später vereinzelt Fichten stehen. Im Norden zeigt sich das sanft gewellte Alpenvorland, im Süden der vielgipfelige Bregenzerwald. Eine kleine Leiter erleichtert das Absteigen über eine Felsstufe. Von der Verzweigung nach einer Scharte auf einem steilen Gratstück mit leichten felsigen Passagen zum stillen Seelekopf hinauf. Über den Südwestrücken

Aufstieg zum Seelekopf

nun zu einer weiteren Scharte hinunter. Wer mag, kann dem angenehm steigenden, locker bewaldeten Kamm noch eine Weile folgen, bis die Route bei einem skurrilen, ausgeblichenen Baumstumpf wieder zu fallen beginnt. Unterwegs zeigen sich immer wieder markante Nagelfluhabbrüche. Der kreuzlose Hochpunkt heißt Hohenfluhalpkopf. Als nächster Gipfel im Westen grüßt der Eineguntkopf. Die Aussicht ist durch Bäume eingeschränkt, aber der Tiefblick auf Oberstaufen kann sich sehen lassen. Von dort zurück zur letzten Scharte.

Von der Scharte weiter zu einem Zaunüberstieg und auf einen markierten Steig abbiegen. Unter einem Felswulst vorsichtig über eine abschüssige Passage und eine wurzelige Steilstufe hinunter. Auf dem stillen Weg durch einen Alpkessel mit Blick zu den Abstürzen des Seelekopfs zur Seelealp. Nun auf Ziehwegkehren durch einen stillen Mischwald und an einem Mini-Wasserfall vorbei zur Schilprealp. Ein befestigter Alpweg führt über die Untere Lauchalp zur Hochgratbahn zurück.

Nagelfluh

Heidenkopf, 1685 m und Gratkopf, 1670 m

Schlüsselstellen des Oberallgäuer Rundwanderwegs

Ausgangspunkt: Gunzesried-Scheidwangalp (zu erreichen von Gunzesrieder Säge auf der Mautstraße); Parkplatz, 1317 m
Höhenunterschied: 430 m
Gehzeit: Gratkopf 1¼ Std., Rückweg 1¾ Std.; gesamt 3 Std.
Charakter: mehrere kleine Steilaufstiege; ausgesetzte Passagen zum Heidenkopf mit kurzer Kletterei (I) in teilweise schmierigem Fels und am Gratkopfabstieg erfordern Trittsicherheit; überwiegend bezeichnete Steige; Vorsicht bei Nässe!
Einkehr: Scheidwangalp am Ausgangspunkt
Karte: KOMPASS WK 3

Diese einprägsame Tour ins wilde Reich des Nagelfluhs startet an der Scheidwangalp, auf der Wasserscheide zwischen Rhein und Donau. Der Oberallgäuer Rundwanderweg schwingt sich südlich durch aufgelockerten Bergwald auf. In einem Rechtsbogen zu einem verfallenen Viehunterstand. Rückblickend zeigt sich die Nagelfluhkette. Nach einer Alpwanne zum Joch zwischen Heidenkopf und Girenkopf hinauf.

Nun beginnt der kurze, anspruchsvolle und etwas ausgesetzte Gipfelaufstieg. Ein felsiger Steilaufschwung mit ein paar erdigen, nicht ganz zuverlässigen Tritten ist durch Drahtseile entschärft. Er verlangt aber kurzzeitig sauberes Gehen (I). Danach lockt zur Rechten ein luftiger Aussichtspunkt. Auf fortwährend spannendem Routenverlauf ist bald der Heidenkopf erreicht. Der überwältigende Ausblick wird im Osten von den Tannheimer Bergen und im Westen von den Schweizer Bergen

Auf dem pfiffigen Gratkopfabstieg

begrenzt. Ein kurzweiliger Höhenkurs folgt nach einem kleinen südöstlichen Grasabstieg dem flachen, breiten Kamm. Noch wenige Stufen und schon steht man auf dem Gratkopf. Dieses eigenwillige Massiv, das sich aus Grasköpfen, Türmen und Nadeln zusammensetzt, verdient eine ausgiebige Schaupause. Anschließend erfordert der reizvolle Abstieg über einen sich verschmälernden Grat mit nochmals ausgesetzten felsigen Stellen volle Aufmerksamkeit. In der Weidemulde vor dem Siplingerkopf auf die Markierung achten und über ein ansteigendes Felsendurcheinander. Danach den Oberallgäuer Rundwanderweg auf der gemütlichen, zur Oberen Balderschwanger Alp führenden Talroute verlassen. Dem Wegweiser in Richtung Heidenkopf folgend steil hinauf über bucklige Hänge und an auffallenden Nagelfluhtürmen vorbei zum bereits vorhin betretenen Joch zurück. Dort auf der bereits vom Hinweg bekannten Route zur Scheidwangalp hinab.

Prächtige Aussicht auf dieser schönen Wanderung

Siplingerkopf, 1746 m

Zu den markanten Siplingernadeln

Ausgangspunkt: Hintere Aualpe im Gunzesrieder Tal, Parkplatz, 1052 m
Höhenunterschied: 700 m
Gehzeit: Aufstieg 2 Std., Abstieg 2 Std., gesamt 4 Std.
Charakter: landschaftlich schöne, kurze und nicht besonders anstrengende Rundwanderung; beim Abstieg auf der vorgeschlagenen Route an zwei kurzen Stellen, besonders bei feuchtem Wetter, Trittsicherheit und Schwindelfreiheit erforderlich
Einkehr: keine
Karte: KOMPASS WK 3

Hoch über dem Gunzesrieder Tal findet sich im Siplingerkopf ein kurzes, aber landschaftlich großartiges Gipfelziel. Die Gipfelrundschau zur benachbarten Nagelfluhkette ist ohne Vergleich. Aber auch schon während des Aufstiegs gibt es brillante Ausblicke zu bestaunen. Interessant ist auch der immer wieder

Markante Siplingernadeln

anzutreffende Nagelfluhfels, der sich zum Teil in bizarren Gebilden und Felsennadeln zeigt.

Am Parkplatz die Mautstraße gegen Süden verlassen, und schon bald nach rechts abbiegen, um neben dem Aubach nach Südwesten relativ eben dahinzugehen. Der Weg schwenkt ein wenig nach links ab, führt auf einem schmalen Steg über einen Wildbach und in den Wald hi-

Herbstlicher Ausblick vom Siplingerkopf auf das Balderschwanger Tal

nein. Im schönen Laubwald auf dem breiten Pfad über einer wilden Klamm den Berg hinauf. An markanten Nagelfluhwänden vorbei und aus dem Wald hinaus. Anschließend über die Siplingeralpe nach Süden hinauf und nach links (gegen Nordosten) schwenken. Dann auf die markanten Nagelfluh-Felsenzinnen der Siplingernadeln zu.

Man geht an diesen imposanten Gebilden vorbei und östlich des Gratrückens gegen Süden weiter. Bald darauf kommt man auf die Grathöhe, der man bis zum Gipfelkreuz folgt. Der Abstieg fällt vom Gipfel auf einem schmalen, markierten Pfad gegen Osten ab. Durch lichten Wald über einen Rücken dahin und am oberen Rand einer steilen Rinne stark bergab. Vor allem bei feuchtem Wetter wegen des lehmigen Untergrunds sehr vorsichtig absteigen! Am Rücken oberhalb der Oberen-Wilhelmine-Alpe nach links ab und zwischen Erlengebüsch über den steilen Nordhang in Kehren hinab.

Der markierte Steig führt zur Hirschgundalpe, wo ein schmaler Fahrweg erreicht wird. Auf ihm in Kehren über den Schwarzenberg durch dichten Wald zum Ausgangspunkt zurück.

Rindalphorn, 1821 m

Auf der Nagelfluhkette

Ausgangspunkt: Gunzesrieder Säge, 933 m, Bushaltestelle; Parkplatz
Höhenunterschied: rund 1700 m
Gehzeit: Aufstieg 5 Std., Abstieg 1 Std. (bis Scheidwangalpe), gesamt 6 Std.
Charakter: sehr lange, anstrengende Rundwanderung durch eine beeindruckende Landschaft
Einkehr: Untere Gelchenwangalpe, Scheidwangalpe
Karte: KOMPASS WK 3

Mit insgesamt 20 km ist die hier vorgestellte Tour ausgesprochen lang. Wer sie durchführen will, ist für den weiten Rückweg durch das Aubachtal auf ein Hilfsmittel –Auto oder Fahrrad – angewiesen, das vor der Tour bei der Scheidwangalpe abgestellt werden sollte. Interessant an der Tour ist auch das Gesteinskonglomerat der Nagelfluhfelsen. Vor allem das erste Stück der Tour, der Aufstieg zum Stuiben, vermittelt ein tief greifendes Landschaftserlebnis.

Vom östlichen Ortseingang in Gunzesrieder Säge geht man ein paar Meter auf der Fahrstraße, biegt bei der Brücke nach rechts ab, überquert die Gunzesrieder Ache und geht zur Alpe Vorderschönebuch hinauf. Hinter ihr über eine Wiese und in den Wald hinein. Über die herr-

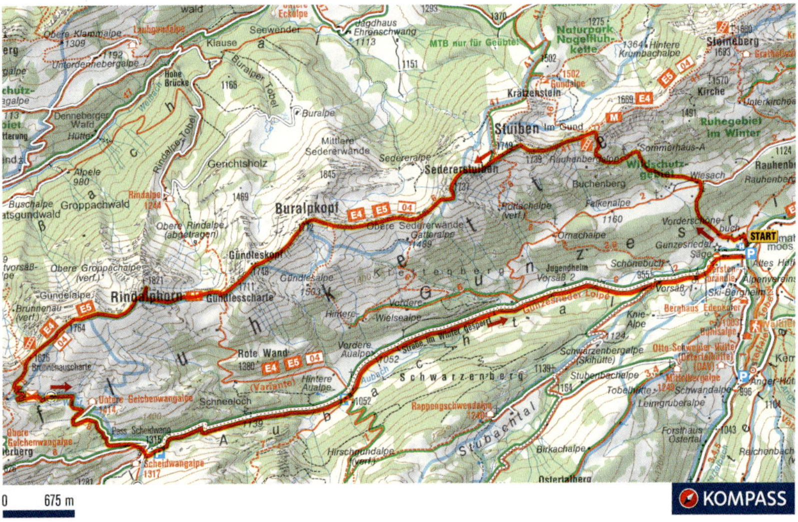

Das Rindalphorn mit einem typischen Nagelfluhfelsen im Vordergrund

lich gelegenen Alpwiesen der Wiesachalpe nach Nordwesten und in vielen Kehren zwischen Nagelfluhfelsen an der Sommerhausalpe vorbei in einen kleinen Sattel am Buchenberg. In diesem Sattel geht man nach rechts und sehr steil auf einem langen Gratrücken durch eine wilde Felsenlandschaft. Zwischen bizarren Felsgebilden im Wesentlichen am Grat entlang, zum Schluss ein längeres Stück am Drahtseil zum Gipfel des Stuibens.
In leichter, aber langer Gratwanderung nach Südwesten, gering abwärts und über Wiesen zum Sedererstuiben. Nun in der gleichen Richtung in einen kleinen Sattel zwischen Sederer- und Gatteralpe. Im Wesentlichen auf der Grathöhe der Oberen Sedererwände zum Buralpkopf. Vom Gipfel des Buralpkopfs zeigt sich schön die höchste Erhebung der langen Tour, das Rindalphorn. Der Anstieg dorthin führt erst einmal über den Gündleskopf und steil in die Gündlesscharte hinab. Was folgt, ist ein langer und mühsamer Gegenanstieg über 280 Höhenmeter durch eine breite, aber steile Mulde. Zuletzt ein Stück auf dem Grat zum Gipfelkreuz des Rindalphorns.
Vom Gipfel kurz nach Süden in eine Scharte hinab und am Gipfelgrat nach rechts und in Richtung Hochgrat weiter. Über eine Graterhebung hinweg und gegen Südwesten in die Brunnenauscharte. In der Scharte nach links zur Gütlealpe abbiegen und von dort im Wesentlichen gegen Osten zur Unteren Gelchenwangalpe. Dann auf einem Fahrweg am Aubach weiter, wo einige stille und tiefe Gumpen zu einem erfrischenden Bad nach der langen Tour einladen.
Beim Pass Scheidwang erreicht man die Mautstraße im Aubachtal. Auf ihr mit dem vorher abgestellten Auto oder Fahrrad nach Gunzesrieder Säge zurück.

TIPP

Man kann sich die Tour sehr erleichtern, indem man mit der Hochgratbahn auffährt und die Wanderung in umgekehrter Richtung durchführt. Meist wird dann vom Stuiben nach Immenstadt abgestiegen, wobei man allerdings das schönste Stück der Tour verpasst.

Gündleskopf, 1748 m und Buralpkopf, 1772 m

Durchs Aubachtal in die Nagelfluhkette

Ausgangspunkt: Gunzesrieder Säge, Bushaltestelle, 933 m; Parkplatz am Ortseingang
Höhenunterschied: 830 m
Gehzeit: Vordere Rindalp 2½ Std., Buralpkopf 1¼ Std., Abstieg 2½ Std., gesamt 6¼ Std.
Charakter: ab der Hinteren Aualp langer mittelsteiler Aufstieg und steile Abstiegsetappe vom Buralpkopf; meist beschilderte Route, kurzer Steig, zu Beginn längeres Alpsträßchen; bei Nässe Rutschgefahr
Einkehr: keine
Karte: KOMPASS WK 3

Die Zweigipfel-Überschreitung beginnt an der Bushaltestelle in Gunzesrieder Säge. Auf dem anfangs steigenden Alpsträßchen ins Aubachtal hinein und vorbei an der Alphütte Vorsäß I. Nach dem Queren des Aubachs ziehen über der Hütte Vorsäß II steile Mischwälder zum Stuiben hinauf. Hinter Vorsäß III durch einen Waldflecken hinauf zur Vorderen Aualp. Dort besticht der Siplingerkopf mit der Erosions-Kulisse der Spießwände.
Nun dem Wegweiser zur Gündlesscharte folgen. Die Hintere Aualp ist die letzte Station im Tal. Unter dem Felsriegel der Roten Wand auf einem Ziehweg erst nach Westen, dann in Kehren nach Norden, durch Waldflecken hinauf bis zur Vorderen Rindalp. Auf einem Pfad ist es dann nicht mehr weit zur Gündlesscharte. Nach einem deutlichen Kammaufschwung erreicht man den Gündleskopf, den nur eine kleine Einsattelung vom Buralpkopf trennt. Diese beiden Berge sind Bestandteil der europäischen Fernwanderwege E 4 und E 5. Nun über eine überwiegend

Im Aubachtal beim Gunzesrieder Ortsteil Säge

flache Etappe oberhalb der Oberen Sedererwände mit einem schmalen und steilen, felsdurchsetzten Gratsteig zu einem Sattel. Ein Pfad leitet zur Gatteralp hinunter. Nun einen Graben überschreiten und nach einem Waldstreifen wieder über Weidehänge in ein paar weiten Schleifen zum Waldweg unterhalb der Vorderen Wieslealp. An der Alphütte Vorsäß III stößt man zur Aufstiegsroute. Von dort folgt man dem Alpsträßchen wieder bis zum Ausgangspunkt Gunzesrieder Säge.

Freundschaft auf der Alpe

Bleicherhorn, 1669 m und Höllritzereck, 1669 m

Leichte Wanderberge über dem Ostertal

Ausgangspunkt: Gunzesrieder Säge, Bushaltestelle, 933 m; Parkplatz am Ortseingang
Höhenunterschied: 740 m
Gehzeit: Höllritzeralp 2¼ Std., Höllritzereck 1 Std., Abstieg 2¼ Std.; gesamt 5½ Std.
Charakter: kurzer mäßig steiler Aufstieg zum Bleicherhorn; gut markierte Route
Einkehr: Buhlsalp, Höllritzeralp
Karte: KOMPASS WK 3

Der grüne Zwillingsgipfel zwischen dem hintersten Ostertal und dem Balderschwanger Tal ist ein typischer Vertreter der sanft geformten Flyschberge.
An der Bushaltestelle in Gunzesrieder Säge beachtet man den Wegweiser des Naturlehrpfads und an einer Verzweigung den zum Riedberger Horn. Ab dem letzten Haus auf einem ansteigenden Bergweg an der Stuttgarter Hütte und der Schwabenhütte vorbei und in das stille Ostertal hinein.
Vom Berghaus Diesch auf einem Fahrweg durch ein Wäldchen zur Buhlsalp und danach auf einer Anliegerstraße auf das Riedberger Horn zu. Nach kleinem Gefälle über Viehweiden und Wiesen am Ostertalbach entlang. Geradeaus an einer Bienenzucht vorbei steigt die nun waldige Route deutlicher an. Nach Querung einiger Seitenbäche taucht die Jagdhütte Grafenälpehütte (auch Grafenalp) auf.
Dem Hinweisschild auf die Höllritzer Alpe folgend auf einen Weg, der nach einer Bachbrücke durch lockeren Misch-

Der Siplingerkopf vom Aufstieg zum Bleicherhorn

wald zur Hubertushütte unter dem Bleicherhorn ansteigt. Über ein Weidegebiet zur Höllritzer Alp. Nur kurz einem Sträßchen folgen, bis ein Weg Richtung Siplingerkopf abzweigt. Diesen an einer Verzweigung verlassen und nach links auf einen wenig anstrengenden Grassteig. Dieser Teil des Oberallgäuer Rundwanderwegs führt über einen schmalen, mit ein paar Fichten bestockten Rücken zum Bleicherhorn, das mit einem eindrucksvollen Rundblick aufwartet. Eine geringe Einsenkung des begrünten Kammes trennt es vom gleich hohen Höllritzereck.

Über einen ebenfalls schmalen Rücken hinab in einen Sattel. Von dort auf einem Pfad schattseitig die Strauchzone am Dreifahnenkopf queren. Ein kleines Stück vor der Prinschenhütte über nordgerichtete Weidehänge zur Grafenälpehütte hinab, wo man der Aufstiegsroute zurück zur Gunzesrieder Säge folgt.

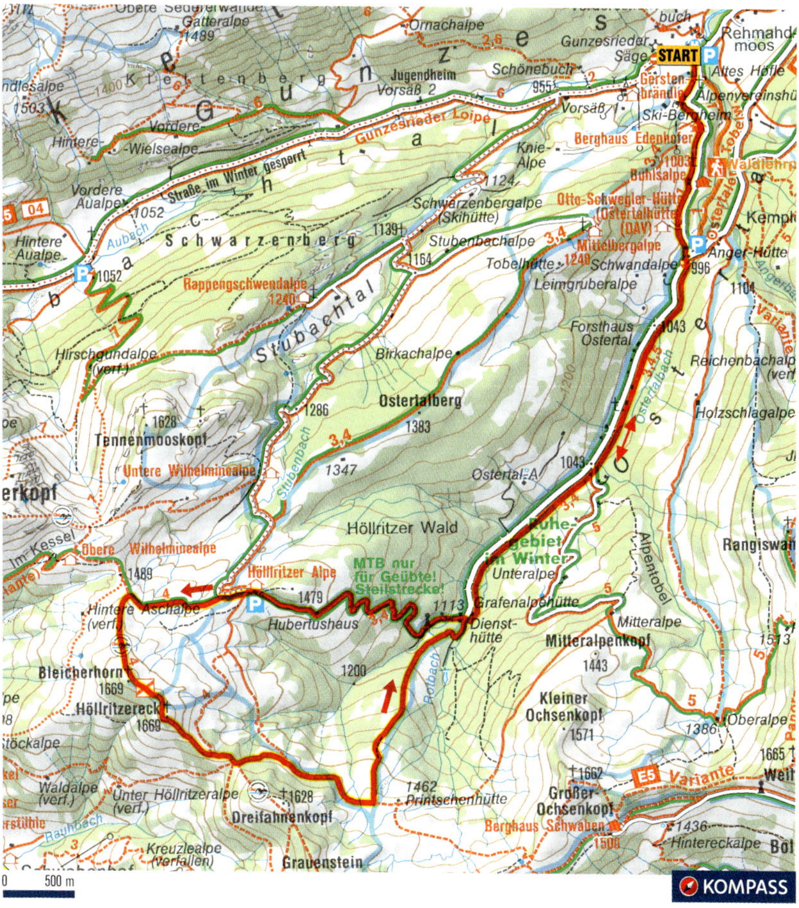

Kemptener Naturfreundehaus, 1415 m

Durch den Steigbachtobel zur Wasserscheide

Ausgangspunkt: Immenstadt, Bahnhof, Parkplatz, 729 m
Höhenunterschied: 710 m
Gehzeit: Kemptener Naturfreundehaus 2½ Std., Abstieg 1½ Std., gesamt 4 Std.
Charakter: meist mäßig steil; gut beschilderte Route
Einkehr: Mittelbergalp, Kemptener Naturfreundehaus
Karte: KOMPASS WK 3

Auf dem Weg durch den Steigbachtobel zum Naturfreundehaus kommt man an der Mittelbergalp vorbei, einer Sennalp mit dem feinsten Bergkäse. Die Hütte steht genau auf der Wasserscheide. Während der Steigbach über die Iller in das Flusssystem der Donau fließt, strebt die Weißach der Bregenzer Ach und somit über den Bodensee dem Rhein zu.

Vom Bahnhof in Immenstadt nach rechts Richtung Stadtmitte gehen und über die Fußgänger-Bahnüberführung in die Adolph-Probst-Straße. Geradeaus weiter am Friedhof vorbei und dem Schild zur Alpe Gund folgend in den mit lichtem Mischwald gekleideten Steigbachtobel. Bei der Sepp-Gammel-Brücke den Forstweg auf dem Steigbachtobelweg verlassen. Der streckenweise mit Eisenstegen angelegte Pfad entführt in einen der fesselndsten Allgäuer Wildbachtobel. Die mitunter felsigen

Bergflanken lassen kaum Platz für den in früheren Zeiten zu Recht gefürchteten Tosbach, seine kraftstrotzenden Wasserfälle und tiefgründigen Gumpen.
Die Hölzerne Kapelle taucht auf. Auf dem nun bequemen Alpweg in Richtung Naturfreundehaus und an einer Gabelung zum Berghotel Almagmach, dabei zweimal das Bachufer wechseln. Im Fichtenwald sind ein paar stramme Kehren bis zur Passhöhe mit der urgemütlichen Mittelbergalp zu überwinden. Von dort kann man entspannt zu den westlichen Nagelfluhbergen über dem Weißachtal hinüberschauen. Nun auf einem Pfad durch eine moorige Senke zum Bergwachtstützpunkt Seifenmoosalp. Wieder auf einem Alpweg erreicht man in gemächlicher Steigung am Roten Kopf das Kemptener Naturfreundehaus, einen beliebten Stützpunkt für Bergwanderer.
Als Abstieg wählt man den Steig nach Osten durch einen Waldfleck zu der auf einem Weidesattel stehenden Alpe Alp. Die nach Immenstadt beschilderten Ziehwegkehren entschwinden bald im Wald. Die Route mündet später in den Alpweg vom Naturfreundehaus. Man erreicht wieder die Hölzerne Kapelle und folgt dem Aufstiegsweg nach Immenstadt zurück.

An der Mittelbergalp unter dem Stuiben liegt der Steigbachtalaufstieg hinter uns.

Büschel-Glockenblume

Bärenkopf, 1476 m

Wandern bergab

Ausgangspunkt: Immenstadt, Bahnhof, Parkplatz, 729 m oder Parkplatz an der Talstation der Mittagbahn
Höhenunterschied: 750 m
Gehzeit: Bärenkopf ¾ Std., Abstieg 2¾ Std., gesamt 3½ Std.
Charakter: kaum nennenswerte Anstiege, längerer Steilabstieg; überwiegend gut markierte Route, aber auch ein wegloser Abschnitt
Einkehr: Bergstation-Gaststätte, Sennalpe Oberberg
Karte: KOMPASS WK 3

Bevor die leichte Bergwanderung beginnt, geht man vom Bahnhof in Immenstadt Richtung Stadtmitte und über die Fußgänger-Bahnüberführung in die Adolph-Probst-Straße. Von dort geradeaus zur Gottesackerkapelle und an der Schranke der Anliegerstraße vorbei. Nun auf der Sepp-Gammel-Brücke über den Steigbach und auf den Wanderweg zur Mittagbahn-Talstation. Man fährt mit der Gondelbahn in zwei Sektionen zur Bergstation-Gaststätte. Auf dem beschilderten Pfad zum Mittagberg (auch Mittag genannt) hinauf. Die Ausschau nach Norden wird leider durch Fichten behindert. Dafür grüßen über dem Illertal die Allgäuer Hochalpen. Auf dem licht bewaldeten Kamm zu einem Nagelfluhfelsen mit einem schönen Gedenkkreuz. Im Westen reckt sich

Gedenkkreuz am Fuß des Bärenkopfs

die Felsnase des Steinebergs empor. Von der kleinen Schulter am Bärenkopf hat man einen schönen Ausblick bis ins Bregenzerwaldgebirge. Die letzten Meter zum Bärenkopfgipfel weglos über einen kleinen Weidehang hinauf.

Zurück am Gedenkkreuz geht es auf einem Bergpfad durch eine Mulde und einen Waldstreifen zur Sennalpe Oberberg hinab, wo die Möglichkeit einer Sennereibesichtigung mit Käseprobe besteht. Nun auf flachem Alpweg auf den Grünten zu und gleich in der ersten Kurve nach rechts auf den Steig in Richtung Ettensberg abzweigen. Über Lichtungen immer steiler hinab und an einer kleinen

Gemeines Sonnenröschen

Hütte vorbei. Ab dem Unterstand mit dem leicht übertriebenen Namen Hotel Poldi auf einem Sträßchen weiter. Nach der Bild-Kapelle (auch Sühnekapelle) passiert der Pfad in Richtung Altmummen am Ortsbeginn von Ettensberg Schmidelers Kapelle.

Weiter über Pferdeweiden und auf flacher Wiesenspur nach Altmummen. Zu den nahen Häusern von Neumummen führt wieder ein Pfad. Mit einem kleinen Treppen-Gegenanstieg geht es zum Ortsteil Riederalp, bevor ein Sträßchen zur Mittagbahn und zurück zum Ausgangsort nach Immenstadt führt.

Rangiswanger Horn, 1616 m

Bequemer Ausflug in die Hörnergruppe

Ausgangspunkt: Ofterschwang-Sigiswang, Bushaltestelle bei der Kapelle, Parkmöglichkeit , 848 m
Höhenunterschied: 780 m
Gehzeit: Sigiswanger Hornalp 1½ Std., Rangiswanger Horn ¾ Std., Abstieg 1¾ Std.; gesamt 4 Std.
Charakter: langer, meist mittelsteiler Aufstieg; überwiegend beschilderte Alpwege und Pfade
Einkehr: keine Möglichkeit
Karte: KOMPASS WK 3

Der überdachte Arbeitsplatz eines Spechtes

Das Rangiswanger Horn, der dritte Gipfel des Sonthofener Hörnerkamms, zeichnet sich durch eine umfassende Rundschau aus. Besonders einprägsam offenbaren sich von dem bis obenhin begrünten Bergziel die großen Allgäuer Felsgestalten um Oberstdorf. Ein weiteres Glanzlicht dieser komfortablen Bergwanderung ist der nahezu ständig freie Rückblick ins prächtige Illertal.

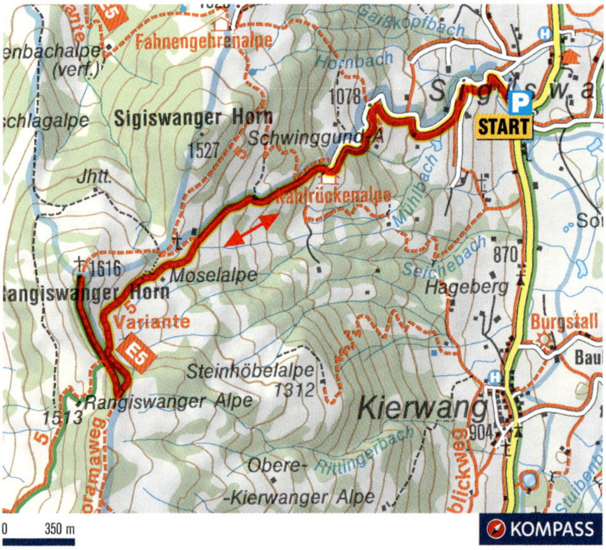

Von der Kapelle in Sigiswang der

nach Ofterschwang ansteigenden Kreisstraße und kurz darauf dem abzweigenden, asphaltierten Alpweg folgen. In Kehren mit herrlichen Talblicken in Richtung Kahlrückenalp über Wiesenhänge hinauf. Gleich nach der etwas abseits gelegenen Schwinggundalp erreicht man das etwas protzige evangelische Freizeitheim, die Kahlrückenalp.

Der nun schmälere Weg führt durch ein kleines Waldstück und, an Steigung zulegend, über Weidehänge zur Gschwendalp. Dann geht es an einem Naturstein-Rastplatz vorbei und wenig später zur Sigiswanger Hornalp.

Auf einem breit ausgetretenen Pfad unterhalb des Gipfelziels vorbei, südwestlich über Alpböden hinauf in die schwache Einsenkung auf dem zum Weiherkopf führenden Kamm und in ein paar Minuten nach Nordwesten zum Rangiswanger Horn.

Über dem Oberstdorfer Talkessel setzen sich so manche der Allgäuer Rang-und-Namen-Gipfel in Szene: das Nebelhorn, der Große und der Kleine Wilde, die Höfats, der Große Krottenkopf, die Trettachspitze und die Mädelegabel heißen diese Schönheiten.

Unternehmungslustige, die nicht auf demselben Weg ins Tal zurückkehren möchten, können nach Norden und dann nach Osten vom Gipfel absteigen, danach dem Panoramaweg am Sigiswanger Horn vorbei zur Fahnengehrenalp folgen und über die Buchenschwandalp Ofterschwang erreichen.

Sonthofner Talkessel mit Grünten von der Sigiswanger Hornalp

Weiherkopf, 1665 m und Großer Ochsenkopf, 1662 m

Über zwei kleine Gipfel ins Bolgental

Ausgangspunkt: Bolsterlang, Bushaltestelle an der Hörnerbahn, Parkplatz, 940 m
Höhenunterschied: 870 m
Gehzeit: Großer Ochsenkopf 1¼ Std., Abstieg 2 Std.; gesamt 3¼ Std.
Charakter: kurzer Steilaufstieg zum Weiherkopf; meist bezeichnete Route
Einkehr: Berghaus Schwaben, Zunkleitenalp
Karte: KOMPASS WK 3

Den Aufstieg zu der einfachen, aber schönen Höhenwanderung erleichtert die Kleinkabinenbahn von Bolsterlang in zwei Sektionen zur Bergstation am Bolsterlanger Horn. Auf einem meist mit Holzstufen angelegten Steig müht man sich über einen steilen, mit Fichten bestockten Bergrücken auf den Weiherkopf, eine an schönen Tagen stark besuchte Weidekuppe. Das ist verständlich, entfaltet sich doch von dort ein fantastisches Gipfelpanorama vom Grünten über all die ungezählten Zacken, Grate und Kämme bis hin zum Widderstein. Über einen Waldrücken geht man

Aurikel und Mehlprimel, Frühlingsboten im Gebirge

in Richtung Berghaus Schwaben nach Nordwesten bergab. Später erfreut man sich einer gemächlichen Höhenwanderung. Nach einem mäßigen Gegenanstieg verlässt man an einer Verzweigung die zum Berghaus Schwaben beschilderte Route und folgt für eine Weile wieder einem flachen Kammverlauf. An der nächsten Gabelung über einen Zwergstrauchhang mit Alpenrosen auf einem kurzzeitig unbezeichneten, aber ausgetretenen und nicht sonderlich anstrengenden Weg hinauf auf den von der Westseite her beweideten Großen Ochsenkopf.

Trotz der Nähe der Bergbahn ist er ein verhältnismäßig stilles Gipfelziel geblieben. Nur wenige kränkelnde, teilweise auch bereits abgestorbene Fichten behindern den Rundumblick. Sogar das Lechquellengebirge lässt sich hinter dem Widderstein sehen, rechts vom Ifen dominiert der Zitterklapfen im Bregenzerwaldgebirge.

Man steigt zur Gabelung zurück und gleich darauf zum Berghaus Schwaben hinab, einer beliebten Einkehr. Der Alpweg in Richtung Bolsterlang führt über einen Weidehang zur nahen Hintereckalp. Dort nach Süden auf einen Pfad und durch Wald und über Lichtungen ins Bolgental hinab. Auf einem befestigten Alpweg zur Zunkleitenalp und weiter auf einen ansteigenden Weg, der im weiteren Verlauf in einen Wanderweg wechselt.

Ab der Wegtafel „Sonderdorfer Gasse" ist es nicht mehr weit, am Sonderdorfer Kreuz vorbei und nach Bolsterlang hinunter zum Ausgangspunkt.

Das einladende Berghaus Schwaben am Großen Ochsenkopf

47

Sturmannshöhle, 975 m

Von Obermaiselstein über den Herrenberg zur Eiszeithöhle

Ausgangspunkt: Obermaiselstein, Parkplatz beim Schützenheim am westlichen Ortsrand, 870 m
Höhenunterschied: 240 m
Gehzeit: 1½ Std. (+ ½ Std. für die Klammführung)
Charakter: geringer Anstieg; aussichtsreiche, kurze und einfache Wanderung zu einer spannenden Höhle auf markierten Wegen
Einkehr: Gasthäuser in Obermaiselstein; Gasthaus Stüble in Schwarzenberg und Kiosk beim Kassenhäuschen
Karte: KOMPASS WK 3

Die Sturmannshöhle wurde im Jahr 1905 auf Anregung des Obermaiselsteiner Pfarrers von „mutigen Männern" erschlossen. Eine Reihe von Sagen rankt sich um diese attraktive Höhle. Die bekannteste ist die von den vier wilden Fräulein,

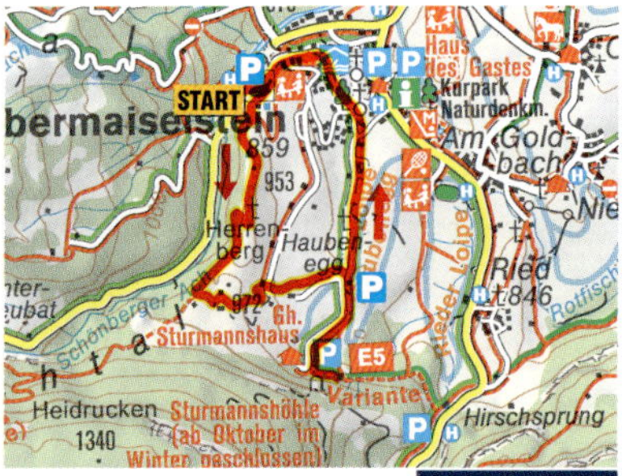

die vor langer Zeit in ihr gelebt und hier feinstes Leinen gesponnen haben sollen und sich bei den Menschen stets bedankten, wenn ihnen Gutes getan worden ist.
Vom Parkplatz folgt man dem Burgschrofenweg am Grill- und Lagerfeuerplatz vorbei und dreht sogleich nach rechts auf einen beschilderten Wanderpfad ab. Auf ihm zum asphaltierten Fahrweg weiter, der bis zur Wasserfassung ansteigt. Dann zum Aussichtspunkt am Herrenberg hinauf und nach rechts abdrehend in ein paar Kehren steil durch den Wald hinab. Anschließend dem Waldpfad am steilen Hang entlang folgen, bis man auf der Höhe des Wildparks nach links abbiegt. Am Gasthaus und dem Wildpark der Straße folgend links vorbei. Bei der nächsten Verzweigung den Fahrweg nach rechts auf

Großartige Wanderung zur Sturmannshöhle

einen abfallenden Weg verlassen, bis der Parkplatz der Sturmannshöhle erreicht wird. Von dort nach rechts zum Kiosk hinauf, Eintrittskarten kaufen und anfangs auf breitem Weg, dann auf einem Treppensteig zum Höhleneingang. Die Führung durch die beeindruckende Höhle dauert etwa eine halbe Stunde.

Anschließend geht man zum Höhlenparkplatz zurück und geradewegs nach Obermaiselstein hinein. Auf dem Burgschrofenweg durch den Ort zum Ausgangspunkt zurück.

Wilder Wasserlauf auf dem Grund der Sturmannshöhle

48

Besler, 1679 m

Mit dem Mountainbike durch das Lochbachtal

Ausgangspunkt: Parkplatz Sturmannshöhle südlich von Obermaiselstein, 869 m
Höhenunterschied: 970 m
Gehzeit: Aufstieg 3 Std., Abstieg 2½ Std., gesamt 5½ Std.
Charakter: anfangs ziemlich steile Auffahrt mit dem Rad, später deutlich flacher, Gipfelanstieg steil und anstrengend, dort kann man einen leichten, kurzen, aber ausgesetzten Klettersteig benützen, muss aber nicht.
Einkehr: Schwabenalpe, Obere Gundalpe und Frieburgarsalpe
Karte: KOMPASS WK 3

Der Besler und sein Nachbar, der Beslerkopf, sind von der Riedbergpassstraße einfach und schnell zu erreichen. Hier ist der Anstieg auf diesen beliebten Aussichtsberg über die sonnige Südseite vorgestellt. Dort kann es im Sommer allerdings ziemlich heiß werden. Es empfiehlt sich, die lange Asphaltstraße durch das Lochbachtal (oder Gutswiesertal) bis zu den Gundalpen mit dem Rad zurückzulegen.
Vom Parkplatz erst einmal auf dem Radweg gegen Südwesten gering

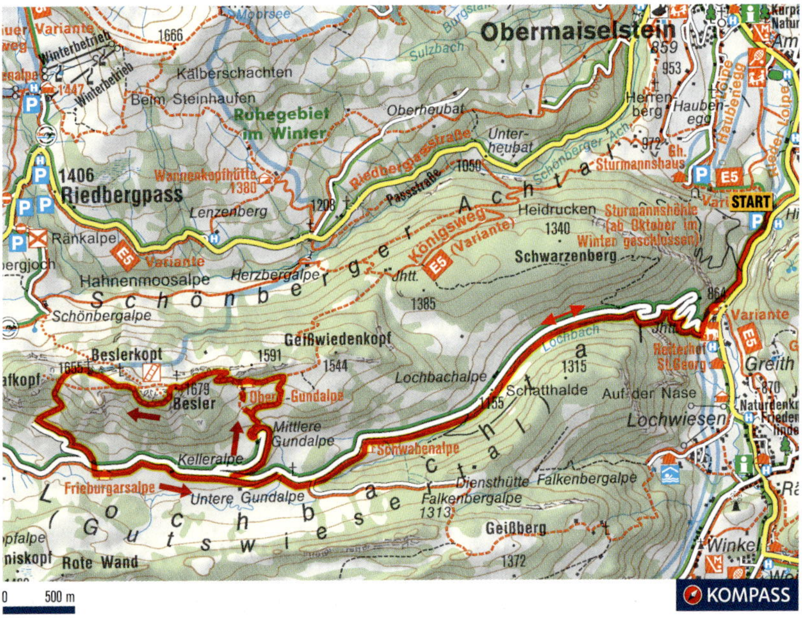

Nach dem zackigen Gipfelanstieg zum Besler ...

abfallend zur Abzweigung der Luxus-Alpstraße in das Lochbachtal. Dort nach rechts abzweigen, an markanten Felsenwänden vorbei und in Kehren steil den Berg hinauf, bis die Straße abflacht. An der Lochbachalpe und der Schwabenalpe vorbei und bei der Verzweigung nach 5½ km nach rechts. Bei der nächsten Straßengabelung nach 500 Metern das Stahlross abstellen.

Vom Fahrraddepot auf einem Fahrweg anfangs gegen Osten, später Norden zur Mittleren Gundalpe. Dort endet die Asphaltstraße. Nun auf markiertem Wanderweg in einem weiten Bogen zur Oberen Gundalpe. Wer es steiler mag, kann auch direkt von der Mittleren zur Oberen Gundalpe hinaufgehen (Wegspur). Von der Oberen Gundalpe auf einem Bergpfad in den Wald und steil über Felsen zum Ostrücken des Beslers hinauf. Über den Rücken gegen Westen zum scharfen Gipfelfelsen. Auf seiner Nordostseite verläuft ein kurzer Klettersteig steil, aber unschwierig bis fast zum Gipfelkreuz hinauf. Man kann ihn auf einem Wanderweg umgehen. Die letzten Meter gegen Osten zum höchsten Punkt hinauf.

Vom Besler auf gutem Bergweg kurz nach Süden hinab, dann in mehrfachem geringen Auf und Ab nach Westen weiter mit der Möglichkeit, in wenigen Minuten dem Wangener Kreuz am Schafkopf oder dem Besler Kopf (1655 m) eine Visite abzustatten.

Nun im Wald auf steilem Bergpfad neben der scharfgeschnittenen Wand des Schafkopfs gegen Süden zur Straße hinunter. Auf der Straße nach links abbiegen und zum Fahrraddepot hinaus. Von dort entlang der Auffahrtsroute mit dem Drahtesel zum Ausgangspunkt zurück.

... hat man sich eine aussichtsreiche Rast verdient.

Judenkirche, 1080 m

Rund um den Ochsenberg

Ausgangspunkt: Tiefenbach, Bushaltestelle am Rathaus, Parkplatz, 840 m
Höhenunterschied: 420 m
Gehzeit: Judenkirche 1 Std., Hirschsprung 1¼ Std., Rückweg ½ Std.; gesamt 2¾ Std.
Charakter: einfache Aufstiege; ausreichend beschilderte Route
Einkehr: in Jägersberg
Karte: KOMPASS WK 3

Silberdistel

Zwischen dem obersten Illertal und der Tiefenbacher Talmulde erhebt sich der durch leuchtende Schrattenkalkpartien auffallende Ochsenberg. Während seiner Umrundung wird der krasse Gegensatz zwischen den weich geformten Flyschbergen und dem schroffen Gipfelreich des Helvetikums recht augenscheinlich.

Nach kurzem Talkurs beim Rathaus in Tiefenbach wählt man das Sträßchen in Richtung Sulzberg. An der Kirche das Schild zum Kapf beachtend auf wenigen Wanderwegschleifen zum Mischwald am Ochsenberg empor, wo sich im Jehlefelsen eine winzige Höhle findet. Dort befand sich in der Mittelsteinzeit der älteste Allgäuer Wohnplatz. Nun leitet ein Steig an einer langen, lotrechten Felsenflucht vorbei, bevor ein kleiner Anstieg zur Privathütte auf dem Geländeabsatz Kapf ansteigt.

Während einer Ruhepause kann man die Oberstdorfer Prachtgestalten von der Hö-

Schrattenkalkriegel in der Tiefenbacher Talmulde

fats über die Mädelegabelgruppe bis zum Biberkopf bewundern.
Zum Natur-Felsentor Judenkirche sind nochmals ein paar Höhenmeter zu überwinden.
Auf dem Abstieg hält man sich bei einer Gabelung an die Jägersberger Route. Auf einer kurzen Pfadspur über zwei Wiesenflecken und ab den oberen Anwesen von Jägersberg einem Wirtschaftsweg zum gleichnamigen Café folgen.
Dort führt ein unbedeutender Gegenanstieg in den Sattel am Schönhaldenkopf. Der Wegweiser Hirschsprung leitet durch die Lichtung des Ochsentals hinab.
Dem nach Obermaiselstein abzweigenden Waldsteig über eine abschüssige Etappe folgen und bei einer Verzweigung den Wegweiser zum Hirschsprung beachten. Im Talboden auf einer längeren Wiesenspur durch ein Feuchtbiotop und eine Einöde. Auf einem Waldweg nun über Viehweiden sanft bergan zu der einst von der Ur-Breitach geschaffenen Felsengestalt „Hirschsprung“ nahe der Sturmannshöhle. Ein Fußgängerweg und zuletzt ein Wanderweg leiten durch das vormals mit dem Tiefenbacher See gefüllte Tälchen nach Tiefenbach zurück.

Breitachklamm

Erst durch die spannende Breitachklamm, dann auf einem Panoramaweg zurück

Ausgangspunkt: Parkplatz Breitachklamm südlich von Tiefenbach, 813 m
Höhenunterschied: 400 m
Gehzeit: 4 Std.
Charakter: keine längeren Steilanstiege; ausgedehnte Rundtour auf guten Wegen mit etlichen Einkehrmöglichkeiten; großartige Aussicht beim Rückweg
Einkehr: Gasthaus Breitachklamm am Ausgangspunkt, Waldhaus, Alpe „Hinter der Enge", Alpe Dornach
Karte: KOMPASS WK 3

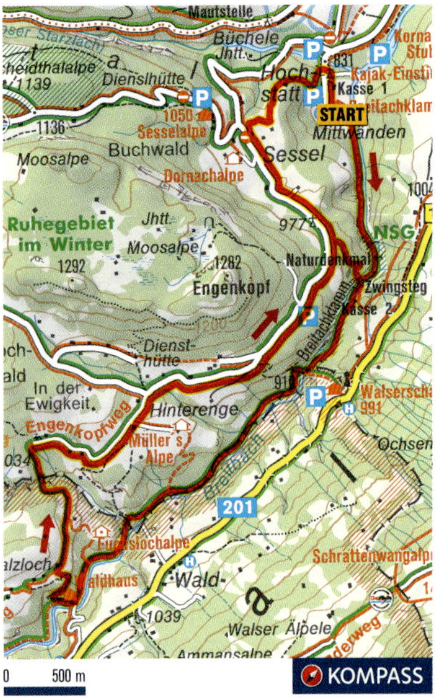

Eine enge Schlucht mit fast hundert Meter hohen, senkrechten und überhängenden Wänden, donnernd über hohe Felsbänke hinabstürzendes Wasser, wundersame Lichtspiele - das ist die Breitachklamm. Im Jahr 1995 wurde sie durch einen Felssturz zugeschüttet, den die Breitach nach einem halben Jahr durchbrach und die Klamm verwüstete. Mit großem Aufwand richtete man die Klamm wieder her und gab sie für Besucher frei. Die Klamm hat von ihrer Großartigkeit nichts eingebüßt. Von der Kassenhalle am Weg zur Breitach hinüber, dann rechts abdrehen und gering ansteigend in die Klamm hinein. Schon bald schnürt sich das Flusstal zu einer Schlucht zusammen und ab der Pegelanlage wird der Klammdurchstieg immer aufregender. Die Klamm, durch die sich die Breitach zwängt, wird schmaler, das Wasser immer wilder und das Tageslicht zieht sich immer mehr zwischen den markant aufragenden Felsenwänden zu beiden Seiten der tiefen Schlucht zurück. An der engsten Stelle bleibt dem tosenden Wildwasser nicht einmal ein Meter Breite. Beim Felssturz vom 23.09.1995, der am 23.03.1996

Atemberaubender Tiefblick von der Zwing auf die wild rauschende Breitach in der tiefen Klamm

durchgebrochen ist, verlässt man den wildesten Teil der Breitachklamm, steigt auf einem Treppenweg in Richtung Waldhaus aus der Klamm hinaus und quert auf einer Metallbrücke die Breitach. Auf dem Steig zum Wildbach hinunter und im Wesentlichen neben ihm bis zur Wirtschaft Waldhaus. Rund 30 Meter hinter der Wirtschaft nach rechts auf einen schmalen Pfad, im Waldhang hinauf, bis der Pfad bei Schmalzloch nach einer Wiese zu einem Fahrweg stößt. Auf ihm nach rechts weiter und zum Hörnlebach gegen Norden dahin. Dann nach links abdrehen, auf einer Brücke den Hörnlebach queren und auf einem Asphaltweg zur Siedlung „In der Ewigkeit" hinauf. Unter dem Engenkopf im Wesentlichen gegen Nordwesten weiter.

Wer mag, kann an beschilderter Stelle auf einem Abstecher nach rechts auf dem Zwingweg bis zur eindrucksvollen Klammbrücke an der Zwing hinuntergehen und ein paar spannende Tiefblicke in die Klamm riskieren, ehe er auf dem selben Weg zum Fahrweg zurückgeht. Dort nach rechts weiter, unter der Alpe Dornach nach rechts abdrehen und zum Ausgangspunkt zurück.

Über Halden zum Sonthofer See

Vergnügungsbummelei im oberen Illertal

Ausgangspunkt: Blaichach, Bahnhof, Parkplatz, 733 m
Höhenunterschied: 180 m
Gehzeit: Sonthofer See 1¾ Std., Rückweg 1 Std., gesamt 2¾ Std.
Charakter: geringe Aufstiege; ausreichend beschilderte Route
Einkehr: in Kühberg und Bihlerdorf
Karte: KOMPASS WK 3

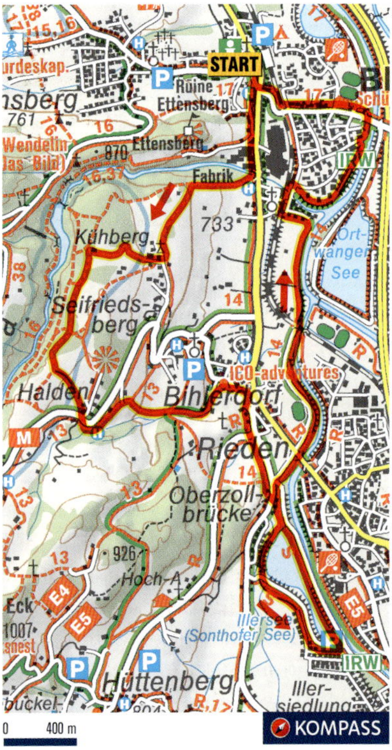

Diese kleine Vorgebirgstour beweist wieder einmal anschaulich, dass es gar nicht immer erforderlich ist, dem Berg Stunde um Stunde Höhenmeter abzuringen, um glücklich und zufrieden sein zu können. Eine geschickte Routenwahl auf schönen Schleichwegen verbindet im vorliegenden Fall dorfnahe Aussichtspunkte mit einer anregenden Badeseeumrundung und einem erfrischenden Flussspaziergang.

In Blaichach vom Bahnhof Richtung Sonthofen nach Süden und nach der Schwarzenbachbrücke nach rechts auf dem nach Kühberg ansteigenden Feldweg weiter, von dem bald nach links ein Pfad abzweigt. Bei einem Stadel leitet eine Wiesenspur zu einer Ruhebank. Über dem Dorffleck baut sich der Grünten auf und hinter Sonthofen beeindruckt der lange Felskamm der Daumengruppe.

Am Ortsanfang von Kühberg dem Wegweiser zum Haldertobel folgend auf ein schmales Kurvensträßchen. An der kommenden Routenteilung einem Feldweg, im weiteren Verlauf einem Wanderweg über den bewaldeten Höhenrücken zu der Häuseransammlung Halden folgen. Dort fällt der Weg wieder ab.

Man hält sich nach links ein ganz kurzes Stück an die Straße und geht

Unmittelbar am westlichen Stadtrand von Sonthofen liegt der idyllische Sonthofer See.

auf dem Pfad in Richtung Bihlerdorf über aussichtsreiche Wiesenhänge weiter. Bei Seifriedsberg über ein Sträßchen und auf einem Waldwanderweg an einem Bächlein entlang nach Bihlerdorf.

Dort auf der Hofackerstraße und nach rechts auf der Oberzollbrückestraße zum Beginn des Blaichacher Ortsteils Oberzollbrücke. Nach der Ettensbach-Fußgängerbrücke auf teilweise asphaltiertem Wirtschaftsweg um den Sonthofer See, der Aussicht wegen vorzugsweise gegen den Uhrzeigersinn. Das beliebte, stadtnahe Badegewässer wird auch Illersee genannt.

„Frühlingsreise" zum Sonthofer See

Zurück an der Ettensbachbrücke geht man auf einem Sträßchen zur Illerbrücke. Ein beschaulicher Wanderweg führt am Flussufer über Bihlerdorf und zum Schluss unter der Eisenbahnbrücke nach Blaichach zurück.

Von Burgberg nach Agathazell

Auf dem „Holzweg“ durch den Moorbirkenwald

Ausgangspunkt: Burgberg, Bushaltestelle beim Rathaus, Parkplatz, 751 m
Höhenunterschied: 30 m
Gehzeit: Agathazell ¾ Std., Rückweg 1½ Std., gesamt 2¼ Std.
Charakter: ebene Wanderung auf bestens beschilderter Route
Einkehr: in Agathazell
Karte: KOMPASS WK 3

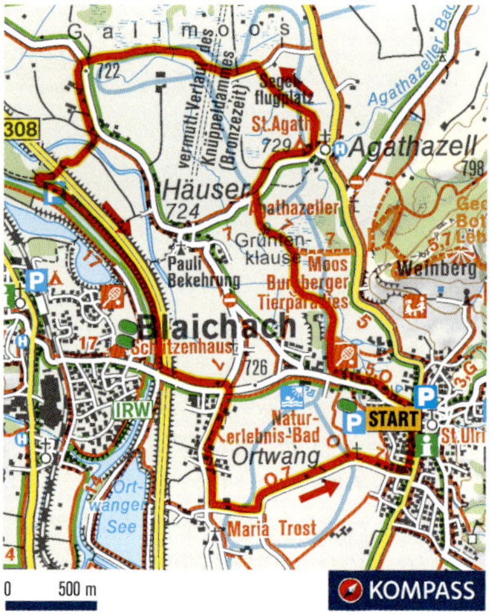

Zwischen Blaichach und Rettenberg weitet sich das Illertal am Fuße des Grüntens zu einer feuchten Wiesenebene. Komfortable Wanderrouten ermöglichen dort im Bereich des Agathazeller Mooses und Gallmooses eine erholsame und dennoch eindrucksvolle Spazierrunde.

Vom Rathaus in Burgberg dem Gehsteig in Richtung Blaichach folgen, bis der Wegweiser „Moos“ auf einen Graspfad lenkt. Nahe des Steinbruchs „An der Schanz“ , an

Sumpfdotterblumen

Komfortable Holzstege führen durch das Agathazeller Moos bei Burgberg.

dem bereits seit 1886 Gesteinsabbau betrieben wird, ein Stück weit den geologisch-botanischen Lehrwanderweg entlang. Schautafeln erläutern die Entstehung eines Hochmoors.

Mit Blick zum Burgberger Hörnle auf einem Feldweg zur Schanzbachbrücke und auf einem Wanderweg ins Agathazeller Moos. Um Trittschäden und Nährstoffeintrag zu vermeiden, hat man den spannenden Weg durch den urigen Moorbirkenwald teilweise mit Holzstegen angelegt.

Den verspielt mäandrierenden Agathazeller Bach querend, kommt man, zuletzt auf einem Anliegersträßchen, nach Agathazell.

Ein Wirtschaftsweg führt nun an Pferdekoppeln vorbei und auf fortwährend ebener Route zum Segelflugplatz. Das Immenstädter Horn ragt auf, hinten der Grünten und über dem Illertal treten auch noch die prächtigen Oberstdorfer Gipfelgestalten auf die Bühne. Wenn die Flugplatz-Ampel grünes Licht für den Weiterweg gibt, nach Häuser dahin, auf dem nochmals der Agathazeller Bach gequert wird. Auf der rechten Seite dehnt sich das Gallmoos (auch Goimoos) aus. Am Ortsende orientiert man sich an der Beschilderung des Illerwegs Blaichach. Nach dem Uferwechsel am Schanzbach durch die Autobahnunterführung und auf dem Uferweg am bewaldeten Flussufer entlang. Der Gehsteig in Richtung Burgberg unterquert die Blaichacher Illerbrücke und führt abschließend nach Ortwang.

Vom benachbarten Oberortwang leitet ein Wirtschaftssträßchen, den wuchtigen Daumen vor Augen, nach Burgberg zurück.

Ruine Fluhenstein - Walten

Miniaturrunde mit Besuch des Burgstalltobels

Ausgangspunkt: Sonthofen, Bushaltestelle „Berghoferkreuzung" bei der Sparkasse, Parkplatz an der nach Hindelang führenden Bundesstraße 308, 750 m
Höhenunterschied: 140 m
Gehzeit: Walten ¾ Std., Rückweg 1 Std., gesamt 1¾ Std.
Charakter: einfacher Anstieg; ausreichend beschilderte Route
Einkehr: in Walten und Berghofen
Karte: KOMPASS WK 3

Vom Startpunkt an der Bushaltestelle an der Berghoferkreuzung auf einem Gehsteig zum Stadtteil Berghofen und hinter der Ostrachbrücke nach rechts in Richtung Walten bis zum Ortsrand. Dort erreicht man den ebenfalls nach Walten beschilderten Wanderweg des E 4. Dieser von den Pyrenäen über den Jura zum Neusiedler See verlaufende Europäische Fernwanderweg leitet durch ein Waldstück zur Ruine Fluhenstein hinauf. Obwohl nur ein paar Minuten vom städtischen Getriebe entfernt, kommt sich der Wanderer dort unter dem betagten Gemäuer wie im einsamsten Waldland vor.

Auf dem Pfad über Viehweiden zum Weiler Walten hinauf präsentiert der Grünten mit dem Felskopf der Kreuzelspitze, wie das Burgberger Horn auch bezeichnet wird, seine Sonnenseite. Rückblickend erfreuen die Sonthofner Hörner und die Nagelfluhkette. Vom oberen Ortsteil er-

Burgruine Fluhenstein

Die waldumschlossene, einsturzgefährdete Sonthofner Ruine Fluhenstein, durch einen Halsgraben vom Waltener Berg getrennt, weist noch ansehnliche Mauerreste von Turm und Hauptburg auf. Die Anlage setzt sich aus der alten Kernburg mit hohem Halbrundturm und einem neueren, von den Bischöfen von Augsburg anstelle der einstigen Vorburg errichteten Vorhof zusammen. Dieser war ostseitig durch das Haupttor zugänglich. Oswald von Heimenhofen hatte das Gebäude der ehemaligen Herrschaft Fluhenstein im Jahre 1361 neu erbaut. Die Burg war Sitz des Ammans der Pflege Rettenberg, wurde 1525 von Bauern geplündert und 1803 aufgelassen.

Über dem Sonthofer Stadtteil Berghofen baut sich als Nebengipfel des Grünten das Burgberger Horn auf.

reicht der Blick die Oberstdorfer Gipfelwelt. Ja, sogar der kantige Widderstein aus dem hintersten Kleinwalsertal tritt in Erscheinung. An der Bushaltestelle Burgstalltobel einem leicht talwärts führenden Pfad zum wilden Burgstalltobel folgen. Die kühle Felsenkluft wurde mittels Holzstegen für Fußgänger begehbar gemacht. Im Mischwald am Berghofer Bach mit seinen Miniatur-Wasserfällen entlang nach Berghofen. Dort nach links in den Burgweg einbiegen und nach Sonthofen zurück.

Die Starzlachklamm

Starzlachklamm

Südlich des Grüntens strömt die Starzlach bei Winkel durch eine kurze, aber besonders eindrucksvolle Klamm. Man kann sie auf einem spannenden Felsensteig von der Alpe Topfen „Auf dem Ried" erreichen und vom Klammende wieder aufsteigen oder man bummelt vom Burgberger Ortsteil Winkel in die Klamm hinein. Schäumend tost das wilde Wasser der Starzlach in eindrucksvollen Kaskaden durch die enge Klamm, die bei einem besonders augenfälligen Wasserfall in der Nähe des Kassenhäuschens endet.

Tiefenberger Moos

Im abwechslungsreichen Illertal

Ausgangspunkt: Sonthofen, Bahnhof, Parkplatz, 740 m
Höhenunterschied: 120 m
Gehzeit: Tiefenberger Moos 1¼ Std., Rückweg 1½ Std.; gesamt 2¾ Std.
Charakter: mäßiger Anstieg; teilweise beschilderte Route, kurze weglose Etappe
Einkehr: Hotel Sonnenalp und in Tiefenberg
Karte: KOMPASS WK 3

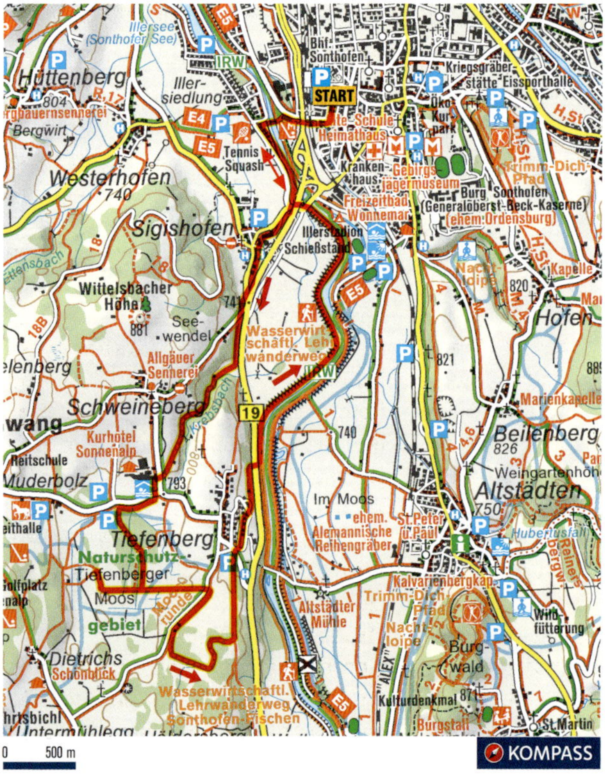

Von der Bahnhofstraße nach rechts in die Moltkestraße einschwenken und auf den Wegweiser zum Stadtteil Rieden achtend wieder nach rechts. Vor der Bushaltestelle durch eine Fußgängerunterführung. Anschließend über den Illersteg und nach links dem Ufer-Wanderweg folgen. Gleich darauf ist der Stadtteil Sigishofen erreicht. Am Rathaus nach links auf die Straße in Richtung Schweineberg abbiegen. Hinter dem Ortsende kurz auf dem Fußgängerweg neben der B 19, bis ein Wirtschaftsweg nach rechts in den Krebsbachtobel leitet. Dort verschmälert sich der Kurs zu einem nur gering ansteigenden Wanderweg im Wald.

Von der Verzweigung am Tobelende auf einer weglosen Weide-

Tiefenberger Moos mit Sonthofner Hörnern

querung zum Sport- und Kurhotel Sonnenalp. Der Fußgängerweg neben der nach Sigiswang führenden Straße hält nun auf die Sonthofener Hörner zu. Kurz darauf lenkt eine Wegtafel auf den reizvollen Pfad ins Tiefenberger Moos. Auf zwei Eisenstegen über einen winzigen Moorbach und am bewaldeten Rand des Feuchtgebietes lässt sich die eigenwillige Ausstrahlung dieses urigen Fleckens in vollen Zügen genießen. Dann geht es auf einen quer verlaufenden Wanderweg. Von dort lohnt es sich, diesem auf einem Abstecher bis zur Informationstafel über einheimische Nadelbäume und Sträucher durchs teilweise offene Hochmoor zu folgen. Zurück auf der Hauptroute stößt man zu einem Feldweg. Bei Tiefenberg folgt man mit Rubihornblick nach rechts einem ruhigen Sträßchen. An einem Waldeck ist auf die Beschilderung der Moosrunde zu achten. Anfangs wieder auf einem Feldweg, wenig später auf einem Wanderweg, schlendert man durch Wald und über Lichtungen zum Ofterschwanger Ortsteil Tiefenberg. Beim Hinweisschild auf das Haus Engstler kommt man zu einem Anliegersträßchen. Im weiteren Verlauf auf einem Wirtschaftsweg hinab, bis man vorsichtig die stark befahrene Bundesstraße quert. Nach einem kurzen Abschnitt am Fahrbahnrand entlang bietet der Auwald am Illeruferweg einen recht beschaulichen Ausklang nach Sonthofen zurück.

Grünten, 1738 m

Mit Ruhepuls auf den Parade-Aussichtsberg

Ausgangspunkt: östlich von Rettenberg-Kranzegg, Wanderparkplatz Großer Wald, Bushaltestelle, 1005 m
Höhenunterschied: 700 m
Gehzeit: Grüntenhütte 1¾ Std., Grünten ¾ Std., Abstieg 2½ Std., gesamt 5 Std.
Charakter: steiler Schlussaufstieg; ausreichend bezeichnete Route auf guten Wegen
Einkehr: Grüntenhütte
Karte: KOMPASS WK 3

Der leichteste Aufstieg zum schmucken Wächter des Illertals beginnt am Wanderparkplatz Großer Wald. Das zum Abenteuer-Kinderspielplatz beschilderte Königssträßle, ein als Naturlehrpfad angelegtes und mit einer Fuchsfährte markiertes Mautsträßchen, führt über Weiden gering bergauf. Von der Gabelung bei dem nach einer Kuppe auftauchenden

0 500 m

KOMPASS

Das Jägerdenkmal auf dem Grünten; rechts der Fernsehsender

Unterstand Geißbrünnl nach rechts zum Kinderspielplatz und weiter durch den Badwald zur Alp Vordere Kölle, auch Willersalp genannt.

Die Grünten-Markierung weist auf einen Ziehweg, links zeigt sich der Waldschopf des Wertacher Hörnles. Ab einer nahen Alphütte hält ein spärlich markierter Graspfad auf das plötzlich in Erscheinung tretende Gipfelziel zu. Schön ist der Tiefblick auf Wertach und den Grüntensee, dahinter der Auerberg. Wo der Pfad im Fichtenwald untertaucht, zeigt sich die zwar winzige, aber dennoch beeindruckende Felszinne des Gigglsteins. Bei der Abzweigung in Richtung Kranzegg auf dem nun schmäleren Rücken geradeaus. Gleich nach dem Bergwachtstützpunkt am Waldende kommt man auf einer Schulter zur Grüntenhütte.

Weit schweift das Auge über das Häusermeer von Kempten hinaus ins Alpenvorland. Im Süden bestechen die Hintersteiner Berge mit dem Hochvogel.

Von einem weiteren Schlepplift einem Ziehweg über Weidehänge folgen, wieder das stolze Ziel vor Augen. Später auf breit ausgetretenem steilem Steig, der zuletzt in ein paar Kehren den kurzen Ostgrat erreicht. Noch ein paar leichte Felsstufen, erst links, dann rechts des Grates, und schon kommt man beim Jägerdenkmal auf dem Grünten an, dessen höchster Punkt auch Übelhorn genannt wird.

Es ist kaum zu glauben, dass dieser Gipfel, wie man nachlesen kann, bereits im Jahre 1949 mit einem Motorrad bezwungen wurde. Hoffentlich passiert so etwas nie wieder ...

Die beeindruckende und umfassende Rundschau hat Majestäten wie die Zugspitze, das Alpsteingebirge oder die Schesaplana im Rätikon vorzuweisen. Der Abstieg verläuft entlang der Aufstiegsroute.

Kessel, 1695 m und Wertacher Hörnle, 1684 m

Mit dem Mountainbike durch den Großen Wald

Ausgangspunkt: östlich von Rettenberg-Kranzegg, Wanderparkplatz Großer Wald, 1005 m
Höhenunterschied: 710 m
Gehzeit: Aufstieg 1¾ Std., Abstieg ¾ Std., gesamt 2½ Std. (ohne Mountainbike rund 4½ Std.)
Charakter: zügige, aber unschwierige Mountainbikeauffahrt mit leichtem Gipfelspaziergang. Die langen Fahrwege sind überwiegend asphaltiert, aber für den allgemeinen Verkehr gesperrt. Trotzdem gebieten forsche Autofahrer Vorsicht!
Einkehr: Schnitzlertalalp
Karte: KOMPASS WK 3

Das Wertacher Hörnle ist ein sehr beliebter, aussichtsreicher Wandergipfel. Allerdings wird es bevorzugt vom Oberjoch über den Jochschrofen oder ab Obergschwend bestiegen. Diese Aufstiege sind kurz und kaum anstrengend, also nichts für ambitionierte Wanderer. Der Aufstieg über die Nordseite eignet sich wegen großer Entfernungen mehr für Mountainbiker.

Vom Parkplatz fährt man gegen Süden 40 Höhenmeter hinauf und dann flott 30 Höhenmeter wieder bergab und in den Großen Wald hinein. Bei der Straßenverzweigung im Talgrund (km 1,2) sich links halten und gering ansteigend bis zur nächsten Straßengabelung nach 1,7 km. Bei ihr abermals nach links abbiegen und sich bei der nächsten Abzweigung wieder links halten. Auf der Asphaltstraße in Richtung Obere Bichler Alpe weiter. Nun deutlich steiler zur Abzweigung bei

Unterwegs am Wertacher Hörnle

km 2,4. Geradeaus weiter zur Abzweigung auf 1203 Meter Höhe. Dort nach rechts und anfangs flacher, dann zügig, aber gleichmäßig steil lange am Waldhang gegen Süden bergauf. Der Fahrweg schwenkt gegen Westen ab und fällt kurz nach Norden zur Schnitzlertalalpe ab. Dort Fahrraddepot.

Nun zu Fuß auf markiertem Viehweg, später auf einem Bergpfad, gegen Süden durch eine Hangmulde hinauf. Auf Steigspuren nach rechts abbiegen und über einen bewaldeten Rücken zum Gipfelkreuz auf dem Kessel.

Anschließend auf dem Höhenrücken kurz abfallend, dann wieder aufwärts zum Wertacher Hörnle hinüber und von ihm gegen Norden zum Hörnlesee hinab. Auf Wegspuren zurück zur Aufstiegsroute, der man zum Fahrraddepot an der Schnitzlertalalp folgt. Von dort mit dem Stahlross in prächtiger Abfahrt zum Ausgangspunkt zurück.

Großer Hirschberg, 1644 m und Spieser, 1651 m

Traum-Blickfänge am Südrand der Voralpen

Ausgangspunkt: Unterjoch-Obergschwend, Bushaltestelle, Parkplatz, 1050 m
Höhenunterschied: 650 m
Gehzeit: Hirschberg und Spieser 2½ Std., Hirschalp ½ Std., Abstieg 1¼ Std., gesamt 4¼ Std.
Charakter: meistens nur wenig anstrengender Aufstieg, kurzer steiler Spieser-Abstieg; teilweise bezeichnete Route; etwas Orientierungsgabe wäre nicht schlecht
Einkehr: Hirschalp
Karte: KOMPASS WK 3

An der Bushaltestelle in Obergschwend zeigt der Wegweiser zum Spieser den Auftakt zu der kurzweiligen Zweigipfeltour. Vom Gasthof „Am Buchl" führt ein Fußweg über die Weißenbachbrücke. Anschließend auf einem Wiesenpfad gemütlich am rechten Schlepplift bergauf und zur deutlich steileren Skipiste. Dort rücken die eleganten Felsgipfel des Tannheimer Tals ins Blickfeld.

Nach einem flacheren Abschnitt auf Weidewiesen auf einem mitunter felsdurchsetzten Steig durch die licht bewaldete Hochwanne zwischen Jochschrofen und

Auf dem Europäischen Fernwanderweg E 4 zum Großen Hirschberg

Hirschberg. Feuchte Stellen sind zum Teil mit Baumscheiben besser begehbar gemacht.
Zwischen den letzten Fichten und Buchen, Eschen und Ahorn breitet sich Buschwerk aus. Über karge Alpweiden in den Steinpasssattel.
Auf dem Pfad in Richtung Spieser über einen kleinen Rücken und den eher gemächlichen Südhang des Hirschbergs ansteigen. Dort weitet sich das Blicksegment zur Zugspitze und über den Hochvogel und die Daumengruppe bis zu den Walsertaler Bergen. Von der unscheinbaren Einsattelung am Spieser gewinnt man in Kürze über einen bequemen Höhenrücken weglos den Gipfelrundling des Großen Hirschbergs.
Zurück im Sattel auf einem Steig ebenfalls ohne Anstrengung an einer Fichtenreihe zum wenige Meter höheren Spieser hinauf.
Nun setzt anfangs in südwestlicher Richtung über harmlose Felsstufen der steile Abstieg über den Nordwestrücken an. Der teilweise mit Latschen bewachsene Berg zeigt dort seine schroffe Seite. Von der Verzweigung auf einem Weideboden zieht sich ein Pfad auf gleichbleibender Höhe um den Spieser herum bis zur Hirschalp. Kurz vor der beliebten Einkehr bietet sich ein prachtvoller Tiefblick auf den Hintersteiner Talkessel. Zwischen zwei Waldflecken muss noch ein kleiner Gegenanstieg bewältigt werden, dann folgt man vom Steinpasssattel der Aufstiegsroute bis Obergschwend zurück.

Kematsriedmoos und Alpsteigtobel

Rund um den Krumbacher Berg

Ausgangspunkt: Oberjoch, Bushaltestelle am Großparkplatz, 1136 m
Höhenunterschied: 180 m
Gehzeit: Alpsteigtobel 1 Std., Rückweg 1¼ Std., gesamt 2¼ Std.
Charakter: nur geringe Steigungen; gut beschilderte Wege; kurzer undeutlicher Pfad
Einkehr: Moorhütte, Gaststätte Kaminstube
Karte: KOMPASS WK 3

Bienenbesuch bei der Silberwurz

Auf dem beschaulichen Rundwanderweg zwischen den Hindelanger Ortsteilen Oberjoch und Unterjoch streift man gleich zu Beginn durch das Kematsriedmoos, das nur im Randbereich kultiviert wurde. In diesem stattlichen Hochmoor am Fuße von Kühgundkopf und Iseler sind Tiere und Pflanzen beheimatet, die auf der Roten Liste der bedrohten Arten stehen. So kommen dort beispielsweise die Schmetterlingsarten Hochmoorgelbling und Natterwurz-Perlmuttfalter, die Arktische Smaragdlibelle und die Kreuzotter sowie die fleischfressende Pflanze Langblättriger Sonnentau vor.

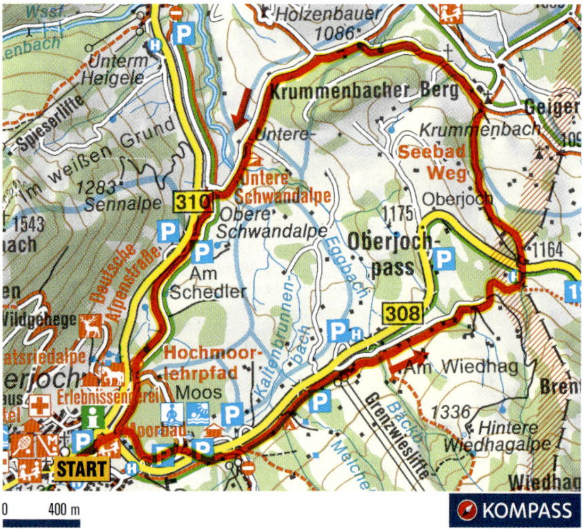

Vom Großparkplatz auf dem Fußgängerweg in Richtung Alpsteigtobel durch die

Der Kühgundkopf über dem Oberjocher Kematsriedmoos

Bundesstraßen-Unterführung. Danach auf dem von den Gästen der Jugendbildungsstätte des Alpenvereins umweltschonend angelegten Moorlehrpfad durch das Kematsriedmoos. Ab der Moorhütte, einer Einkehrstation mit Moorbad, dann auf einem Fußgängerweg an der B 308 entlang und an der Gaststätte Kaminstube vorbei auf den hahnenkammartigen Sorgschrofen zu. Zur Linken erheben sich Jochschrofen und Wertacher Hörnle.

Beim Grenzwieslift erreicht man den Wegweiser zum Alpsteigtobel. Auf einem befestigten Alpweg nun leicht ansteigend zur Gabelung auf dem höchsten Punkt der Wanderung. Auf dieser Feuchtwiesenkuppe befand sich ehemals die Passhöhe der Salzstraße von Hall in Tirol über Hindelang zum Bodensee. Von dort auf einem Wanderweg zum alten Zollhaus hinunter. Dort überquert man die Bundesstraße und gelangt über drei Bachstege zum stillen Alpsteigtobel.

Im Mischwald durch die tief eingeschnittene Kerbe des Weißenbachs zu den versteckten Höfen von Krummenbach mit Kapelle, und über den Bach. Auf einem Ziehweg mit kleinem Gegenanstieg zwischen Krumbacher Berg und Hotzenberg, streckenweise auf einem undeutlichen Wiesenpfad über einen Sattel zur Unteren Schwandalp.

Nach einer Bachbrücke auf einem asphaltierten Wirtschaftsweg über Waldweiden gering aufwärts und wieder nach Oberjoch.

Älpelealp, 1336 m

Am Sorgschrofen und im oberen Wertachtal

Ausgangspunkt: Jungholz, Bushaltestelle am Ortsanfang, 1040 m; Parkplatz bei den Skiliften
Höhenunterschied: 450 m
Gehzeit: Älpelealp 1 Std., Unterjoch ¾ Std., Rückweg 1¼ Std., gesamt 3 Std.
Charakter: kurzer Steilaufstieg zu Beginn; teilweise bezeichnete Route; Orientierungsgabe kann nicht schaden
Einkehr: in Unterjoch und Vordere Sorgalpe
Karte: KOMPASS WK 3

Völlig abseits des Verkehrs verbinden mehrere Wanderrouten die hoch gelegene deutsche Wirtschaftsenklave Jungholz mit dem Hindelanger Ortsteil Unterjoch, die sich auf ideale Weise miteinander verbinden lassen. Vom Ortsanfang von Jungholz durch den Ort zu den Skiliften, wo ein Alpweg in Richtung Sorgschrofen abzweigt. Bald auf einer steilen Wiesenspur stramm aufwärts (aber der Blick zurück auf das schmucke Tiroler Bergdorf entschädigt für die Aufstiegsmühen). Im wei-

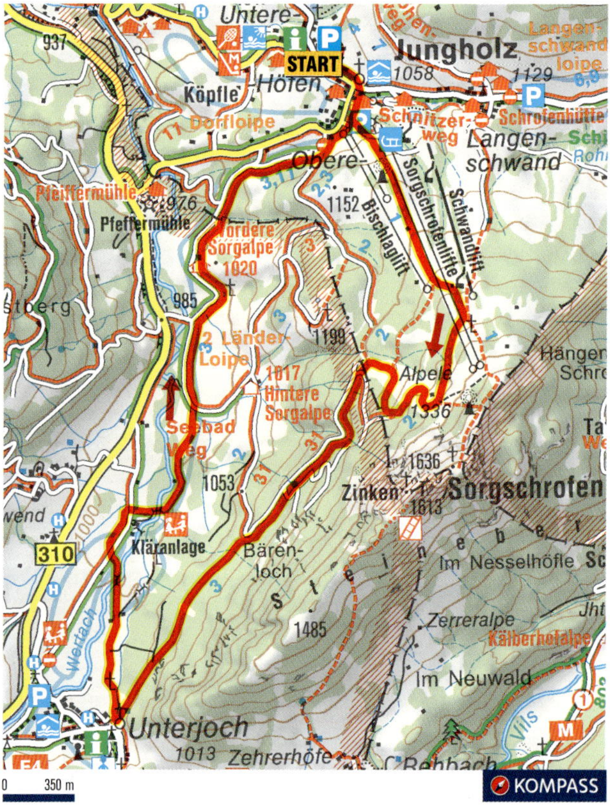

Alpensalamander

teren Verlauf entlang eines Schlepplifts weiter.

An der Bergstation eines parallel verlaufenden Skilifts folgt man in angenehmerer Steigung der zur Älpelealp beschilderten Skitrasse. Durch ein Waldstück kommt man zu der unter den Gipfelfelsen des Sorgschrofens stehenden Älpelealp. Während einer höchstwahrscheinlich ungestörten Ruhepause schaut man über die weite Talsenke der jungen Wertach zum Wertacher Hörnle und über die lang gezogene Ellegghöhe zum turmgeschmückten Blender.

Kurz zurück zu einer Gabelung und auf dem talwärts führenden Alpsteig über einen Weidehang. Nach der tirolisch/bayerischen Grenze auf einem Forstweg - die Markierung beachtend - nach Unterjoch. In dem verträumten Dörfchen mit dem schlanken Kirchturm bringt man es wohl kaum übers Herz, das gastronomische Angebot abzulehnen. Am Ortsrand bietet sich auch noch ein Wasserfall zu einem kurzen Abstecher an.

Anschließend zur Verzweigung am Ortsanfang und auf dem Wirtschaftsweg in Richtung Spielstation ein kleines Stück neben dem Weißenbach zur Wertach. Ein Wiesenpfad wechselt nun das Wertachufer. Nach rechts auf die Landwirtschaftsstraße einbiegen, bei der Kläranlage auf den Jungholzer Wegweiser achten und am Spielplatz abermals die Wertachseite wechseln und auf einem Feldweg ein Weidegebiet queren. Danach lenkt die Beschilderung in ein Anliegersträßchen. Bald nach der folgenden Verzweigung kommt man zur Vorderen Sorgalpe.

Auf einem Waldweg nach Tirol zurück und nach Jungholz hinauf.

Über der Tiroler Wirtschaftsenklave Jungholz ragt der Sorgschrofen auf.

Falzer Kopf, 1968 m

Bergtour mit Variationen

Ausgangspunkt: Schoppernau, 852 m
Höhenunterschied: 1120 m
Gehzeit: Aufstieg 3¼ Std., Abstieg 3 Std., gesamt 6¼ Std.
Charakter: nicht sehr schwierige Wanderung auf Alpstraßen, Wanderwegen und Pfaden; einigermaßen lang
Einkehr: Breitenalpe
Karte: KOMPASS WK 2

Diese Tour führt auf Gipfel, die vom Bregenzerwald aus bestiegen werden, obwohl sie alpingeographisch zu den Allgäuer Alpen zählen. Trotz der Nähe zur Seilbahn auf den Diedamskopf kommen nur wenige Besucher zum unauffälligen Falzer Kopf herüber, der eine bezaubernde Rundschau nach allen Seiten gewährt. Hier ist natürlich die Route vom Tal aus – ohne Seilbahnunterstützung – vorgeschlagen.

Von der Kirche in Schoppernau erst einmal gegen Norden hinauf, bis sich die Fahrstraße in Mittelholz auf 880 m Höhe verzweigt. Dort nach rechts, am Fahrweg nach Südosten am Wasserwerk vorbei und im Wald weiter. Auf etwa 975 m Höhe nach links schwenken und auf schmalem Fahrweg relativ steil gegen Norden durch den Wald hinauf. Auf etwa 1060 m endet die Fahrspur. Dort an markierter Stelle nach links und einem bezeichneten Waldweg folgen. Er steigt relativ steil an und stößt auf der Höhe von ca. 1250 m zu einem schmalen Fahrweg, der zu einer Lichtung hinaufführt. In dieser Lichtung das Sträßchen verlassen, um auf dem teilweise etwas schwer erkennbaren Weg geradewegs nach Nordosten aufzusteigen. Nach einem kurzen Waldgürtel auf etwa 1455 m

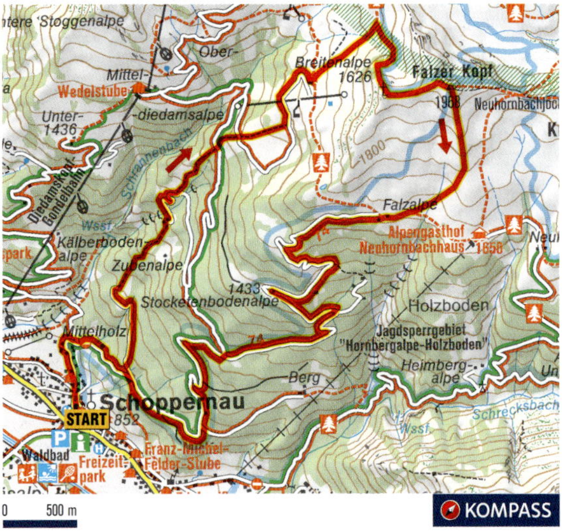

Höhe aus der Lichtung hinaus, um einem Sträßchen nach links zu folgen. Es führt zur Talstation der Sesselbahn Breitenalpe (1470 m). Gleich hinter der Seilbahn verzweigt sich die Straße. Dort nach rechts abdrehen. Der Weg steigt nun zur Breitenalpe auf 1626 m (Jausenstation) an.

Am Fuße des Falzer Kopfs; hinten das Bregenzerwaldgebirge

Unmittelbar oberhalb der Alpe verzweigen sich die Fahrwege. Nun nach links, wo schon bald danach an bezeichneter Stelle ein markiertes Weglein in steinige Wiesenhänge abzweigt. Auf 1750 m Höhe verzweigt sich die Wegspur, wo man sich rechts hält, um gegen Südosten in einen Kessel anzusteigen. Auf der rechten, der südlichen Begrenzung dieses Kessels auf einem steilen Steig zu einem Kreuz auf etwa 1925 m Höhe hinauf. Vom Kreuz ist es auf dem Wiesengrat nicht mehr weit gegen Osten bis zum Gipfel des Falzer Kopfs.

Vom Gipfel auf dem breiten Gratrücken zwischen Heidelbeer- und Alpenrosenbüschen nach Südosten in das Neuhornbachjoch absteigen.

Von dort (siehe Tipp) auf einem bezeichneten Steig über die nassen Wiesen nach Süden zur Neuhornbachhütte (1700 m) absteigen und von dann auf einem beschilderten Weg gegen Nordwesten zur Falzalpe (1655 m). Von dort einer Fahrspur zur Stocketenbodenalpe folgen. Bei der Alpe scharf nach links schwenken und dem Fahrweg zur Straßenverzweigung auf ca. 1125 m Höhe folgen. Dort stößt man auf eine breite Forststraße, der man zum Ausgangspunkt folgt.

Tipp

Ambitionierte Wanderer, die Zeit und Lust haben, können vom Neuhornbachjoch den Wegtafeln folgend über das Kreuzmannl, das Steinmannl und das Grünhorn (siehe Tour 61) in das Starzljoch hinuntergehen und über die Neuhornbachalpe zur Neuhornbachhütte absteigen. Dafür sind jedoch Trittsicherheit, Schwindelfreiheit und eine gute Kondition erforderlich.

Steinmandl, 1982 m und Grünhorn, 2039 m

Schrofenkletterei über dem Schwarzwassertal

Ausgangspunkt: Riezlern, Auenhütte an der Ifenbahn, Bushaltestelle, Parkplatz, 1275 m
Höhenunterschied: 810 m
Gehzeit: Schwarzwasserhütte 1½ Std., Steinmandl 1 Std.; Grünhorn 1 Std., Abstieg 2¾ Std.; gesamt 6¼ Std.
Charakter: kurze Steilstücke; Trittsicherheit und Schwindelfreiheit verlangender Gratübergang in exponiertem Schrofengelände mit einfachen Kletterstellen (I); nur für geübte Bergwanderer; überwiegend markierte Route; bei Nässe gefährlich
Einkehr: Melköde und Schwarzwasserhütte
Karte: KOMPASS WK 3

Gelber Enzian

Man wählt für diese Grattour an der Auenhütte den Wanderweg über eine moorige Kuppe in Richtung Schwarzwasserhütte. Im licht bewaldeten Schwarzwasserbachtal schwenkt man in einen beschaulichen Alpweg ein. Der Naturlehrpfad führt unter der senkrechten Ifenmauer zwischen Felsblöcken und bei einem Bildstock zur Melköde im Talschluss. Wieder auf einem Wanderweg geht es nach einem Aufschwung

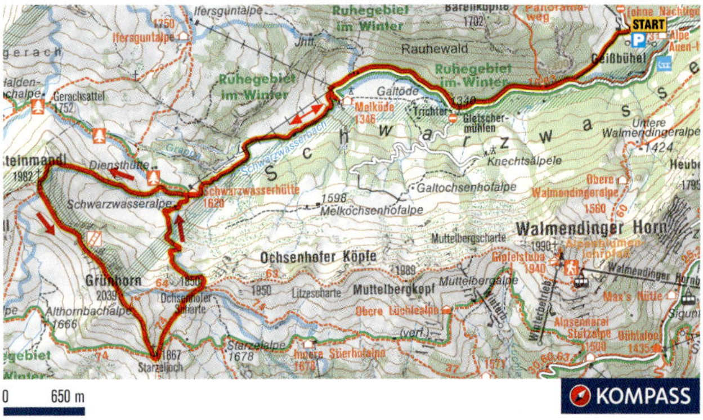

Grünhorn

durch eine herrliche Hochmoorlandschaft. Über deutlicher ansteigende, von einem Waldstreifen unterbrochene Weideböden zur Schwarzwasserhütte hinauf.

Dem Wegweiser zum Steinmandl folgend auf einen flachen Weg. Vor einer Bachquerung bei der Schwarzwasseralpe wechselt die Route in einen anfangs unmarkierten Steig. Danach folgt ein mäßig steiler, später zum Teil mit Latschen bewachsener Bergrücken. Über anstrengende Grashänge erreicht man das aussichtsreiche Steinmandl. Das manchmal schmale, nur zu Beginn harmlose Auf und Ab zum Grünhorn weist gelegentlich nur Steigspuren auf. Latschen und Sträucher behindern das Vorwärtskommen. Mitunter kniffelige Stellen in gut gestuftem Fels, manchmal neben dem Grat, warten wiederholt mit leichter Kletterei auf. Aus einer Scharte setzt ein knackiger Aufstieg zu einer Zwischenerhebung an. Über einen nahen Grassattel und einen letzten Steilaufschwung gelangt man schließlich auf das Grünhorn.

Sich an einer Gabelung geradeaus haltend folgt man dem nun angenehmen Grasgrat ins Starzljoch. Über Weidehänge zur Ochsenhofer Scharte und durch Buschwerk im Bogen hinunter zur Schwarzwasserhütte und zurück zur Auenhütte.

62

Hahnenköpfle, 2080 m

Abenteuerliche Durchquerung des Gottesackerplateaus

Ausgangspunkt: Riezlern, Auenhütte an der Ifenbahn, Bushaltestelle, Parkplatz, 1275 m
Höhenunterschied: 920 m
Gehzeit: Aufstieg 2½ Std.,
Abstieg 3½ Std., gesamt 6 Std.
Charakter: keine längeren Steiletappen; gut markierte Route; beliebte, bis zum Hahnenköpfle einfache Bergtour; die Wanderung über das Gottesackerplateau ist sehr lang und anstrengend; nicht bei schlechter Sicht und keinesfalls bei Schneelage aufbrechen (hohe Einbruchgefahr in Dolinen)
Einkehr: Ifenhütte
Karte: KOMPASS WK 03

Die Berge des Kleinwalsertals scheinen vom Schnee besonders begünstigt zu sein. Oft liegt noch Ende Juni so viel der „weißen Pracht“, dass diese Tour nicht möglich ist. Wer trotzdem losgeht, läuft Gefahr, in eine Doline einzubrechen und auf Nimmerwiedersehen zu verschwinden. Ich bin seinerzeit am 19. Juni durch Tiefschnee gewatet und auf einer eingetretenen Schneespur im Gottesackerloch mitsamt der Schneedecke prompt zwei Meter tief in eine Doline gestürzt, konnte mich aber gottlob unversehrt selbst befreien.
Nicht vor Juli, also im Hochsommer, wird diese spannende Wanderung wegen der herrlichen Blumen und der geologisch interessanten Karstflächen für ausdauernde Bergfreunde ein hoher Genuss. Und obendrein hat man tolle

Gipfelpanorama vom Hohen Ifen nach Süden auf die Allgäuer Alpen und das Bregenzerwaldgebirge

Blicke auf den benachbarten Hohen Ifen, der mit seiner markanten, eigenwilligen Gestalt besonders ins Auge sticht.

Von der Seilbahnstation (obere Sektion nur Winterbertrieb) auf einem teilweise asphaltierten Fahrweg im Wesentlichen gegen Norden in den Innerkürenwald hinauf. Das Sträßchen holt weit nach Nordosten aus, knickt zwei Mal nach links ab und erreicht nach einer Dreiviertelstunde Aufstiegszeit die Seilbahn. In weiteren 10 Minuten zur Talstation des Skilifts. Gleich darüber steht das Wirtshaus Ifenhütte.

Hinter der Wirtschaft nach rechts abbiegen und auf dem teilweise asphaltierten (!) Wanderweg sich rechts haltend in Richtung Gottesackerplateau weiter aufsteigen. Zwischen einem Rücken, auf dem die Seilbahnmasten stehen, und der Talsenke unter dem felsigen Massiv des Ifens, auf dem nicht besonders steilen Bergweg gegen Nordwesten hinauf.

Auf der Höhe von etwa 1900 m zweigt nach links der Anstieg auf den Hohen Ifen ab (siehe Tipp).

Unter einem Felsenköpferl (Bergstation „Bergadler" der Skilifte) quert man auf dem Weg einen steilen Hang und steigt anschließend sich etwas rechts haltend relativ flott zum Gipfelkreuz auf dem Hahnenköpfle an.

Der Abstieg über das Gottesackerplateau wird spannend. Zunächst allerdings steigt man wenig spektakulär wieder zur Skilift-Bergstation „Bergadler" ab. Dort nach links

abbiegen und gegen Norden dem markierten Wanderweg folgen. Erst durch eine breite Hangmulde, anschließend über ein paar mit Latschen bewachsene Rippen und in ständigem Auf und Ab über das Gottesackerplateau mit seinen vielen Karren und Dolinen.
Bei der verfallenen Gottesackeralpe verzweigt sich nach langer Strecke die Route. Nach rechts abbiegen und gegen Südosten der Wegmarkierung in Richtung Schneiderkürenalpe folgen. Die Route fällt in das Gottesackerloch ab, einem breiten, von Felsen eingesäumten und vom Schnee begünstigten Taleinschnitt und führt an der Schneiderkürenalpe (Jagdhütte) vorbei.
Unter der Hütte geht es in den Wald hinein und steinig und unbequem auf einem Bergweg etwa auf der Trennungslinie zwischen Innerküren- und Außerkürenwald durch das Kürental talaus. Neben dem Eselsrücken quert die Route einen Fahrweg und stößt weiter unten nochmals auf ein Sträßchen. Auf ihm nach links einbiegen und nach einem Rechtsbogen nach Wäldele absteigen. Im Ort nach rechts auf die schmale Wäldelestraße abzweigen und gegen Südwesten flach dahin. Hinter einem kurzen Waldstück schräg links halten und in Oberwäldele an bezeichneter Stelle nach rechts auf einen stramm ansteigenden, asphaltierten Fußweg einschwenken. Hinter dem Bergheim Wäldele auf einer breiten Promenade durch den Wald und zum Ausgangspunkt hinab.

Gottesackeralpe

Auf dem Gottesackerplateau stand einst eine schmucke Alpe mit sonnigen und besonders schönen Weiden, auf denen wertvolle Futterkräuter wuchsen. Butter und Käse wurden in Überfluss gewonnen. Wie so oft bei solchem Reichtum, sind die Senner immer übermütiger und härter gegen die Armen geworden.
Als eines Tages ein armer, alter Mann in die protzige Alphütte kam und um etwas Schmalz bat, nahm der Senn einen Tiegel, füllte ihn mit Mist und schmierte obenauf etwas Butter. Der Greis verließ die Hütte und sah nach dem geschenkten Gefäß. Als er die Schandtat bemerkte, tat sich ein fürchterliches Unwetter auf und die Hütte versank mit Mensch und Vieh. Die einst so schönen Alpweiden verwandelten sich in die wilde Felsenwüste, die heute dort zu sehen ist.

Das ausgedehnte Gottesackerplateau im Frühling

Aufstieg zum Hohen Ifen

Auf den Hohen Ifen

Wer mit der hier vorgestellten, ausgedehnten Bergtour nicht ausgelastet sein sollte, kann sogar den Hohen Ifen, 2230 m, noch ins Visier nehmen. Für diesen rasanten Abstecher, der etwas Trittsicherheit und Schwindelfreiheit verlangt, zweigt man auf etwa 1900 m Höhe an markierter Stelle von der Anstiegsroute links ab und auf steilem Schuttsteig gegen Süden an. Durch einen Felsdurchschlupf kommt man auf das lang gezogene Ifenmassiv, über das man gegen Nordwesten zum Gipfel hinaufgeht.
Beim Rückweg kann man die lange Schuttquerung nehmen, die direkt gegen Nordwesten an den Gipfelfuß des Hahnenköpfles heranführt.

Steinzeitmenschen auf der Schneiderkürenalpe

Unmittelbar neben der Jagdhütte auf der Schneiderkürenalpe ragen teilweise überhängende Felsenwände auf, an denen ein Hobby-Archäologe Spuren vorgeschichtlicher Menschen entdeckte. Bereits steinzeitliche Jäger und Hirten hatten dort wohl die geschützte Lage und ein nahe gelegenes Wasserloch für ein sommerliches Lager genutzt. Der früheste nachgewiesene Menschenaufenthalt war dort in der Mittelsteinzeit (ca. 7000 v. Chr.), doch wurde das Lager noch in der Jungsteinzeit und der Bronze- und Eisenzeit genutzt. Neuerdings wird sogar vermutet, dass es sich um eine Station eines alten Handelsweges handeln könnte, der vom Bodensee in den Vinschgau verlief.
Das Lager wurde zum Wohnen und Schlafen, als Kochstelle, Verwertungsplatz für Jagdbeute und bei der Erzeugung von Steingeräten genützt. Für die Befestigung einer einfachen Zelthütte wurden Aststangen schräg an die Felsen gelehnt, mit Flechtwerk und Tierhäuten befestigt und abgedichtet. Die Befestigung der Pfosten ist heute noch teilweise erkennbar. Die Felswand diente dabei dem Feuer in der Zelthütte zur Wärmespeicherung und als Reflektor.
Um das Lager zieht sich ein kleiner Graben, der als Abfalldepot verwendet wurde. In ihm fand man Pfeilspitzen und Klingen, Kratzer und Bohrer aus Feuerstein.

Hochstarzel, 1974 m

Floristische Augenweide auf kühner Kammschneide

Ausgangspunkt: Baad, Bushaltestelle am Ortsanfang, Parkplatz, 1220 m
Höhenunterschied: 750 m
Gehzeit: Derraalp 1¾ Std., Hochstarzel ¾ Std., Abstieg 2¼ Std.; gesamt 4¾ Std.
Charakter: kurze steile Anstiege; Trittsicherheit und Schwindelfreiheit notwendig; gut beschilderte Wege; nicht bei Nässe!
Einkehr: Mittlere Spitalalp
Karte: KOMPASS WK 3

Am Ortsanfang von Baad macht man sich auf den Weg zu einem Selbstvertrauen fordernden Balanceakt. Der Wegweiser zur Derrahütte lenkt auf einen Ziehweg. Nach der Breitachbrücke erreicht man über eine mäßig steile Weidelichtung die Untere Derrahütte.
Wenig später zweigt in dem enger werdenden Derrenbachtal, das sich nun gabelt, ein anstrengender Steig ab. Die mit Fichtengruppen und Buschwerk gekleideten Steilhänge sind von Bergrutschen geschunden und bieten dem Vieh nur ein spärliches Futter.
Ab einem mit Holzdielen besser begehbar gemachten Feuchtgebiet nimmt die Tour unter den Steilgras-

pleisen der Hinteren Üntschenspitze wieder Erholungscharakter an. Unter der Güntlespitze in weitem Bogen über Alpweiden der kleinen, auf einem Bergsporn stehenden Derrenhütte (auch Derraalp) entgegen. Ein recht ungleiches Paar geben der bullige Widderstein und der zackige kleine Bruder ab.
In Kürze ist das Derrajoch gewonnen. Der Hinweistafel auf den leichten Klettersteig zum Starzeljoch folgend weiter. Der steile Aufschwung zum Graskamm mit seiner verschwenderischen Blumenfülle erfreut mit schönen Ausblicken zu Didamskopf und Kanisfluh im Bregenzerwaldgebirge. Auf dem nun beginnenden ausgesetzten Steiglein behutsam vorgehen. In leichtem Auf und Ab auf einer seilgesicherten Passage – unten das Talbecken von Au – über die Kammschneide zur Hochstarzel hinüber.
Zurück an der Derraalpe quert man in Richtung Baad die Weidehänge zur Oberen Spitalalp und erreicht durch einen Alpkessel die Mittlere Spitalalp.
Ab der Verzweigung kurz danach führt links ein Wanderweg an einer verfallenen Hütte vorbei, an einem Steilhang entlang und im Wald nach Baad zurück.

Die auf Vorarlberger Gebiet liegenden Flyschberge in der Südwestecke der Allgäuer Alpen zeichnen sich wie hier an der Hochstarzel durch luftige Gratschneiden aus.

64

Bärgunthütte, 1391 m

Spaziergang zum Wahrzeichen des Kleinwalsertals

Ausgangspunkt: Baad, Bushaltestelle am Ortsanfang, Parkplatz, 1220 m
Höhenunterschied: 180 m
Gehzeit: Bärgunthütte 1 Std., Rückweg ¾ Std.; gesamt 1¾ Std.
Charakter: leichte Aufschwünge; gut beschilderte Alpwege
Einkehr: Bärgunthütte
Karte: KOMPASS WK 3

Sollte während dieses kleinen, aber recht eindrucksvollen Ausflugs die Lust auf mehr erwachen, wird man es nicht bereuen, wenn man die faszinierende Tour zum Hochalppass oder gar zum Wirt auf dem Hochtannbergpass fortsetzt.

Die Wegtafel zur Bärgunthütte weist am Ortsanfang von Baad über die Breitachbrücke. Am waldgesäumten Ufer des Bärguntbachs auf einem sanft steigenden Güterweg zu einer Verzweigung. Nach links und in einer deutlich ansteigenden Serpentine an der Äußeren Widdersteinalp vorbei.

Im Banne der gewaltigen Widderstein-Felsbastion, dem Wahrzeichen des Kleinwalsertals, über bescheidene Alpweiden zu den beiden kleinen Hütten der Inneren Widdersteinalp. Von dort besticht auch die rassige Pyramide des Kleinen Widdersteins. Hinten ragen die Ochsenhofer Köpfe und das Walmendinger Horn auf. Durch zwei Kehren, dann durch den hinteren Talgrund auf die selten besuchte Gipfelregion zwischen Hochalppass und Üntschenpass zu. Hinter einer Kuppe, am Fuß des Widder-

Im Hinteren Bärgunttal lädt die Bärgunthütte zur Einkehr

steins, durch ein von Lawinen gelichtetes Waldstück zur Brücke über den jungen Bärguntbach hinab und zur nahen Bärgunthütte, wo eine schmackhafte Brotzeit serviert wird. Auf dem Rückweg bei der Gabelung gleich unter der Hütte auf den direkt am bewaldeten südlichen Bachufer entlang führenden Alpweg. Dieser verspricht ebenfalls eine entspannende Wegstrecke. Im unteren Tal mündet der Rundkurs auf die Anstiegsroute. Auf dieser nach Baad zurück

Dolomitriese Widderstein

Bereits aus dem Alpenvorland gibt die im hintersten Kleinwalsertal sockelnde Charaktergestalt des Widdersteins, einer der schönsten Allgäuer Berge, eine unverwechselbare Landmarke ab. Und auch auf denjenigen, der sich den mit längerer leichter Kletterei gewürzten Felsaufstieg nicht zumuten möchte, übt der kantige Dolomitbulle mit dem langen, urigen Trümmerkaren entwachsenden Ostgrat eine gewaltige Anziehung aus. Dieses Wahrzeichen des von der Breitach durchströmten Gebirgstales taucht bereits in uralten Schriften auf: Schon 1059 findet der Widderstein Erwähnung als Grenzpunkt „Widerostein". Den Namen hat der Berg, in dessen Klüften früher die sagenhaften, scheuen Wilden Männle hausten, seinem Ruf zu verdanken, Gewitter besonders anzuziehen: der Gewitterstein.

Großer Widderstein, 2533 m

Felsentour über dem Hochtannbergpass

Ausgangspunkt: Hochtannbergpass, Gasthaus Adler, 1½ km östlich des Scheitelpunktes, Parkmöglichkeit, 1666 m
Höhenunterschied: 900 m
Gehzeit: Aufstieg 2½ Std., Abstieg 1½ Std., gesamt 4 Std.
Charakter: sehr beliebte Bergtour, die wegen des steilen, felsigen Anstiegs nicht unterschätzt werden darf. Trittsicherheit ist angenehm, desgleichen an einigen Stellen Schwindelfreiheit. Bei Nässe sind die abgeschmierten Griffe unangenehm.
Einkehr: Widdersteinhütte
Karte: KOMPASS WK 3

Der von allen Seiten besonders scharf aussehende Widderstein ist einer der westlichsten großen Gipfel der Allgäuer Alpen. Die ausgesprochen markante Berggestalt erfreut sich dank großartiger Gipfelschau in die Allgäuer Alpen, in die Lechtaler Alpen, ins Lechquellengebirge und in das Bregenzerwaldgebirge großer Beliebtheit. Da der Ausgangspunkt schon recht hoch liegt, ist der Gipfel vergleichsweise schnell geschafft, aber das kostet Kraft.Beim Gasthaus Adler quert man die Bundesstraße 200 und stößt zu einem schmalen Pfad, der in steile Wiesenhänge führt. Ungemütlich auf der Wegspur hinauf und einen Bach queren. Den schroffen, felsigen Widderstein vor Augen nun immer nach Norden hinauf, vor der bewirtschafteten Widdersteinhütte nach links abbiegen und in westlicher Richtung der gut markier-

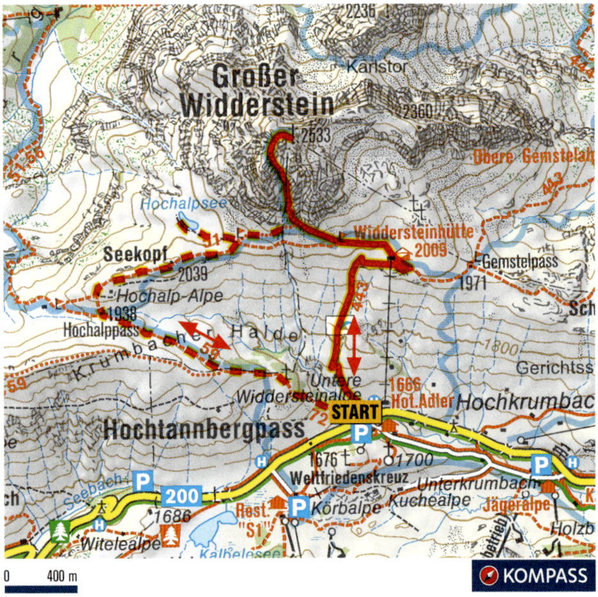

Unterwegs am Großen Widderstein

ten Spur folgen. Bei knapp 2100 m Höhe führt sie in felsige Hänge hinein und sehr steil über einen Graben am Rande senkrecht aufragender Felswände nach Norden hinauf. Etwas links des steilen Grabens mühsam bergwärts, bis knapp unter dem Gipfel ein schmaler Grat erreicht wird, dem man die letzten 20 Minuten nach rechts zum Gipfelkreuz folgt.

Der Abstieg führt entlang der Aufstiegsroute ins Tal zurück.

Gemütlichere Variante

Wer steile Anstiege nicht mag, kann über die Untere Widdersteinalpe gegen Nordwesten zum Hochalppass ansteigen und dann nach Nordosten fast eben zum felsigen Gipfelaufschwung queren. Diese Routenvariante, die sich auch für den Abstieg eignet, fällt im unteren Bereich deutlich flacher aus, ist jedoch viel weiter und lässt die Möglichkeit offen, auch dem schönen Hochalpsee einen Besuch abzustatten.

Der große Widderstein von Süden

Bühlalp, 1435 m

Lustwandeln zwischen Hirschegg und Baad

Ausgangspunkt: Hirschegg, Bushaltestelle bei der Kirche, Parkplatz, 1124 m
Höhenunterschied: 470 m
Gehzeit: Bühlalp 1¾ Std., Rückweg 1¾ Std.; gesamt 3½ Std.
Charakter: kräftige Steigung zu Beginn; meist gute, beschilderte Route
Einkehr: in Schöntal, Berggasthof Bühlalp, in Rohr
Karte: KOMPASS WK 3

Von der Pfarrkirche folgt man dem Gehsteig talauswärts und beginnt bei der Raiffeisenbank nach links auf die Straße Am Berg einbiegend den Waden schindenden Auftakt zu dem sonst recht beschaulichen Talausflug. Nach der Kreuzkirche bietet der asphaltierte Fußweg vom Ortsende über eine Bergwiese in Richtung Auenhütte großartige Ausblicke nach Riezlern und in die hinteren Walsertaler Berge. Ein steiles Sträßchen leitet von Schöntal zum Berggasthof Schöntalhof.

Der Wegweiser zur Zaferna lenkt auf einen Güterweg, auf dem man ohne große Anstrengung durch den Wald steigt. An der Gabelung auf einer Kuppe die Beschilderung zur Bühlalpe beachten und nach kurzem Gefälle

Mittelberg im Kleinwalsertal mit Hohem Ifen

auf einen Waldwanderweg für Genießer. An der Gabelung bei der Zafernahütte mit Sessellift dem Schild nach Baad folgen. Über dem Wildental beeindruckt die mauerbewehrte Breitseite der durch den Mindelheimer Klettersteig verbundenen Schafalpenköpfe.

Nach der privaten Oberen Heuberghütte lichtet sich der Wald. Zwischen Lawinenverbauungen unter dem Heuberggrat und unter der Walmendinger-Horn-Bahn hindurch in das sich nun öffnende Gemsteltal.

Beim Berggasthof Bühlalp beginnt ein asphaltierter Fahrweg, der in ein paar Haarnadelkurven durch einen Waldfleck zum Ortsteil Erlenboden abfällt. Von dort auf dem Haspelwaldweg durch einen flachen Mischwald in Richtung Mittelberg. An der privaten Maisäßhütte über dem Gemeindesitz des Kleinwalsertals auf einem unbeschilderten Pfad geradeaus weiter und unter der Walmendinger Hornbahn hindurch. Am darauffolgenden Viehstall ganz kurz auf einer ansteigenden Pfadspur zu einem befestigten Alpweg und über Weidehänge zur Zafernaalp hinauf.

Ab der nächsten Kreuzung auf dem nach Hirschegg beschilderten, geringfügig abfallenden Wanderweg nach Rohr.

Dort nimmt man den Rohrweg Richtung Schwarzwassertal zum Haus Bergfelder, wo der Wegweiser nach Hirschegg-Dorf lenkt und man wieder die Kirche von Hirschegg erreicht.

Geißhorn, 2366 m

Im Kleinen Walsertal

Ausgangspunkt: Bödmen, Parkplatz, 1218 m
Höhenunterschied: 1750 m
Gehzeit: Aufstieg 4 Std., Abstieg 5 Std., gesamt 9 Std.
Charakter: streckenweise sehr steile, gut markierte Route; 1750 m Höhendifferenz und gut 18 km Entfernung verlangen Kondition. Wer sich diese lange, aber landschaftlich schöne Rundtour nicht für einen Tag zutrauen will, kann auf der Mindelheimer Hütte übernachten, die im Sommer leider oft überfüllt ist. Der Aufstieg zum Gipfelfelsen des Kemptner Kopfs erfordert auf ein paar Schritte Trittsicherheit und Schwindelfreiheit.

Einkehr: Bernhardsgemstelhütte, Hintere Gemstelhütte, Obere Gemstelalpe, Mindelheimer Hütte, Fluchtalpe, Innere Wiesalpe, Untere Wiesalpe, Schwendle
Karte: KOMPASS WK 3

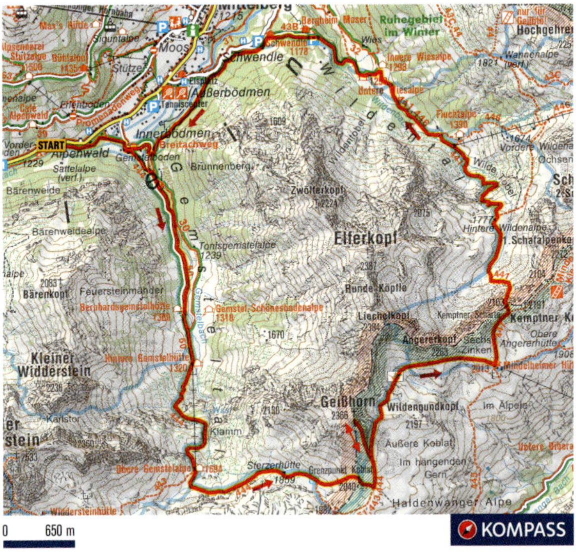

Südlich des Kleinen Walsertals stellt das Geißhorn einen besonders interessanten Gipfel dar. Beim Bergpanorama dominiert der markante Große Widderstein, der auch selbst ein brillantes Gipfelziel abgibt (siehe Tour 65).

Zuerst folgt man der stark frequentierten Route auf dem breiten Wanderweg zur Breitach und erreicht kurz hinter dem Naturfreundehaus den Gemstelboden. Auf einem guten Weg nun westlich des Gemstelbachs nach Süden dahin. Im weiteren Verlauf schwingt sich der Bergweg auf und führt – stellenweise am nur für sehr ängstliche Naturen nötigen Drahtseil – oberhalb einer wilden Klamm mit eindrucksvollem Wasserfall zur Oberen

Ausgedehnte Schneefelder am Geißhorn im Frühsommer

Gemstelalpe hinauf. Dort wird der Aufstiegsweg zum Widderstein nach links, also gegen Osten, verlassen. Nur gering ansteigend an der eigentümlichen Sterzerhütte vorbei und in den Sattel zwischen Haldenwanger Kopf und Geißhorn. Man sieht jetzt die lange Gipfelflanke vor sich.

Über den steilen Grashang der Trittspur folgend nach Norden und an der Wegabzweigung zur Mindelheimer Hütte nach links zum Gipfel des Geißhorns hinauf.

Nach der Gipfelrast wieder nach Süden hinab. Man kann vor der beschilderten Wegabzweigung schon auf einer Trittspur nach links abbiegen, oder man geht auf dem offiziellen Weg, der sich bald mit dem Abkürzer vereint. Unter dem Geißhorn nach Norden, in weitem Bogen unter dem Liechel- und dem Angererkopf vorbei zur Mindelheimer Hütte (dort eventuell Übernachtung).

Von der Hütte fast eben nach Norden zur Kemptner Scharte. Wer mag, kann von der Kemptner Scharte einen kurzen, aber zackigen Abstecher auf den Kemptner Kopf, 2191 m, unternehmen. Von der Kemptner Scharte auf schmalem, sehr geschickt angelegtem Steig in vielen Kehren den Hang nach Norden hinunter. An einigen Stellen ist ein Drahtseil gespannt, das man bei feuchtem Wetter gerne in Anspruch nehmen wird. Nach Überquerung des Wildenbachs wieder ein paar Meter bergauf und zur Hinteren Wildenalpe. Gleich hinter der Hütte in Kehren wird schon wieder eine Steilstufe erreicht. Man überwindet sie in Kehren und geht am schönen Wasserfall vorbei. Ab der Fluchtalpe auf breitem Weg bequem durch das Wildental hinaus und nach Mittelberg. Von dort auf der Fahrstraße und auf dem Breitachweg zum Ausgangspunkt zurück.

Kuhgehrenspitze, 1910 m

Kleinwalsertaler Schauwarte ersten Ranges

Ausgangspunkt: Riezlern, Bushaltestelle an der Kanzelwandbahn, Parkplatz, 1075 m
Höhenunterschied: 1000 m
Gehzeit: Kuhgehrenspitze ¾ Std., Abstieg 2¼ Std.; gesamt 3 Std.
Charakter: kurzer Anstieg; meist markierte Wege; zuletzt ruhiges Sträßchen
Einkehr: Bergstation Kanzelwand, Adlerhorst, Innere Kuhgehrenalp, Berggasthof Schwabenhütte
Karte: KOMPASS WK 3

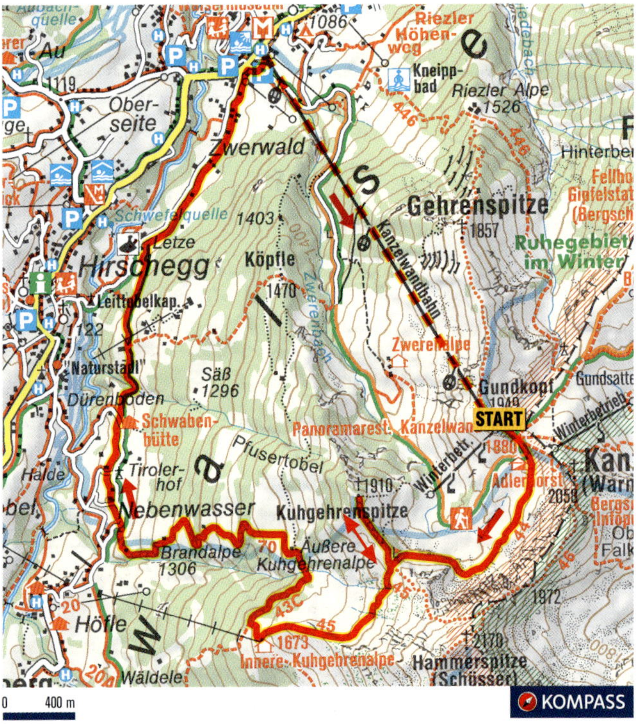

Wenn auch die Kuhgehrenspitze inmitten trutziger Felsburgen nur ein bescheidenes Format aufweisen kann, so ist sie dennoch ein liebenswertes Bergziel, von dem man in aller Stille die mannigfaltige Allgäuer Bergwelt bewundern kann.

Man beginnt die Tour mit einer Gondelfahrt der Kanzelwandbahn zur Bergstation mit Restaurant. Von dort in Richtung Kuhgehrenspitze auf einem Güterweg talwärts über einen kleinen Bergrücken. Es grüßt die Hauptkamm-Gipfelparade mit dem festungsartigen Großen Widderstein und dem markanten Ifen mit dem Gottesackerplateau. Bei der Einkehr Adlerhorst führt der zur Kuhgehrenalpe beschilderte, breite Wan-

Auf dem Gipfel der Kuhgehrenspitze mit dem Hohen Ifen und dem Gottesackerplateau im Hintergrund

derweg unter dem Miniatur-Felsenhaupt der Kanzelwand am Rand eines Alpkessels entlang.
Am Fuß des schroffen Schüssers schnürt sich die Route zu einem Pfad zusammen. Ohne großen Gegenanstieg einen Strauchhang queren und in den Kuhgehrensattel. Auf einem mit ein paar Fichten bestockten Kamm ist es dann nur noch ein Katzensprung zum nordwestlich vorspringenden Graskopf der Kuhgehrenspitze. Ein besonderes Schmankerl ist der unmittelbare Tiefblick auf die wie Spielzeugsiedlungen anmutenden Dorfflecken und Streusiedlungen des Kleinwalsertals.
Zurück am Sattel dem Hinweisschild auf die Innerkuhgehren zu einem gemütlichen Abstiegspfad folgen. Über teilweise mit Krummholz gekleidete Weidehänge erreicht man die auf einem Bergsporn stehende Innere Kuhgehrenalpe. Hinter der Hütte, in der ein gut gelagerter Bergkäse zu erstehen ist, setzen sich die Schafalpenköpfe prächtig in Szene.
In Richtung Riezlern nun ein flaches Stück durch ein Wäldchen zur alten Äußeren Kuhgehrenalpe. In Kehren über Alpweiden und durch Waldstreifen bergab und an der Brandalpe vorbei. Vom Mittelberger Weiler Nebenwasser geht es zum Ausklang erholsam über dem Talgrund zum Berggasthof Schwabenhütte und nach der Querung des Pfusertobels auf einem Fahrweg nach Letze und auf einem ruhigen Sträßchen nach Riezlern zurück.

Osterbergalp, 1268 m

Vorarlbergisch-bayerische Promenierrunde

Ausgangspunkt: Riezlern-Außerschwende; Bushaltestelle am Gasthof Bergblick, Parkplatz, 1080 m
Höhenunterschied: 470 m
Gehzeit: Osterbergalp 1¼ Std., Rückweg 2 Std.; gesamt 3¼ Std.
Charakter: leichte Steigungen; gut beschilderte Wege
Einkehr: Alpengasthof Hörnlepass, Osterbergalp
Karte: KOMPASS WK 3

Die würzig duftenden Bergwiesen und erfrischenden Waldinseln zwischen dem Kleinwalsertal und dem Rohrmoostal bieten einen komfortablen, länderverbindenden Rundwanderweg.

Nach dem Gasthof Bergblick im Ortsteil Außerschwende zeigt der Wegweiser zum Hörnlepass auf ein stilles Sträßchen. Auf ihm schlendert man über meist flache Wiesen an den Häusern von Au und Gatter vorbei zum Weiler Klausenwald. Dabei schweift das Auge vom Fellhornkamm jenseits der Breitachfurche zum stattlichen Nebelhorn hinaus. Weiter geht es, die nahen Kackenköpfe vor Augen, zum Alpengasthof Hörnlepass.

Nun auf einem Güterweg an einer Wildfütterung vorbei in ein Waldtal. Bei den Feuchtwiesen gegenüber dem Hörnlesbach unter der jäh abstürzenden Weißen Platte auf dem mit Osterberg beschilderten Fahrweg bleiben. Nach einem kleinen Besuch in Bayern erwartet einen an der Außerwaldalp ein eindrucksvoller Ausblick auf Schneck, Hochvogel, Großer Wilder und ganz rechts die Höfats. Wieder talauswärts quert man den Bächteletobel. Endgültig auf bayerischer Seite, folgt nun der einzige

Unter den Kackenköpfen steht die Osterbergalp

nennenswerte Anstieg der Runde. In einer Serpentine über einen Weidehang hinauf zur hübsch gelegenen Osterbergalp. Im Talschluss brillieren die hohen Walsertaler Berge. Auf dem Rückweg nach kurzem Abstieg bei der Wegverzweigung in Richtung Tiefenbach und an der Einmündung in einen befestigten, erst flachen Forstweg in Richtung Hinterenge. Im lichten Wald fällt der Weg später ab. Bei einer Verzweigung geradeaus zur Wegtafel des Oberstdorfer Ortsteils Hinterenge und auf den Weg nach Riezlern. Über die Wiesenböden „In der Ewigkeit" taleinwärts auf den massigen Widderstein zu.

Am Asphaltende weist das Schild zur Schwende zu einem Pfad. Auf ihm durch ein Waldstück bergab, auf einem Steg über den Tobel des Hörnlesbachs und wieder nach Vorarlberg hinein. Auf einem Fahrweg in zwei kleinen Gegenanstiegen an den Einzelanwesen von Schmalzloch vorbei und ab Straußberg auf einem Anliegersträßchen nach Außerschwende.

Maronenröhrling

Geißhorn, 2366 m

bike & hike durch das Rappenalpental

Ausgangspunkt: Oberstdorf-Faistenoy, Parkplatz der Fellhornbahn, 904 m
Höhenunterschied: 1500 m
Gehzeit: Aufstieg 4½ Std., Abstieg 2½ Std., gesamt 7 Std.
Charakter: teilweise steile Anstiege mit guter Markierung; lange und sehr anstrengende Mountaibike- und Bergtour in prächtiger Umgebung

Einkehr: Breitengernalpe und Schwarze Hütte
Karte: KOMPASS WK 3

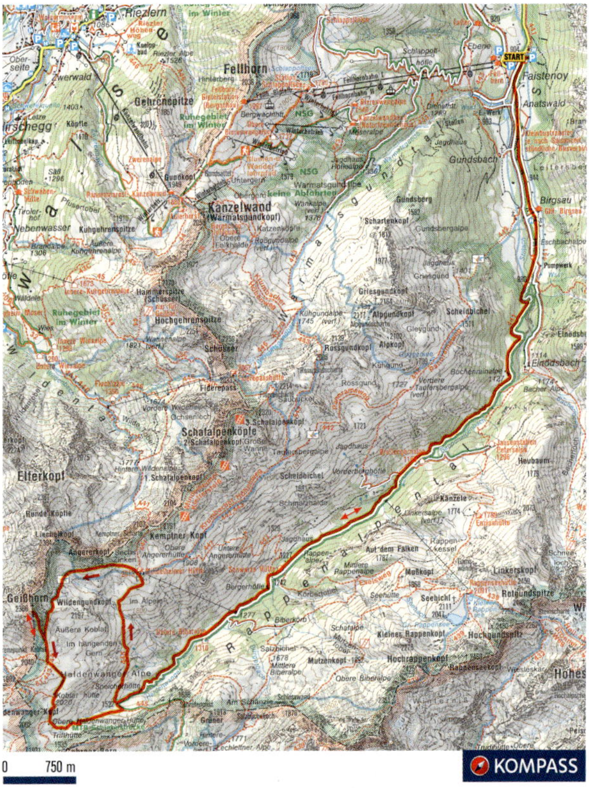

Eine Mountainbikefahrt von 25,6 km und über eine Höhendifferenz von 580 m, dazu 920 Höhenmeter Auf- und Abstieg zu Fuß verlangen beste Kondition. Wer so fit ist, dass er sich diese Strapazen zutraut, kann sich auf eine prächtige bike & hike-Tour einstellen mit großartigen Gipfelblicken auf Hochvogel, Höfats, Mädelegabel und Biberkopf. Besonders schön ist die Blumenpracht im Frühsommer entlang der beschriebenen Abstiegsroute. Obwohl der Berg von der Mindelheimer Hütte relativ einfach erreicht werden kann, ist er nicht überlaufen. Hauptattraktion der Hütte ist wohl doch der Mindelheimer Klettersteig über die Schafalpenköpfe.

Auf der Asphaltstraße mit dem Radl an Birgsau vorbei durch das Stillachtal, sich nach gut 3 km an der Straßenverzweigung rechts halten und auf der Straße durch das Rappenalpental weiter. Nach heftiger Steilauffahrt (15%) zur Buchenrainalpe und 20 Höhenmeter in einen breiten, schönen Talgrund hinab. Nach einer weiteren kurzen Zwischenabfahrt zur Breitengernalpe und flach weiter. An der Schwarzen Hütte (Rappenalpe) vorbei und in geringer Steigung zur Unteren Biberalpe. Von dort kurz hinab, durch eine Furt und dann in wechselnder Steigung zur Speicherhütte, wo man nach knapp 1½ Std. das Rad abstellt.

Zu Fuß auf dem Wanderweg gegen Südwesten und bei der Wegverzweigung nach rechts in Richtung Mindelheimer Hütte aufsteigen. Auf dem sonnigen Südhang stramm gegen Norden zum Unterkunftshaus hinauf. Von der Hütte gegen Westen gering abfallend dahin, unter dem Liechelkopf nach links abdrehen und zur Gratschulter westlich des Wildengundkopfs hinauf. Auf dem Weg nach Süden, an beschilderter Stelle nach rechts abbiegen und auf einem schmalen, steilen Steig am oberen Rand trockener Bergwiesen zum Gipfelkreuz hinauf.

Bis zur Wegverzweigung unter dem Geißhorn folgt man auch beim Abstieg der Aufstiegsroute. Dann nach Süden weiter, bei der Wegkreuzung nach links (gegen Osten) und bei der nächsten Abzweigung in der gleichen Richtung weiter. Der markierte Bergpfad führt durch schön gestuftes Gelände dahin und fällt in einem weiten Bogen nach Süden zur Koblathütte und weiter zur Zollhütte unter dem Haldenwanger Kopf ab. Von dort steil durch verkrautete Hänge nach Osten zum Fahrraddepot und mit dem Bike flott zum Ausgangspunkt in Faistenoy zurück.

Alpenrosenpracht beim Abstieg vom Walser Geißhorn

Vom Fellhorn, 2038 m zur Hochgehrenspitze, 2251 m

Luftige Route zwischen Bayern und Vorarlberg

Ausgangspunkt: Oberstdorf-Faistenoy, Bushaltestelle bei der Fellhornbahn, Parkplatz, 904 m
Höhenunterschied: 700 m
Gehzeit: Schüsser 2¼ Std., Nordwestliche Hammerspitze ½ Std., Rückweg 2¼ Std.; gesamt 5 Std.
Charakter: kurze Steilstücke; Trittsicherheit erforderlich; leichte Kletterstellen (I) in solidem Fels; meist unmarkierte Steige, anfangs Wanderwege; Vorsicht bei Nässe!
Einkehr: Fellhorn-Gipfelstation, Bergstation Kanzelwandbahn (kleiner Abstecher)
Karte: KOMPASS WK 3

Von Faistenoy mit der Fellhornbahn zur Gipfelstation, wo sich über eine Treppe das Fellhorn besuchen lässt. Von diesem Grasberg zeigt sich der Verlauf der Viergipfeltour. Über der Kanzelwand (auch Warmatsgundkopf) grüßt der Schüsser. Ein Kuriosum nebenbei: Ausgerechnet dieser dritte Gipfel heißt bei den Vorarlbergern Hammerspitze, während der nächste Geselle für die Bayern die Nordwestliche Hammerspitze ist, jedoch im Kleinwalsertal den Namen Hochgehrenspitze trägt. Der letzte im Bunde, die schwierige Südöstliche Hammerspitze wiederum, heißt in Österreich zur restlichen Verwirrung Schüsser. Alles klar?

Zurück zur Seilbahnstation, auf einer Promenade über einen Weiderücken zum Gundsattel und in drei Kehren mäßig steil zum Sat-

Der etwas knifflige Übergang vom Schüsser zur Nordwestlichen Hammerspitze verlangt Erfahrung im brüchigen Schrofengelände

tel bei der Bergstation der Kanzelwandbahn.

Dort weist das Schild zum Kanzelwandgipfel auf einen breiten Steig, der zu einer winzigen Einschartung führt. In wenigen Minuten auf dem geröllbedeckten Gipfelhang zur Kanzelwand hinauf. Wieder zurück an der Einschartung folgt nach geringem Ostabstieg in eine Scharte ein kurzer unmarkierter Gegenanstieg. Von einer kleinen Zwischenhöhe über einen Latschenrücken zu einer weiteren Scharte. Dort setzt der nicht sonderlich steile, aber etwas ausgesetzte Schrofengrat zum Traumaussichtsberg Schüsser an. Über einen Minirücken zu einem Sattel. Auf dem Kamm erst gemächlich bergauf. Der Schrofenkopf bei einem Gedenkkreuz regt mit leichter und ein wenig ausgesetzter Kletterstelle (I) in gut gestuftem Fels an. Von dem folgenden Schutthang gibt es – bei aller Vorsicht – die schönsten Tiefblicke in das Warmatsgundtal.

Der Gipfelgrat auf die Nordwestliche Hammerspitze (Hochgehrenspitze) wird auf seiner rechten Seite in brüchigem Schrofengelände behutsam umgangen und wartet zum Schluss mit einer kurzen, griffigen Rinne (I) auf. Für den Abstieg nimmt man den gleichen Weg zurück und genießt zum Abschluss noch den Luxus der Seilbahnabfahrt.

72

Fiderepasshütte, 2067 m

Durch den Warmatsgund in die Schafalpen

Ausgangspunkt: Oberstdorf-Faistenoy, Bushaltestelle bei der Fellhornbahn, Parkplatz, 904 m
Höhenunterschied: 1100 m
Gehzeit: Fiderepasshütte 3¼ Std., Abstieg 2¾ Std.; gesamt 6 Std.
Charakter: kurze steile Aufstiege; markierte Pfade
Einkehr: Fiderepasshütte
Karte: KOMPASS WK 3

In atemberaubender Nähe begeistert auf der Fiderepasshütte die Formenvielfalt der Walsertaler Berge und der Schafalpen. Von dort kann man Bergsteiger auf dem Mindelheimer Klettersteig beim Überschreiten der Leiter beobachten. Fesselndes Schaustück direkt über dem Alpenvereins-Stützpunkt ist der rassige Zackengrat der Südöstlichen

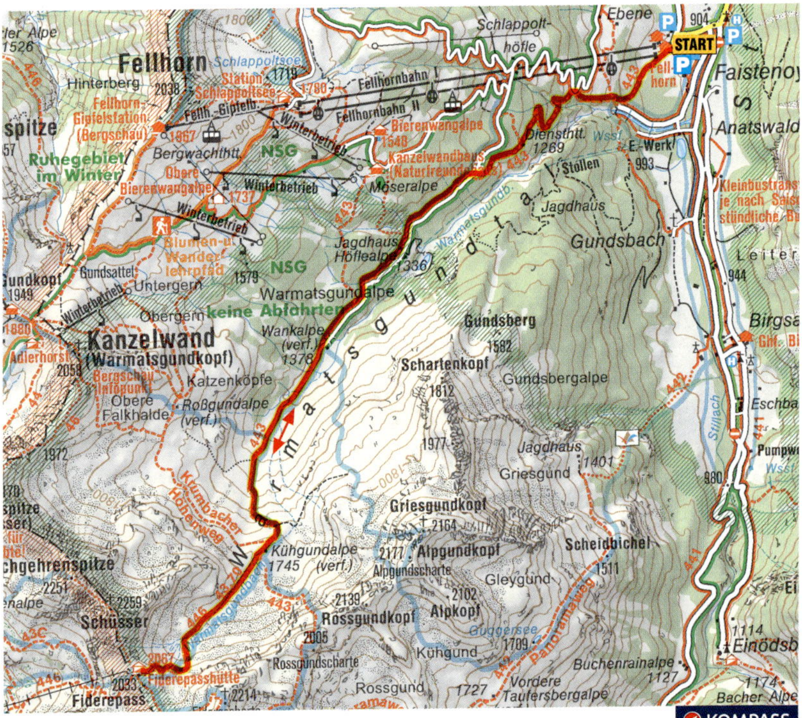

0 500 m

KOMPASS

Hammerspitze. Hinter der Fellhornbahn in Faisten-oy dem Wegweiser zur Fiderepasshütte auf einen gemütlichen Mischwaldpfad folgen. Dieser wird bald für eine Weile von einem gelegentlich mit Holzstufen befestigten, schweißtreibenden Zickzacksteig abgelöst. Ab und an spitzen Trettachspitze, Mädelegabel und Hochfrottspitze durchs Astwerk. Nach einem Bachsteg, wieder in angenehmerer Steigung, über ein paar kleinere Wasserläufe zu einer Forsthütte. Dort nicht zur Bierenwangalp abbiegen, sondern nach links dem unmarkierten Pfad folgen, der in einen befestigten, sanft steigenden Alpweg mündet. Auf die Felszinnen der Schafalpenköpfe zuhaltend hinein in den stillen Warmatsgund. Nach einer weiteren Forsthütte -dort stand ehemals die Höflealp, die heute im Allgäuer Bergbauernmuseum Diepolz besichtigt werden kann - lichtet sich der Wald. Links bauen sich die kaum jemals besuchten Gundköpfe auf. Hinter einer Bachbrücke endet der Alpweg. Auf einem Feldweg nun durch den verträumten Alpkessel am Fuß der Hammerspitzen, dann schwingt sich ein Steig über einen Krummholzhang hinauf, in den im Herbst die zahlreichen Birken ihre golden leuchtenden Tupfer malen.

Von der winzigen, auf einer Karschwelle stehenden Kühgundalp ist die Fiderepasshütte bereits sichtbar. Unter den schroffen Schafalpenköpfen über die mit Zwergsträuchern bewachsenen Buckelböden in den hintersten Kargrund. Am Rand eines Geröllstroms in ein paar Serpentinen um einen Schrofenriegel herum und zur Fiderepasshütte etwas oberhalb des Fiderepasses.

Der Rückweg erfolgt auf dem Aufstiegsweg.

Die Fiderepasshütte wird von der rassigen Südöstlichen Hammerspitze überragt.

Rappenseekopf, 2469 m und Hochrappenkopf, 2425 m

Gipfelüberschreitung für gehobene Ansprüche

Ausgangspunkt: Oberstdorf-Birgsau, Bushaltestelle, 959 m zu erreichen mit dem Linienbus von Oberstdorf; letzter Parkplatz in Faistenoy
Höhenunterschied: 1700 m
Gehzeit: Rappenseehütte 3½ Std., Hochrappenkopf 2 Std., Abstieg 4½ Std.; gesamt 10 Std.
Charakter: längere steile Aufstiege; Trittsicherheit, Ausdauer und Bergerfahrung notwendig; gut markierte Wege; Übernachtung empfehlenswert
Einkehr: in Einödsbach, Enzianhütte und Rappenseehütte
Karte: KOMPASS WK 3

Vom Aufstieg zur Rappenseehütte schweift der Blick zu den einsamen Gundköpfen hinüber.

Diese knackige Zweigipfeltour im westlichen Allgäuer Hauptkamm beginnt an der Bushaltestelle im Ortsteil Birgsau. Die Anliegerstraße im Stillachtal wechselt nach kurzem in einen Fahrweg, der durch Bergwald nach Einödsbach führt. Weiter auf einem anfangs gemütlichen Waldpfad über einen Wildbachsteg zur Petersalp hinauf. Auf einem Steig über einen Erlenhang zu der auf einem Absatz stehenden Enzianhütte.

Nachdem die Linkerskopfflanke gequert ist, steigt die Route erneut zu einer Geländestufe am Mußkopf an. Bald darauf ist am Rand einer grünen Hochmulde die Rappenseehütte mit dem Kleinen Rappensee erreicht.

Auf dem kurzzeitig flachen Steig in Richtung Rappenseekopf oberhalb des Großen Rappensees über die von der Hochgundspitze herunterziehenden, etwas unangenehmen Block- und Schutthalden zu einer

Scharte hinauf, die einen Blick zum Hohen Licht bietet. An der Weggabelung räumt das Schild „Leichter Weg“ eventuelle Bedenken aus. Trotzdem weist die Route ein paar ausgesetzte Stellen auf. Der steile, zwischendurch brüchige Mittelteil verlangt sogar ein kurzes Handanlegen (I) und einen geübten Blick für zuverlässige Griffe und Tritte. Zuletzt meist dem Grat folgend, ist für eine kleine Steilstufe, die auch rechts leicht umgangen werden kann, beherztes Zupacken erforderlich. Vom Rappenseekopf über wenig auffällige Schrofenköpfe (I) mit festem Fels und einem Grasrücken in einen Sattel. Der Hochrappenkopf bietet einen problemlosen Schrofenrücken an. Zurück im Sattel anfangs im Zickzack, später Schutthalden querend zur Rappenseehütte, von wo man auf der Anstiegsroute nach Birgsau zurückgeht

Bockkarkopf, 2609 m

Herzstück des Heilbronner Wegs

Ausgangspunkt: Oberstdorf-Birgsau, Bushaltestelle, 959 m, zu erreichen mit dem Linienbus von Oberstdorf; letzter Parkplatz in Faistenoy
Höhenunterschied: 1700 m
Gehzeit: Waltenberger Haus 3¼ Std., Bockkarkopf 1¾ Std., Abstieg 4¼ Std.; gesamt 9¼ Std.
Charakter: lange, steile Auf- und Abstiege; der Hüttenaufstieg und die Steiganlage am Heilbronner Weg erfordern Trittsicherheit, Schwindelfreiheit und Kondition; gut bezeichnete Steige, anfangs Fahrweg. Nur für erfahrene Bergwanderer und bei zuverlässigem Wetter, nicht vor Mitte Juli; Übernachtung empfehlenswert
Einkehr: in Einödsbach, Waltenberger Haus
Karte: KOMPASS WK 3

Junger Steinbock

Das hochalpine Reich des Heilbronner Wegs (Steinschartenkopf)

Diese hochalpine Unternehmung beginnt bei der Bushaltestelle in Birgsau. Die Anliegerstraße im Stillachtal wechselt schon bald in einen Fahrweg, der durch den Bergwald nach Einödsbach führt. Dort dem Schild zum Waltenberger Haus folgen und auf einem Grassteig über einem Wildbach zum Stall der Bacheralp. In der Talenge des Bacherlochs unter rutschgefährdeten, schrofendurchsetzten Grasflanken zwei Wildbäche queren. Bald danach wendet sich der spannende Weg durch Buschwerk steil bergauf. Beim Schneeloch in einer Schleife über die feuchte, mit Drahtseil gesicherte Schrofenzone am Wändle hinauf. Nochmals über Grashänge und eine Geröllhalde ansteigend zu

dem auf einem grünen Sporn stehenden Waltenberger Haus.
Unmittelbarer Blickfang ist außer dem aus dem Vorderen Bockkar emporwachsenden, wuchtigen Gipfelziel über dem Schneeloch der höchste Allgäuer Grasberg, der Linkerskopf. Der kraftraubende Geröllsteig durch das abschließend knackig steile und gesicherte, schrofige Kar leitet in die Bockkarscharte. Auf dem Heilbronner Weg nun mit Blick in die Lechtaler Alpen unter Felsüberhängen zur westlichen Bockkarscharte und in gesichertem Zickzack über einen Schrofengrat auf den Bockkarkopf.
Der Abstieg beginnt mit einer luftigen Etappe in die östliche Bockkarscharte. Dort verlässt man den Heilbronner Weg auf einem teilweise unangenehm abschüssigen Steig anfangs steil über Geröll durch das Hintere Bockkar hinab.
Nach einem kurzen Flachstück führt der Weg um einen grasigen Gratausläufer herum. Auf mitunter erdigen und auch zum Teil ausgesetzten und gesicherten Etappen quert man unter dunklen Wandabbrüchen zum Waltenberger Haus hinüber. Dort erreicht man wieder die Aufstiegsroute der man bis Birgsau folgt.

Hochleite und Freibergsee

Mit Hilfe der Söllereckgondel vom Berg ins Tal

Ausgangspunkt: Oberstdorf-Kornau, Bushaltestelle, Parkplatz an der B 19 ins Kleinwalsertal bei der Söllereckbahn, 980 m
Höhenunterschied: 600 m
Gehzeit: Freibergsee 1¾ Std., Rückweg 1 Std.; gesamt 2¾ Std.
Charakter: unbedeutende Anstiege, steiler **Abstieg;** teilweise markierte Wege
Einkehr: Gasthaus Schönblick, Berghaus am Söller, Berggasthaus Hochleite, Strand-Café, Alpengasthaus Bergkristall
Karte: KOMPASS WK 3

Fichtenblüte

Rasch gelangt man von der Bushaltestelle zur Talstation hinauf, von der man mit der Gondel zum Gasthaus Schönblick hinauffährt. Die kurzweilige Wanderung beginnt

mit dem Spazierweg in Richtung Freibergsee. Gering ansteigend zum nahen Söllerhaus und auf einem Waldwanderweg weiter. Ein langer Holzsteg bringt den Wanderer bis zum nächsten Wegweiser trockenen Fußes über eine Feuchtwiese. Dort nach links auf einem unbezeichneten Pfad über den restlichen Teil des Hühnermooses. Im Zickzack einen steiler werdenden Waldhang bergab steigend ist darauf zu achten, dass man den zwischendurch undeutlichen Steig nicht verliert. Wer gepflegte Wege vorzieht, wählt besser die beschilderte Route über Schwand.

Von der Alp Huberles Schwand, auch Ottos Hütte genannt, zeigen sich drei parallel verlaufende Oberstdorfer Bergketten mit Nebelhorn, Schneck und Höfats. Von der bescheidenen Bergweide auf einem flachen Ziehweg durch ein Waldstück und unter dem Felsriegel des Schartenkopfs zu einem kleinen Weidegebiet mit einer Privathütte. An der folgenden Einmündung in einen Alpweg weist das Schild zum Berggasthaus Hochleite hinab.

Auf dem erneut zum Freibergsee beschilderten Pfad nochmals auf einem Holzsteg über eine Feuchtwiese. Dann schimmert aus den Kurven des Weges, der teilweise über Holzstufen durch den Bergwald talwärts führt, ein Badegewässer durchs Geäst. Auf einem Fahrweg zum Strand-Café am malerischen Freibergsee. Von dort ein kurzes Stück zurück, bis der Edmund-Probst-Weg in Richtung Söllereckbahn abzweigt. Der mit vielen ausführlichen Tafeln als Naturlehrpfad angelegte, anfangs flache, später gering ansteigende Wanderweg leitet an einem Felsaufschluss vorbei und kreuzt mehrere kleine Bachtobel und Lichtungen.

Bald nach dem Naturfreunde-Ferienheim Freibergsee taucht das Alpengasthaus Bergkristall auf, damit auch zum Abschluss der Wanderung noch eine gemütliche Rast möglich ist. Auf einem Anliegersträßchen ist es jetzt nicht mehr weit zur Söllereckbahn in Kornau.

Bei Spaziergängern, Wanderern und Badegästen gleichermaßen beliebt: der von dichtem Wald eingesäumte Freibergsee über dem Stillachtal

76

Kratzer, 2427 m

Selten besuchter Nachbar der Mädelegabel

Ausgangspunkt: Oberstdorf, Bahnhof, Parkplatz ein Stück dahinter, 814 m
Höhenunterschied: 1610 m
Gehzeit: Kemptner Hütte 4¾ Std., Kratzer 2 Std., Abstieg 5¾ Std.; gesamt 12½ Std.
Charakter: mitunter steile und ausgesetzte Wege, teilweise gesichert; Trittsicherheit, Schwindelfreiheit und bei Nässe erhöhte Vorsicht sind notwendig, leichte Kletterei (I); meist bezeichnete Wege und Steige; gute Kondition und zuverlässiges Wetter erforderlich, Rad bis zum Talschluss oder Übernachtung empfehlenswert
Einkehr: Café Gruben, in Dietersberg, Restaurant und Waldhotel Christlessee, in Spielmannsau, Oberauhütte, Kemptner Hütte
Karte: KOMPASS WK 3

Kratzer von der Spielmannsau gesehen

Die Gewalttour beginnt am Bahnhof in Oberstdorf. Man folgt von der Raiffeisenbank der Nebelhornstraße zur Nebelhornbahn. Direkt vor der Mühlenbrücke auf dem Weg in Richtung Spielmannsau ins bewaldete Trettachtal.

Am Café Jägerstand über den Fluss und kurz nach der Oybachbrücke auf einem Wirtschaftsweg zum Café Gruben. Weiter durch ein Wiesental mit Ahornallee nach Dietersberg. In Gottenried den Dietersbach und die Trettach queren und gleich darauf zum Restaurant Christlessee.

Zur Spielmannsau kreuzt man nochmals Trettach und Traufbach. Nach der Oberauhütte auf den zwischendurch felsigen Steig in Richtung Kemptner Hütte und zwischen Riesenflanken anfangs durch lockeren Mischwald leicht bergan. Buschwerk säumt den urigen Sperrbachtobel, über den ein Eisensteg führt. Zwischen dem Steilaufschwung zum Marterl „Am Knie“ und einer weiteren Bachquerung auf einem Alusteg lässt es sich kurz aufatmen, bevor die

Route später zeitweilig ausgesetzt, aber gesichert durch den von Lawinenresten gefüllten Felsentobel führt. Durch einen Alpkessel zur Kemptner Hütte.
Dem Schild des Heilbronner Wegs an zwei Verzweigungen über schrofige Hänge zur Tiroler Grenze hinauffolgen. Um den Kratzer wartet karstigeres Gelände. Wo der Steig die Südseite des Berges berührt auf Trittspuren gerade über teilweise geröllbedeckte, sehr steile Rasenhänge hinauf. Bis zur Scharte am Fuß des Westgipfels vorsichtig zwei Schrofenzacken durch eine unangenehme Schuttrinne links umgehen. Das abschließende Gratstück zum Kratzer bietet noch ausgesetzte, leichte Kletterei (I) in solide gestuftem Fels.

Der Abstieg führt entlang der Aufstiegsroute zurück.

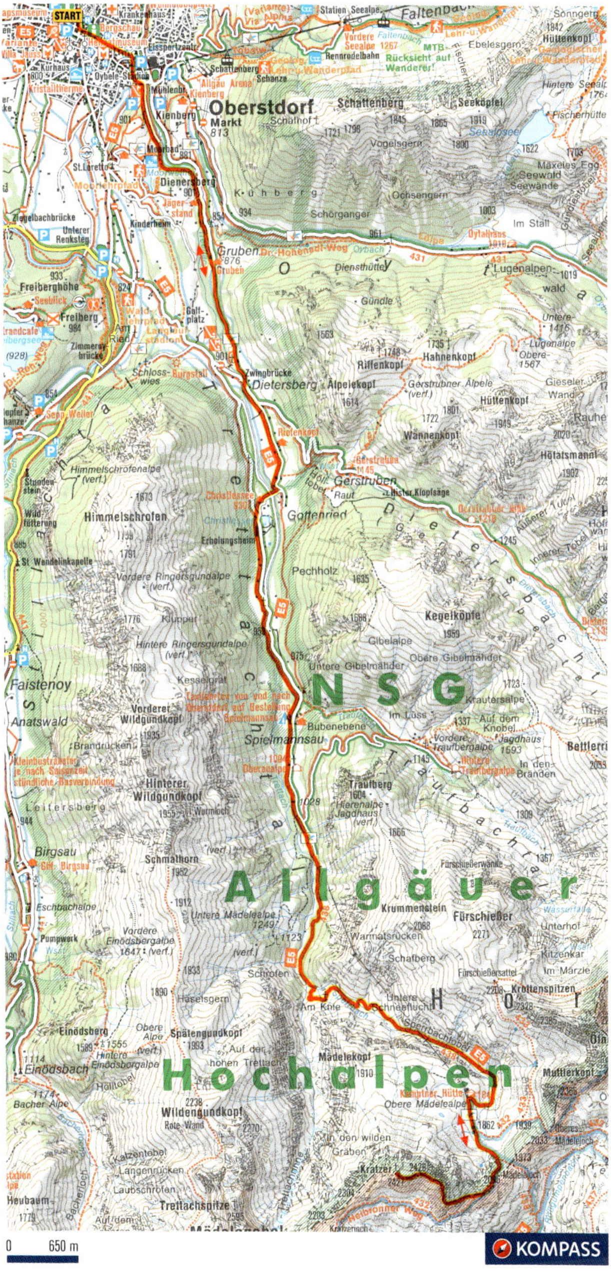

77

Gerstruben, 1145 m

Moorweiher und Hölltobel

Ausgangspunkt: Oberstdorf, Bahnhof, Parkplatz ein Stück dahinter, 814 m
Höhenunterschied: 420 m
Gehzeit: Dietersberg 1¼ Std.; Gerstruben ¾ Std., Rückweg 2¼ Std.; gesamt 4¼ Std.
Charakter: etwas Trittsicherheit erforderlich; gut bezeichnete Wander- und Wirtschaftswege, Steige und kurze Anliegersträßchen
Einkehr: Moorbad, in Dietersberg und Gerstruben
Karte: KOMPASS WK 3

Vom Bahnhof ins Dorf und von der Raiffeisenbank der Nebelhornstraße zur Nebelhornbahn folgen. An der Mühlenbrücke auf einen Wanderweg, der über der Trettach, anfangs teilweise auf Holzstegen, an einem Mischwaldhang langsam zum Moorbad ansteigt. Ein Wäldchen säumt nun den Moorlehrpfad in Richtung Christlessee zum idyllischen Moorweiher.

Die komfortable Route mündet später in ein Anliegersträßchen. Bei der Verzweigung hinter dem Golfplatz

Auf der glatten Wasseroberfläche des Moorweihers spiegelt sich das Gaisalphorn.

auf einen Wirtschaftsweg abzweigen und über die Zwingbrücke nach Dietersberg in der Talsenke der Trettach. Dort lenkt am Ortsende ein Schild zum Gasthof Gerstruben. Durch Kehren auf steilem, feuchtem Klammsteig weiter in den Hölltobel. Er fordert ein wenig Trittsicherheit, begeistert aber dafür mit schäumenden Wasserfällen und einer äußerst artenreichen Mischwaldflora.
Auf einem Anliegersträßchen ins kleine Museumsdorf Gerstruben im Dietersbachtal. Nach der Einkehr im Wirtshaus der einstmals größeren Alpsiedlung mit Blick zur rassigen Höfats wählt man den Steig über eine Bergwiese ins Tal zum Dietersbach hinunter, wo ein Steg zum alten Stadel des früheren Anwesens Raut am Fuß der Kegelköpfe führt. Ein Waldabstieg leitet nun in einer Serpentine nach Gottenried hinab.
Hinter der Dietersbachbrücke schließt sich in Dietersberg die eindrucksvolle Teilrunde. Der Anstiegsweg führt von dort nach Oberstdorf zurück.

Älpelesattel, 1780 m

Inmitten himmelragender Allgäuer Grasberge

Ausgangspunkt: Oberstdorf, Bahnhof, Parkplatz ein Stück dahinter, 814 m
Höhenunterschied: 1000 m
Gehzeit: Dietersbachalp 2½ Std., Älpelesattel 1¼ Std., Abstieg 3½ Std.; gesamt 7¼ Std.
Charakter: lange und bisweilen steile Route auf gut markierten Wegen; Ausdauer erforderlich
Einkehr: Café Gruben, in Gerstruben, Gerstrubner Alpe, Dietersbachalp, Käser-alpe, Untere Gutenalpe, Oytalhaus
Karte: KOMPASS WK 3

Die stramme Dreitälerrunde um die Höfats beginnt am Bahnhof in Oberstdorf. Man geht ins Dorf hinein und von der Raiffeisenbank auf

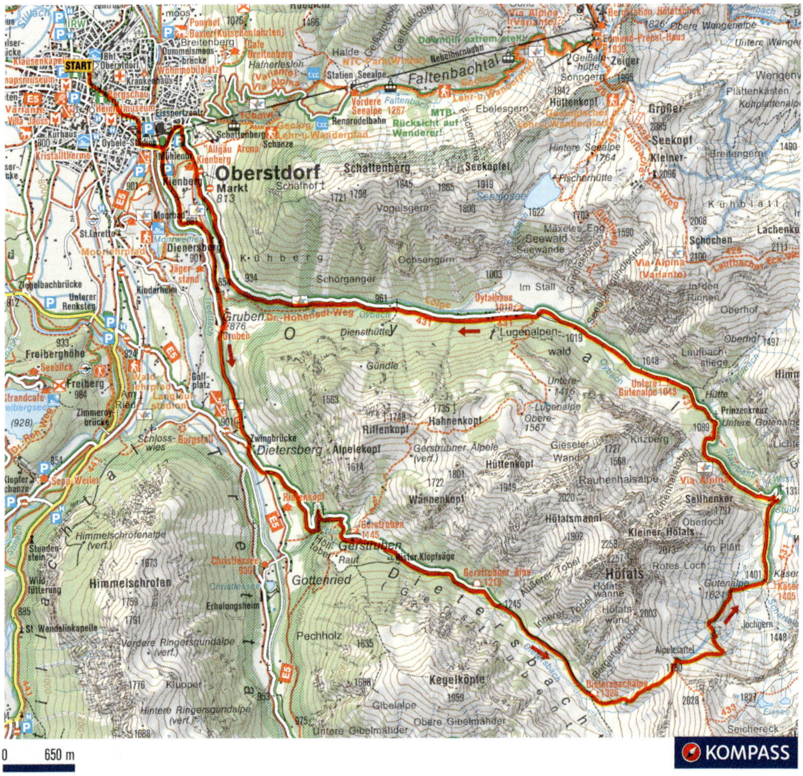

Bei der Käseralp am Fuß der Höfats

der Nebelhornstraße zur Nebelhornbahn.
Nach der Mühlenbrücke weist das Schild zum Gasthof Spielmannsau auf einen Wirtschaftsweg, der von der waldgesäumten Trettach begleitet wird. Über die Oybachbrücke, am Café Gruben vorbei und durch eine hübsche Ahornallee auf die Trettachspitze zu. Bei einer Abzweigung noch der Spielmannsauer Route folgen und in Dietersberg ein Alpsträßchen zu den unter Denkmalschutz stehenden Gebäuden von Gerstruben hinauf. Oberhalb der Kapelle besticht erstmals der Edelweißberg Höfats, die „Königin der Allgäuer Grasberge".
Auf einem schmalen Alpweg durch das schöne Dietersbachtal (auch Gerstrubental genannt). Ab der Gerstrubner Alp direkt auf das stattliche Steilgras-Duo Rauheck und Kreuzeck zu und unter einem tosenden Wasserfall zur Dietersbachalp. Die nun mitunter durch Strauchwerk führenden Steigkehren zum Älpelesattel erweisen sich als unangenehme Wadenschinderei.
Der Abstieg führt, ein paar Bachgräben querend, gelegentlich durch Buschwerk zu den Weidehängen der Oberen Gutenalpe. Von der Käseralpe zu Füßen des Großen und Kleinen Wilden auf einem Alpweg durch einen Hochkessel auf den kühnen Rädlergrat des Himmelhorns zu.
Nach wenigen Kehren kommt man unter dem brausenden Stuibenfall rasch ins Oytal, wo eine Brücke über den Stuibenbach führt. Das Schotterbett des Laufbachs queren und an der Unteren Gutenalp vorbei. Über flache Alpweiden, das Ufer des Oybachs wechselnd, dem Oytalhaus zu.
Ab dort führt ein geräumiges Alpsträßchen, zum Schluss über dem Trettachtal, nach Oberstdorf zurück.

Laufbacher Eck, 2178 m

Höhenweg der Extraklasse

Ausgangspunkt: Oberstdorf, Bushaltestelle an der Nebelhornbahn, Parkplatz, 820 m
Höhenunterschied: 430 m
Gehzeit: Laufbacher Eck 2 Std., Rückweg 2 Std.; gesamt 4 Std.
Charakter: kurzer steiler Schlussaufstieg; gut markierter, stellenweise etwas ausgesetzter Pfad mit einer gesicherten Stelle; Vorsicht bei Nässe!
Einkehrmöglichkeit: Edmund-Probst-Haus, Nebelhorn-Marktrestaurant
Karte: KOMPASS WK 3

Der Laufbacheckweg in schwindelnder Höhe über dem Oytal zählt gewiss nicht zu den Geheimtipps unter den Oberstdorfer Touren. Doch welcher Höhenweg könnte die mannigfaltigen Charakterzüge der Allgäuer Gipfelwelt anschaulicher vor Augen führen, die Faszination der Hochalpen unwiderstehlicher auf den Präsentierteller zaubern, den Farbenreigen der alpinen Flora betörender offenbaren als diese unvergessliche Panoramaroute?

Selbst Geologiebanausen dürften dort Lust verspüren, in das große Abenteuer der Erdgeschichte einzutauchen und mehr über das Werden und Vergehen der Alpenwelt zu erfahren.

Die beiden Sektionen der Nebelhornbahn befördern den Wanderer im Nu zur Station Höfatsblick mit Marktrestaurant und dem Edmund-Probst-Haus. Die Beschilderung weist auf den aus dem Seealptal ansteigenden Alpweg.

An der Gabelung bei der nahen Geißalp auf den nach links abdre-

Der Kleine Seekopf über dem Laufbacheckweg; rechts die Höfats

henden geologischen Lehr- und Wanderpfad. Die Route quert einen Quellarm des Faltenbachs und steigt unter dem Miniaturgipfel des Zeigers langsam zu einem schwach ausgeprägten Sattel an. Dort verlässt man den ins Oytal führenden Weg und schwenkt auf den wieder flachen, abermals zum Laufbacher Eck beschilderten Pfad ab. Graziös besticht von dort die dreigipflige Höfats.

Man geht durch den nächsten Sattel und genießt über die abschüssigen Grasflanken am Großen Seekopf den Blick hinunter zum Seealpsee und zu den Rassegestalten des Allgäuer Hauptkamms. Unterhalb des Großen und Kleinen Seekopfs steigt der manchmal ein wenig ausgesetzte Höhenweg sanft an und folgt danach eine Zeit lang dem Gratverlauf. Im Osten öffnet sich der Talschluss des Obertalbachs. Nun unter den Schrofenabbrüchen des Schochens mit Drahtseilsicherung gegen Osten weiter.

Fast 1000 m tiefer zeigen sich – klein wie Ameisen – die Wanderer im Oytal. Der elegante Rädlergrat schwingt sich zum Himmelhorn empor, daneben der gnomenhafte Schneck.

Man geht noch am Lachenkopf vorbei und dann in einen weiteren Sattel, bis sich in Kehren der steile Schlussaufstieg anschließt. Vom Laufbacher-Eck-Sattel sind es nur noch wenige Minuten auf den Graskopf des Laufbacher Ecks mit seinem brillanten Blick zum Hochvogel. Zurück folgt man dem Hinweg.

Geißalphorn, 1953 m

Mini-Via-Ferrata über dem obersten Allgäudorf

Ausgangspunkt: Oberstdorf, Bushaltestelle an der Nebelhornbahn, Parkplatz, 820 m
Höhenunterschied: 1110 m
Gehzeit: Seealp 1¼ Std.; Geißalphorn 2¼ Std., Abstieg 2¾ Std.; gesamt 6¼ Std.
Charakter: sehr langer Steilaufstieg; kurzer, Trittsicherheit und Schwindelfreiheit verlangender Klettersteig (I); überwiegend markierte Route; gute Kondition erforderlich, nur bei sicherer Wetterlage empfehlenswert
Einkehr: Seealp
Karte: KOMPASS WK 3

Der Aufstieg zum anspruchsvolleren Nachbarn des Rubihorns startet in Oberstdorf bei der Nebelhornbahn. Man folgt dem Sträßchen durchs Stationsgebäude und schwenkt nach rechts in eine Querstraße ein. Der Wegweiser zum Café Breitenberg leitet zu den Sprungschanzen hinauf. Am Faltenbach beginnt ein Alpsträßchen. Wenig später nach rechts auf einen Steig in den Faltenbachtobel. Gleich am Eingang rauscht neben dem Geologischen Lehr- und Wanderpfad ein Wasserfall. Weitere Fälle folgen bei kleinen Steilstufen, die auf Eisenleitern und Treppen überwunden werden. Ein Alpsträßchen queren und auf einem kurzen Ziehweg zu der Nebelhornbahn-Mittelstation Seealpe im gleichnamigen Hochtal. Dem Schild zum Rubihorn folgend auf einen Weideböden querenden Steig. Im anfangs lichten Fichtenwald hinter einer Jagdhütte wieder spürbar bergan. Vom Weideabsatz Roßbichel genießt man einen traumhaften Tiefblick auf das Oberstdorfer Talbecken und eine vortreffliche Hochalpenschau. In anhaltendem Zickzack mühsam durch eine Krummholzmulde hinauf. Im oberen Bereich sind erstmals Trittsicherheit fordernde Schrofenstufen durch Eisentritte und ein Mini-Drahtseil entschärft. Nach einem weiteren Drahtseil und leichter Kletterei ist

Großartiges, herbstliches Gipfelpanorama vom Geißalphorn. Aus der Kette der markanten Gipfel der Allgäuer Alpen ragt der spitze Hochvogel hervor.

beim Niedereck nahe des Rubihorns die Kammhöhe erreicht.

Nun auf einem zu Beginn kaum ansteigenden Steig nach rechts, mitunter durch Latschen etwas beengt, dem geräumigen Grat folgen. Eine kleine luftige Passage verlangt Trittsicherheit, Schwindelfreiheit und erhöhte Aufmerksamkeit. Anschließend über eine gesicherte senkrechte aber solide gestufte Kletterstelle (I) mit schmierigen Griffen und an einem Drahtseil neben einem abdrängenden Felswulst zu einer alten Eisenleiter hinauf. Über dem gähnenden Abgrund mit dem Geißalpsee erreicht man zuletzt problemlos das Geißalphorn.

Der Abstieg führt auf demselben Weg wieder zurück nach Oberstdorf.

Der kurze Klettersteig am Westgrat des Geißalphorns bleibt schwindelfreien Bergwanderern vorbehalten.

Entschenkopf, 2043 m

Mit dem Mountainbike durch das Retterschwanger Tal

Ausgangspunkt: Bad Hindelang-Bad Oberdorf, Parkplatz Grüebplätzle, 831 m
Höhenunterschied: 1450 m
Gehzeit: Aufstieg 3½ Std., Abstieg 2¾ Std., gesamt 6¼ Std.
Charakter: sehr einfache Radauffahrt über 11 km (630 Höhenmeter); nur kurzzeitig mehr als 10% Steigung; fast ausschließlich Asphaltstraße. Die Gipfelüberschreitung erfordert Trittsicherheit, Schwindelfreiheit und sauberes Gehen (Steinschlaggefahr; feines, unangenehmes Geröll, Stelle II). Außerdem braucht man für den Rückweg ein sicheres Gespür für die richtige Routenfindung.
Einkehr: Café Horn, Alpe Mitterhaus
Karte: KOMPASS WK 3

Will man von Bad Oberdorf zum Entschenkopf hinauf, muss man mit dem Fahrrad anreisen. Die stramme Bergtour mit einem vorgeschalteten 11-Kilometer-Marsch wird man hin und zurück an einem Tag nämlich nicht schaffen. Mit dem Radl geht das zwar ganz gut, doch anstrengend bleibt die Unternehmung, die angesichts der pfiffigen Gipfelüberschreitung schon fast ein Abenteuer hergibt.

Vom Parkplatz über die Ostrachbrücke, gleich dahinter nach links abbiegen und an der Hammerschmiede vorbei. Bei der Verzweigung sich rechts haltend ins Retterschwanger Tal hinein. Rund 10% steil auf guter Asphaltstraße bergauf und am Café Horn vorbei. Nun recht flach talein, auf einer Brücke über die Bsonderach, zwischendurch ein paarmal abwärts und an der Bergwirtschaft Mitterhausalpe vorüber. Nach 7,7 km neben einer Furt auf schmalem Steg abermals über die Bsonderach. Gleich dahin-

Begegnung im Retterschwanger Tal

ter bei der Abzweigung geradeaus weiter und deutlich steiler (kurzzeitig rund 15%) durch eine Kehre hinauf, bis schließlich nach einer Fahrzeit von 1½ Std. die Hintere Entschenalpe (Wankhütte) erreicht ist. Dort stellt man das Rad ab.

Nun auf deutlichem Bergweg gegen Südwesten zu Fuß über den Wank wenig anstrengend hinauf und dann über einen Steilaufschwung zum Gängele. Dort nach rechts abbiegen und über den scharfen Grat, an einem Gratköpferl vorbei und immer auf der linken Gratseite, stellenweise etwas ausgesetzt, auf und ab weiter, bis schließlich wieder die Scheitelstrecke des scharfen Bergkamms erreicht wird. Über sie, zuletzt in steilem Schlusssprint, zum Gipfelkreuz hinauf.

Vom Gipfel nach Nordwesten hinab und in felsiges Gelände hinein. Beherzt (Vorsicht Steinschlag!) über schroffen Fels und feines, unangenehmes Geröll absteigen und in der Nähe des Gratabbruchs hinunter, bis der Pfad in Latschenkrummholz zum breiten Sattel unterhalb der Falkenalpe stößt. Dort nach rechts dem Wegweiser folgen und gegen Osten nördlich des Entschenrückens absteigen. Über einen grünen Rücken durch ein Tal hinab, den Markierungszeichen nach rechts durch eine Hangreiße folgen und bei der Abzweigung geradeaus weiter. Durch das Wännele und auf altem, schwer zu findendem Alpweg gegen Osten gut 150 Höhenmeter aufsteigen, um eine Hangkante rechts herum und über den Kobel nach Süden relativ eben weiter, bis der Pfad zur Hinteren Entschenalpe abfällt, wo das Fahrrad steht. Mit ihm nach Bad Oberdorf zurück.

Sonnenkopf, 1712 m, Heidelbeerkopf, 1767 m und Schnippenkopf, 1833 m

Höhenwanderung über die Sonnenköpfe

Ausgangspunkt: Sonthofen-Hinang, Gasthaus Sonnenklause, Parkplatz, 1045 m
Höhenunterschied: 940 m
Gehzeit: Aufstieg 2½ Std., Abstieg 2 Std., gesamt 4½ Std.

Charakter: einfache Bergwanderung mit drei schönen Aussichtsgipfeln auf gut markierter Route
Einkehr: Gasthaus Sonnenklause
Karte: KOMPASS WK 3

Bevor sich die Berge östlich des Oberallgäus zu wilden Felsengipfeln zuspitzen, haben sie zur Einstimmung für den Wanderer ein paar grüne Bergbuckel vorgelagert. Die Sonnenköpfe gehören in diese Liga, und sie bieten großartige Ausblicke ins Oberallgäu und auf die benachbarten Felsenberge der Allgäuer Alpen.

Von der Sonnenklause auf der Straße ein paar Minuten nach Osten zum Wald hinauf, bei der Verzweigung nach rechts abbiegen, den Bach queren und in den Wald hinein. Bei der nächsten Abzweigung nach links weiter und nach einer Viertelstunde Gehzeit an beschilderter Stelle wieder nach links auf eine Wegspur abbiegen. Dieser durch lichten Wald folgen, eine Fahrstraße queren und auf einem markierten Bergweg im Wald steil hinauf. Später über eine Lichtung zu einer groben, steilen Fahrspur, dann wieder auf einen Pfad und immer

Unterwegs auf den Sonnenköpfen

steiler durch eine Lichtung. Nach links in den Wald abdrehen, zu einer Hangrippe hinüber und über sie durch lichten Wald an einer kleinen Hütte vorbei zur Grathöhe „Auf der Schnippe".

Dort nach rechts schwenken und über den breiten Rücken gemütlich zum Sonnenkopf hinauf.

Vom ersten Gipfel in der gleichen Richtung (gegen Süden) gering abfallend weiter und dann recht sportlich zum Heidelbeerkopf hinauf. Über ihn ebenfalls nach Süden weiter, rund 50 Höhenmeter absteigen und zum Schnippenkopf.

Vom Schnippenkopf steigt man über einen schönen Gratrücken nach Süden zur Falkenalpe ab, dort nach rechts abbiegen, dem Wegweiser nach Schöllang folgen und gegen Westen über eine Wiese eben dahin gehen, dann im Wald nach Norden absteigen. Der Bergweg fällt zur Entschenalpe ab und stößt zu einer steilen Bergstraße. Auf ihr nun nach Norden absteigen, in den Wald hinein und bei der scharfen Linkskehre an beschilderter Stelle auf den Waldweg nach Hinang-Sonnenklause abbiegen. Auch auf diesem Waldweg wird wieder eine Fahrstraße erreicht, der man kurz folgt, bei der Verzweigung geradeaus und auf einem Waldpfad zum Ausgangspunkt zurückgeht.

Berggasthaus Gletscherspalte, 1320 m

Höhenwanderung am Imberger Horn

Ausgangspunkt: Bad Hindelang, Bushaltestelle am Kurhaus, Parkplatz, 810 m
Höhenunterschied: 600 m
Gehzeit: Berggasthaus Gletscherspalte 1½ Std., Abstieg 2¼ Std.; gesamt 3¾ Std.
Charakter: langer, mäßig steiler Aufstieg und überwiegend steiler, etwas unangenehmer Abstieg; ausreichend beschilderte Wege
Einkehr: Berggasthaus Gletscherspalte, in Vorderhindelang (kleiner Abstecher)
Karte: KOMPASS WK 3

Erdstern

Die mit hübschen Tiefblicken ins Ostrachtal erfreuende Bergwald-Rundwanderung beginnt am Kurhaus in Bad Hindelang. Zuerst quert man vorsichtig die Bundesstraße und geht bei der Hornbahn über die Ostrachbrücke. Die in Richtung Hornbahn-Bergstation beschilderten Forstwegschleifen führen an einer kleinen Hütte vorbei und bieten reizvolle Ausblicke zum ansprechenden Marktflecken unter dem Kleinen Hirschberg. Bei einem Sen-

Entlang des beschaulichen Ostrachufers leitet ein Wanderweg mit Blick zum Kleinen Hirschberg zurück nach Bad Hindelang

demast unter der Seilbahn durch. Ab der Verzweigung nach einem schütteren Waldflecken mit Ausschau zu den beiden Illertalstädten sind es nur noch ein paar letzte Kehren auf der auch als Rodelbahn genutzten Route durch Jungwald zum Berggasthaus Gletscherspalte. Dort folgt man der Markierung nach Vorderhindelang über den Zwölferkopf, benützt einen kurzen Wanderweg und erreicht einen Forstweg. Auf diesem unter dem Imberger Horn über einen Windwurfhang. Vom Wegende auf einem Pfad in Richtung Imberg in wenigen Windungen zu einem Kreuz auf einer Geländestufe hinab und durch einen Waldstreifen zum Beginn eines weiteren Forstwegs. Über den Westrücken der unscheinbaren Kuppe des Zwölferkopfs schlendernd zur Abzweigung des Steigs in Richtung Vorderhindelang. Später auf einer Trittspur über einen steilen Weidehang.

Am Hangfuß führt abermals ein Forstweg nach rechts zur winzigen Blörchachalpe, wo wieder ein Weg mit der Beschilderung nach Vorderhindelang erreicht wird. In wilden Serpentinen auf einem steinigen Wegungeheuer über weitere Weidehänge talwärts - ohne Stöcke ein Kniegelenke schindendes Unterfangen - nach Vorderhindelang.

Für eine Brotzeit dort eventuell über die Ostrachbrücke kurz in den Ort hinein. Ansonsten an der Ostrachbrücke dem Hinweisschild zur Talstation der Sesselbahn folgend auf einen genüsslichen Wanderweg. Waldstreifen säumen das Flussufer, bis man schließlich wieder in Bad Hindelang ankommt.

84

Rotspitze, 2034 m

Gipfelpotpourri an den Hohen Gängen

Ausgangspunkt: Bad Hindelang-Hinterstein, Parkplatz beim Elektrizitätswerk an der Ostrach, etwa 1 km nordwestlich von Hinterstein, 825 m
Höhenunterschied: 1615 m
Gehzeit: Aufstieg 3¼ Std., Abstieg 3¾ Std., gesamt 7 Std.
Charakter: anstrengende Bergwanderung mit 1 Stunde ausgesetztem, aber leichtem Klettersteig zwischen Heubatkopf und Breitenberg; Trittsicherheit und Schwindelfreiheit notwendig; vorsichtshalber Klettersteigsicherung verwenden; besonders beim stark frequentierten Gipfelanstieg zur Rotspitze sauber gehen, damit weiter unten gehende Bergsteiger nicht durch abgetretene Steine gefährdet werden.
Einkehr: in Hinterstein mit kleinem Umweg
Karte: KOMPASS WK 3

Diese Genusstour ist etwas für Gipfelsammler, die gleich drei Höhepunkte erreichen wollen: Rotspitze, 2034 m, Heubatkopf, 2008 m, Breitenberg, 1893 m, stehen auf dem Programm. Auf dem scharfen Grat zwischen Heubatkopf und Breitenberg gibt es einen gut ausgebauten, kaum schwierigen, aber streckenweise ziemlich ausgesetzten

0 500 m

Auf dem Klettersteig an der Rotspitze

Klettersteig, bei dem das einzige Problem für versierte Klettersteiggeher der oftmals starke Gegenverkehr und die damit verbundenen Wartezeiten sein dürften.

Der Aufstieg führt vom Kraftwerksgebäude auf der Forststraße gegen Westen hinauf. Vor einem tiefen Graben endet der Fahrweg, dort in der gleichen Richtung auf einem Bergweg gering ansteigend gegen Südwesten und zu einem Sträßchen. Nach rechts, dem Sträßchen folgen und bei der Wegabzweigung sich links haltend über eine steile Geländekante hinauf. Weit über einem tiefen Graben auf grüne Matten. Durch diese gegen Süden weiter und bei der Wegverzweigung im Unteren Platz sich rechts halten. An einem Brunnen vorbei und am westlichen Rand des Häblesgunds hinauf. Auf rund 1800 m Höhe zum Nordgrat des Rotspitzes. Über ihn auf steilen Felsen mithilfe mehrmaliger kurzer Drahtseilsicherungen zum Gipfel weiter.

Von dort auf schmalem Weglein nach Südosten hinab, bei der Wegverzweigung nach links und am Grat (leicht) zum Heubatkopf (auch Gemsbollenkopf genannt) hinauf. Gleich hinter dem Heubatkopf beginnt der Klettersteig. Anfangs (noch ohne Drahtseilsicherung) auf felsiger Wegspur über losen, feinen Grieß hinab. Feste Seile, eine etwa 10 m hohe Leiter und gute Felsengriffe erleichtern den weiteren Übergang auf dem langen, streckenweise ausgesetzten Grat. Luftig auf dem Grat dahin und in den Sattel vor dem Breitenberg. Von dort kann man nach links, gegen Süden, in das Häblesgund absteigen, bis die Aufstiegsroute erreicht wird, die ins Tal zurückführt. Oder man geht geradeaus durch Latschenkrummholz zum Kreuz auf dem Breitenberg. Von dort in einem weiten Rechtsbogen nach Süden, später auf einem Rücken nach Südosten zur oberen Hütte der Elpenalpe. Nun in weitem Zickzack zur unteren Hütte der Elpenalpe und auf einem Wanderweg über den Elperberg, das letzte Stück auf einem Fahrweg in eine Lichtung, an deren Anfang sich die Wege verzweigen.

Dort nach links und an der Ostrach entlang, am kleinen Kutschenmuseum vorbei, den Wildbach bei einer Geschiebesperre queren und auf einem Sträßchen zum Ausgangspunkt zurück.

Zipfelsbachfall, 980 m

Genusswanderung im Ostrachtal

Ausgangspunkt: Bad Hindelang-Bad Oberdorf; Bushaltestelle am Hotel Hirsch, 820 m; Parkplatz am Ortsende in Richtung Hinterstein
Höhenunterschied: 460 m
Gehzeit: bis Zipfelsbachfall 2 Std., Kutschenmuseum plus ¾ Std., Rückweg 1 Std.; gesamt 3¾ Std.
Charakter: nur geringe Steigungen; gut beschilderte Wander- und Wirtschaftswege sowie Pfade
Einkehr: in Hinterstein und Bruck
Karte: KOMPASS WK 3

Von der Bushaltestelle zuerst der Kurzen Gasse nach Süden, dann der Beschilderung zum Schleierfall folgend nach der ersten Kurve auf einen Wanderweg. Bei der Verzweigung beim Prinz-Luitpold-Bad sich rechts haltend auf einem kleinen Abstecher zu einem Klammausgang, in den der Schleierfall über eine hohe Felsstufe stürzt. Ein wilder Winkel, so nahe beim Dorf!

Wieder zur Hauptroute zurück und auf dem Bärenweg in Richtung Hinterstein über die Ehlesbachbrücke und über dem Ostrachtal an lichten, steilen Waldhängen entlang. Nach unwesentlichem Höhenverlust bei Bruck steigt der Bärenwegpfad am Schrattenberg in Ser-

pentinen wieder an und mündet danach in einen Ziehweg.
Am Steigungsende findet sich wieder ein Pfad. Auf einem Eisensteg über eine Bachrinne, danach auf freie Weidehänge hinaus. Bei der Kreuzung hinter der Gemsbachquerung lenkt der Wegweiser an einer Wildfütterung vorbei zu den Wasserfällen. Noch ein paar letzte kleine Anstiege, dann kommt man zu einer mit Steinplatten belegten Brücke unter dem großartigen Zipfelsbachwasserfall. Der Zipfelsbach ergießt sich dort in eine glasklare Gumpe.
Nun schlängelt sich der Pfad hinunter zur Kirche im mittleren Dorfteil von Hinterstein. Dort auf einem abfallenden Wanderweg am Spielplatz vorbei und über die Zipfelsbachbrücke zur Ostrach. Ein Uferweg führt flussaufwärts. Kurz nach der überdachten Ostrachbrücke lädt das Kutschenmuseum zum Besuch. Nahe dem Südufer anschließend durch Fichtenwald und über Viehweiden weiter und über eine überdachte Brücke ins vordere Dorf. Neben der Straße auf einem Fahrweg nach Bruck. Dort geht man über eine letzte überdachte Holzbrücke und auf einem Wiesenweg nach Bad Oberdorf.

Halbtagesziel Zipfelsbach-Wasserfall

Hintersteiner Kutschenmuseum

So manche Rarität überrascht in dem höchst eigenwillig eingerichteten, mit Solarenergie betriebenen Hintersteiner Kutschenmuseum, in dem uralte Kutschen und Schlitten überwiegend aus dem Allgäuer Raum zu besichtigen sind. Ein Privatmann hat die Ausstellung in jahrelanger Arbeit mit unglaublichem Feingefühl gestaltet und aus eigener Tasche finanziert. Vielerlei Stimmungen gehen von den bewusst düster und geheimnisvoll gehaltenen, musikalisch untermalten Nischen und Winkeln aus. Wilde Tiere begegnen einem zu unterschiedlichen Jahreszeiten. Hier und dort plätschert, rieselt oder gluckst ein Wässerchen. Außerhalb des lebendigen Zauberreichs gibt es einfallsreiche Klangspiele und Skulpturen aus Alteisen und Holz sowie einen kleinen Garten mit Pavillon zu sehen. Auch eine ungewöhnliche Grotte nimmt den Besucher sofort gefangen. Ganzjährig von 8-20 Uhr geöffnet; der Eintritt ist kostenlos.

86

Kühgundspitze, 1881 m, Kühgundkopf, 1907 m und Iseler, 1876 m

Dreigipfeltour mit dem gewissen Etwas

Ausgangspunkt: Bad Hindelang-Oberjoch; Bushaltestelle am Großparkplatz, 1150 m
Höhenunterschied: 950 m
Gehzeit: Kühgundspitze 2¼ Std., Iseler ¾ Std., Abstieg 1¾ Std.; gesamt 4¾ Std.
Charakter: steile Anstiege; abschüssige und felsige Passagen erfordern Trittsicherheit; gut markierte Steige und kurze Alpwege
Einkehr: Wiedhaghütte (kleiner Abstecher) und Gundalp
Karte: KOMPASS WK 3

Steinbrech

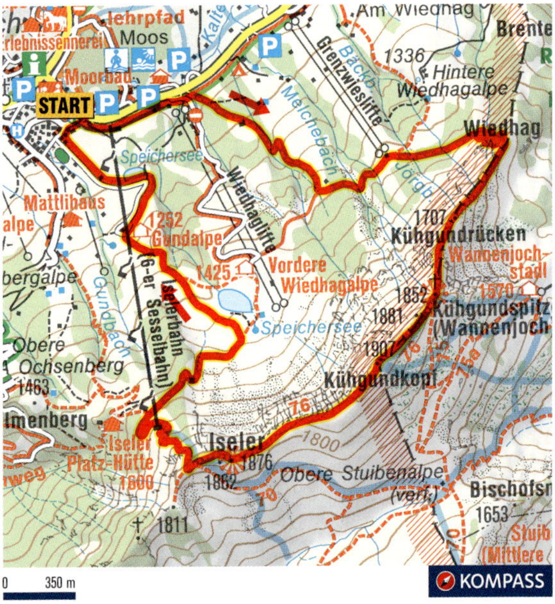

Von Oberjoch auf dem Grenzweg zum Wiedhaglift. Nach der Brücke über den Kaltenbrunnenbach dem Schild zur Wiedhaghütte folgend auf einen durch lichten Bergwald leitenden Ziehweg, der bald von einem gemütlichen Steig abgelöst wird. Bei einer Verzweigung auf den Wegweiser achtend über eine wilde Sturzbachrinne steiler werdend bergan. Bei der Wiedhag-Skiabfahrt

Auf dem Iseler

die Route zur Wiedhaghütte verlassen und durch die Melchebachrinne.
An der Grenzwies-Bergstation unter dem Schlepplift durch und in wechselnder Steigung durch die Krummholzzone zum Kühgundrücken. Entlang der Landesgrenze verschmälert sich der urplötzlich kräftig ansteigende Rücken zu einem von Latschen bewachsenen Grat. Felsstufen mit Blick zu den Tannheimer Kalkspitzen verlangen ein gelegentliches Handanlegen. Nach der Querung eines abschüssigen Schrofenhangs erreicht man die Kühgundspitze, bei den Tirolern Wannenjoch genannt. Den etwas höheren Kühgundkopf erreicht man über ein paar grüne Erhebungen. Von dort geht man über imponierende Schuttreißen und an anregenden Felsenfenstern vorbei, während der Südwestkamm kaum abfällt. Der Weiterweg entpuppt sich als deutlich einfachere Route als der Aufstieg.
Von einem Sattel folgt ein kurzer Gegenanstieg mit ein paar felsigen Stufen zum Iseler. Ein breiter Steig leitet über die Nordseite durch Latschengassen, anfangs einen Gratrücken benützend, später im Zickzack in Richtung Oberjoch. Ab der Bergstation der Iselerbahn folgt man dem Wegweiser zur Wiedhaghütte. Hinter einem Schuttkar wählt man kurz vor der Wiedhaghütte (auch Vordere Wiedhagalpe genannt) die Abzweigung über ein Weidegebiet zur Gundalpe. Ein asphaltierter Alpweg führt zurück nach Oberjoch.

ALLGÄUER HOCHALPEN

Ponten, 2045 m und B'schießer, 1998 m

Leichte Gipfelrundtour über dem Hintersteiner Tal

Ausgangspunkt: Bad Hindelang-Hinterstein, Bushaltestelle und Parkplatz am südlichen Ortsrand, 866 m
Höhenunterschied: 1450 m
Gehzeit: Aufstieg 3 Std., Abstieg 3 Std., gesamt 6 Std.
Charakter: unterschiedlich steile Anstiege mit durchwegs guter Markierung; lange, leichte und beliebte Rundwanderung mit schönen Ausblicken
Einkehr: Willersalpe und Zipfelsalpe
Karte: KOMPASS WK 3

Die beiden Gipfel Ponten und B'schießer bilden die höchsten Punkte einer schönen, sehr beeindruckenden Wanderung. Vom langen Grat, der die beiden Gipfel verbindet, gibt es interessante Ausblicke auf die Allgäuer Alpen zu bestaunen.

Auf gutem Wanderweg über Weidewiesen nach Osten allmählich in den Wald hinein. Der Weg wird steiler und quert im Bachholz den Wil-

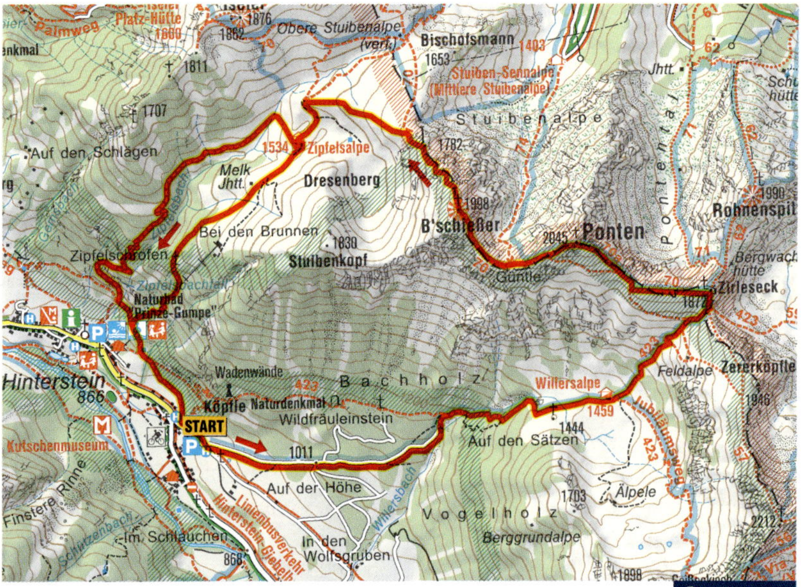

Idylle in der Nähe der Willersalpe

lersbach. Südlich des wilden Bachs „Auf den Sätzen" steil und in vielen Kehren durch dichten Wald hinauf zu den freien Wiesenhängen unterhalb der Willersalpe. Hinter der Alpwirtschaft ein wenig nach links, am Rand von Latschendickicht nach Nordosten geradewegs zum Sattel am Zirleseck hinauf. Im Sattel scharf nach links und am Gratrücken durch Latschen und lichten Wald, mit schönem Blick auf die Rohnenspitze, gegen Westen weiter.

Schon hat man den felsigen Gipfelaufbau des Pontens vor Augen. Der breite Wanderweg wird an beschilderter Stelle nach rechts verlassen, um steil zwischen Felsentürmchen zum Gipfel aufzusteigen.

Blickt man vom Ponten nach Westen, sieht man genau auf den B'schießer. Die ersten Meter vom Ponten führen etwas durch Geröll und Schutt hinab, bis man im Sattel zwischen Ponten und B'schießer, dem Güntle, auf einen breiten Wanderweg stößt. Auf ihm in weitem Bogen am Grat entlang und das letzte Stück durch steile Felsenhänge zum großen Gipfel des B'schießers. Der weitere Abstiegsweg fällt vom B'schießer nach Norden ab. Der Berg zeigt sich von dieser Seite als trister Geröllhaufen. Erst im Latschengürtel wird die Gegend wieder etwas freundlicher. Doch der Weg ist nun, besonders bei nassem Wetter, stellenweise unangenehm glitschig.

Unter dem Krummholz auf einen breiten Höhenrücken, auf dem man der Trittspur folgt, die zur Zipfelsalpe abfällt. Dort entweder nach rechts und auf dem Wanderweg über den Zipfelsbach hinweg, steil nach Südwesten und an den Zipfelschrofen vorbei bis Hinterstein.

Oder von der Zipfelsalpe nach Südwesten weiter, an der Jagdhütte Melk vorbei und gleich dahinter nach rechts abbiegend über eine steile Wiese in den Zipfelswald. In vielen Kehren auf einem Weg durch eine sehr steile Waldschneise zum Bärenweg. Auf ihm nach links nach Hinterstein zurück.

Großer Daumen, 2280 m und Kleiner Daumen, 2197 m

Gewalttour im Naturschutzgebiet Allgäuer Hochalpen

Ausgangspunkt: Bad Hindelang-Hinterstein, Parkplatz, 866 m
Höhenunterschied: 1450 m
Gehzeit: Aufstieg 5 Std., Abstieg 3 Std., gesamt 8 Std.
Charakter: sehr lange und anstrengende Rundtour, die entsprechende Kondition und Ausdauer voraussetzt; für den Aufstieg vom Türle zum Großen Daumen sind Trittsicherheit und Schwindelfreiheit angebracht; der Abstecher zum Kleinen Daumen am Hindelanger Klettersteig verlangt ein gehöriges Maß an Trittsicherheit, Schwindelfreiheit und Klettersteigerfahrung.
Einkehr: Schwarzenberghütte, Konstanzer Jägerhaus
Karte: KOMPASS WK 3

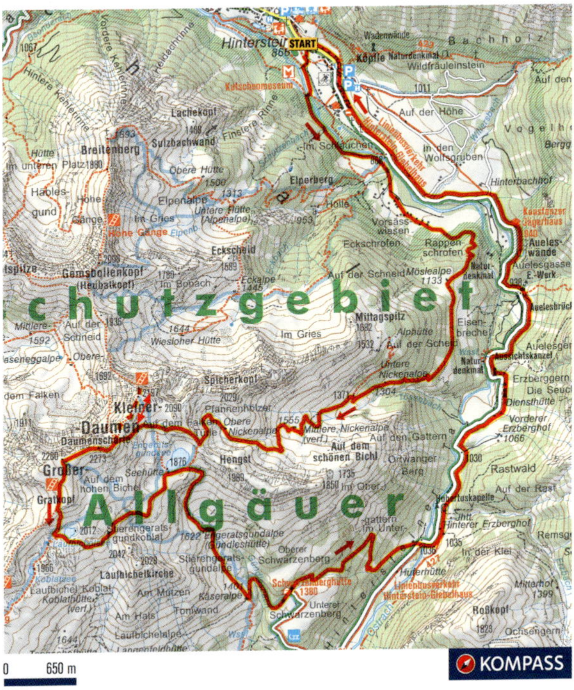

Die meisten Wanderer machen es sich leicht und gehen von der Seilbahnstation am Nebelhorn in 1½ Stunden zum Großen Daumen. Das gilt auch für die vielen Skitourengeher, die das herrliche Tourenparadies im Winter aufsuchen. Anders schaut es bei der hier vorgestellten Route aus, die in Hinterstein beginnt und von Nordosten über gut 10 Kilometer Entfernung hinauf und auf mehr als 15 Kilometer wieder hinunterführt. Zu dieser weiten Strecke kommt noch ein be-

Der Große Daumen

achtenswerter Höhenunterschied dazu.

Man geht von Hinterstein auf dem Wanderweg die Ostrach entlang und an der Möslealpe vorbei, bis man auf die freien Wiesen der Unteren Nickenalpe stößt. Dort dreht der Weg allmählich nach Westen und folgt dem Tal des Tösenbachs zur Mittleren Hütte. Im stillen Talgrund auf markiertem Weg ein kurzes Stück gegen Süden, dann wieder gegen Westen und unter dem Hengst in einen kleinen Talkessel, wo die Obere Nickenalpe steht. Die Route wendet sich noch einmal gegen Süden und steigt auf einem Wiesengrat steil zum „Türle" an. Anschließend führt der Aufstieg auf einer scharfen Schneide nach Nordwesten, dreht nach Westen und steigt durch steiles Schrofengelände in den Daumensattel zwischen Kleinem und Großem Daumen an.

Von dort kann man nach rechts in etwa 20 Minuten auf einem scharf geschnittenen Felsengrat am Drahtseil zum Kleinen Daumen hinaufkraxeln. Wer ausgesetzte Klettersteigexkurse nicht mag, geht gleich gegen Südwesten über Felsen, das letzte Stück am breiten Höhenrücken zum ausgedehnten Gipfel des Großen Daumens.

Der Rückweg verläuft vom Gipfel über weite Bergwiesen nach Süden zum Hindelanger Klettersteig hinab. Im breiten Sattel nach links und durch eine Steilflanke in etlichen Kehren durch verkarstete Hänge zum Laufbichelsee hinab. Kurz vor dem See an der Verzweigung nach links weiter und am See vorbei, dessen Auslauf in einer Höhle verschwindet. Über steinige Wiesen auf und ab und zur Seehütte am Engeratsgundsee. Nun am südlichen Seeufer gegen Osten, bei der Abzweigung sich rechts halten und gegen Süden, an der Engeratsgundalpe (Gündleshütte) vorbei und zur Käseralpe. Bei ihr scharf nach links über den Gündlesbach und in den Wald hinein. Im dichten Wald biegt der Pfad nach links ab und führt anschließend über Weidehänge zur Schwarzenberghütte.

Vom Unterkunftshaus auf einem guten Wanderweg durch dichten Buchenwald in zwei großen Kehren zur Ostrach hinunter, wo die Fahrstraße erreicht wird. Auf ihr gegen Norden zum Ausgangspunkt zurück.

Schwarzenberghütte, 1380 m

Kleiner Ausflug ins Paradies

Ausgangspunkt: Bad Hindelang-Hinterstein, Bushaltestelle Hubertuskapelle, 1030 m; zu erreichen mit dem Bus ab dem Hinterdorf von Hinterstein
Höhenunterschied: 400 m
Gehzeit: Schwarzenberghütte 1 Std., Abstieg 1¼ Std.; gesamt 2¼ Std.
Charakter: mäßig steiler Aufstieg; überwiegend beschilderte Wege
Einkehr: Schwarzenberghütte und Giebelhaus
Karte: KOMPASS WK 3

Diese entspannende Rundwanderung im idyllischen Talschluss des Hintersteiner Tals, einem der vielen einstigen Jagdreviere des Prinzregenten Luitpold, kann je nach Belieben verlängert werden: entweder über die Käseralp zum hoch gelegenen Engeratsgundsee oder aber sogar auf den Großen und Kleinen Daumen (siehe Tour 88).

Gleich hinter der Hubertuskapelle führen – über dem Giebelhaus den eleganten Grasspitz des Giebels im Visier – zwei Brücken über den Erzbach und die junge Ostrach. Danach weist die Beschilderung zur Schwarzenberghütte auf einen wenig anstrengenden Steig. Unter dem schrofigen, kaum bestiegenen Hengst in zwei weiten Schleifen durch lockeren Bergwald, „Im Untergattern" genannt. Auf einer beweideten Bergschulter, dem Unteren Schwarzenberg, steht „Im Paradies" die bewirtschaftete Schwarzenberghütte der AV-Sektion Illertissen. Während einer behaglichen Hüttenbrotzeit vor dem niedrigen Holzdoppelbau kann man die alpine Gipfelkulisse des Prinz-Luitpold-Hauses hoch

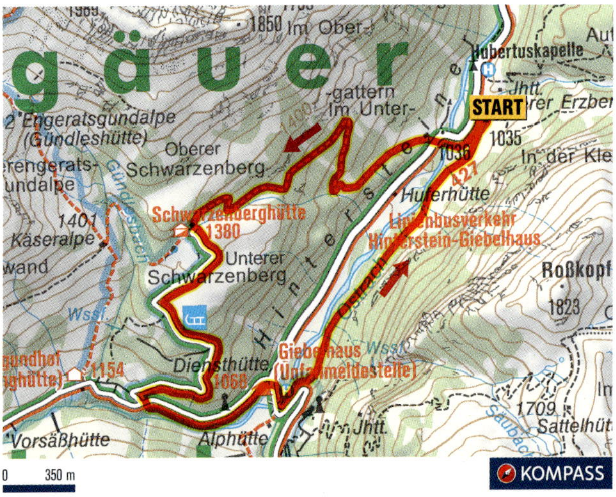

Herbstliches Ahornleuchten

über dem romantischen Bärgündele mit den beiden Gipfelhöhen Fuchskarspitze und Hochvogel bestaunen. Den zu Beginn gemächlichen Alpwegabstieg über bunte Weideböden säumen alte, knorrige Ahornbäume. Bald tauchen die wenigen, teilweise ausgewaschenen Kehren wieder im Wald unter. Kurz vor dem Engeratsgundhof mündet die Route im Obertal in den weiter talwärts führenden, befestigten Alpweg zum Giebelhaus. Hinter dem stattlichen Berggasthaus werden Obertalbach und Bärgündelesbach gequert. Die beiden Quellbäche vereinen sich dort zur Ostrach. Eine flache Fahrbahn führt zum Schluss unter dem Roßkopf, den über einen Wasserfall niederstürzenden Säubach querend, durchs hinterste Hintersteiner Tal zur Hubertuskapelle hinaus.

Fliegenpilz

Jubiläumsweg zum Luitpoldhaus, 1846 m

Durch die Hintersteiner Berge

Ausgangspunkt: Bad Hindelang-Hinterstein, Bushaltestelle bei der Kapelle im Hinterdorf, 866 m; Parkplatz am Ortsende
Höhenunterschied: ca. 2200 m
Gehzeit: Lahnerscharte 5¾ Std., Prinz-Luitpold-Haus 3¼ Std., Abstieg 2 Std.; gesamt 11 Std.
Charakter: längere steile Aufstiege auf gut markierten, teilweise ausgesetzten Steigen mit gesicherten Passagen; auch Forst- und Alpwege; Ausdauer und Trittsicherheit erforderlich; Vorsicht bei Nässe! Übernachtung empfehlenswert
Einkehr: Willersalp, Prinz-Luitpold-Haus, Untere Bärgündelealp, Giebelhaus
Karte: KOMPASS WK 3

An der Willersalp beginnt der Höhenweg zum Prinz-Luitpold-Haus

Diese ausgiebige Höhenwanderung beginnt bei der Kapelle im Hinterdorf von Hinterstein. Man folgt zuerst dem Giebelhaus-Fußweg zur Abzweigung des Wanderwegs in Richtung Willersalp. Im Wald folgt ein Forstweg, später ein Steig. Nach einer Verzweigung den Willersbach queren. Enge Kehren winden sich zu den Weiden der Willersalp empor. Latschen und Fichten säumen den Jubiläumsweg in Richtung Schrecksee. Nach einer Karschwelle auf dem Steig über einen Grashang und eine ausgesetzte Schuttflanke in die Vordere Schafwanne. Am Geißeckjoch wechselt die Route auf die Tiroler Seite, umrundet nach kleinem Steilabstieg über Geröll die wilden Rauhhornabstürze und setzt zum Gegenanstieg an. Über der Hinteren Schafwanne bei Kugelhorn und Knappenkopf gering bergab und durch schrofendurchsetzte, steile Grasflanken. Hinter der prächtigen Schreckseewanne weiter in

Richtung Prinz-Luitpold-Haus und in die Lahnerscharte.
Auf teils fallender, teils ebener Route zwischen Latschen, über Gras und Geröll durch die aussichtsreiche Etappe über dem Schwarzwassertal. Unter Schänzlespitze und Schänzlekopf über eine ausgesetzte, drahtseilgesicherte Passage zum Notlendsattel und am Sattelkopf eine Rinne queren. Dort beginnt unter der abschüssigen Lärchwand (Drahtseilsicherung) der anspruchsvolle Schlussaufstieg. Im Zickzack durch den blockigen Kessel zur Bockkarscharte, dann durch die Gras- und Schuttmulde mit dem Namen „Im Täle" zum Prinz-Luitpold-Haus hinab Über die Weiden der Oberen Bärgündelealp und durch die Krummholzzone auf dem Hüttenabstieg zur Unteren Bärgündelealpe. Ab dort leiten ein Ziehweg zur Pointhütte und ein befestigter Alpweg durchs Bärgündele zum Giebelhaus.
Von dort, nach einer letzten Einkehr, mit dem Bus wieder nach Hinterstein zurück.

91

Wiedemerkopf, 2163 m

Das Faltengesicht am Luitpoldhaus

Ausgangspunkt: Bad Hindelang-Hinterstein, Bushaltestelle Giebelhaus, 1068 m; zu erreichen mit dem Bus ab dem Hinterdorf von Hinterstein
Höhenunterschied: 1150 m
Gehzeit: Prinz-Luitpold-Haus 3 Std., Wiedemerkopf 1¼ Std., Abstieg 3½ Std.; gesamt 7¾ Std.
Charakter: für den steilen, ausgesetzten und gesicherten Gipfelsteig (I) sind Trittsicherheit und alpine Erfahrung notwendig; meist markierte Route
Einkehr: Untere Bärgündelealp und Prinz-Luitpold-Haus
Karte: KOMPASS WK 3

Zu der markanten Dolomitburg nahe dem Hochvogel folgt man vom Giebelhaus der Tafel zum Luitpoldhaus. Nach der Obertalbachbrücke das Sträßchen in Richtung Bärgündele verlassen und hinter der benachbarten Alphütte auf einem Steig über einen kleinen Weidehang. Bald unbeschwert durch lichten Mischwald an der Nordostflanke des Giebels entlang. Auf etwas schmälerem Alpweg meist über Weidehänge weiter. Nach der Materialseilbahn ziert eine 2000-jährige Eibe den Wegesrand. Noch vor der Pointhütte auf die Abzweigung zur Bär-

Der Wiedemerkopf - ein aufgeschlagenes Lehrbuch der Geologie

gündelealpe. Ein überwiegend flacher Ziehweg quert auf einer Holzbrücke den Stierbach. Im Talschluss fesselt der Schneck die Blicke. Auf Eisenstegen über zwei weitere Bäche, bevor die Untere Bärgündelealpe zur Rast lädt.

Der zwischendurch felsige Steig führt an einem Wasserfall vorbei, durch die Krummholzzone und über die Weidehänge der Oberen Bärgündelealpe. Auf dieser Etappe gibt es nur kurze stärkere Steigungen. Stege überbrücken zwei Sturzbäche.

Nach einem Geröllhatscher am Fuß des Wiedemers erreicht man das Prinz-Luitpold-Haus.

In einer kleinen Seemulde beeindruckt das skurrile Faltengesicht des Gipfelziels. Dem Wegweiser „Kempter Hütte" folgend geht es unterhalb des Hauses eine steinschlaggefährdete Querung am Rand der Geröllhalde entlang. An der anschließenden Verzweigung dem oberen Grassteig zum felsigen Einstieg folgen. Auf der pfiffigen, gelegentlich ausgesetzten und mit Drahtseilen gesicherten Route über die Nordwestflanke. Steile Aufschwünge und schuttbedeckte Etappen beinhalten einfache Kletterstellen (I) in manchmal brüchigem Fels.

Der Wiedemerkopf ist kein ausgeprägter Gipfel, sondern nur ein Vorsprung des zerhackten Kammes, den der Kreuzkopf nach Norden entsendet. Der Abstieg verläuft entlang der Aufstiegsroute.

Lahnerkopf, 2122 m und Kastenkopf, 2129 m

Verschwiegenes Gipfelreich um den Schrecksee

Ausgangspunkt: Bad Hindelang-Hinterstein; Bushaltestelle bei der Kapelle im Hinterdorf, 866 m; Parkplatz am Ortsende
Höhenunterschied: 1500 m
Gehzeit: Schrecksee 3¼ Std., Kastenkopf 1¾ Std., Abstieg 3¾ Std.; gesamt 8¾ Std.
Charakter: längere steile Anstiege auf überwiegend markierten Steigen mit einer gesicherten, ausgesetzten Passage; zu Beginn Alpwege; am Lahnerkopf weglos; Ausdauer erforderlich
Einkehr: Konstanzer Jägerhaus
Karte: KOMPASS WK 3

Als Ausgangspunkt für den außergewöhnlich schönen Aufstieg zu den zwei selten besuchten Berggestalten im Allgäuer Hauptkamm wählt man die Kapelle im Hinterdorf von Hinterstein.
Dem Wegweiser zum Giebelhaus folgend geht man am Straßenende zu einem taleinwärts führenden Alpweg. Über die buckeligen Weideböden steigt die Route gering und fällt dann sanft ab. Über die Willersbachbrücke und auf einem Wanderweg am Hinterbachhof vorbei, bevor er in das zum Giebelhaus führende Alpsträßchen mündet. In angenehmer Steigung am Konstanzer Jägerhaus und dem bald darauf

Der Schrecksee in den Hintersteiner Bergen

folgenden Brünnele vorbei und durch Mischwald zur Talenge Aueles Gasse.

Nach kleinem Gefälle lenkt beim Elektrizitätswerk das Schild zum Schrecksee auf einen Steig, der am Fuß des Rauhhorns einen kleinen Weidehang überwindet und später durch steilen, lichten Fichtenwald zu einem Mini-Stausee forsch ansteigt. Bei zwei Jagdhütten erreicht man eine Alpwanne.

Hinter der verfallenen Taufersalp folgt bei der Materialseilbahn zum Schrecksee ein Bachsteg. Dann überlisten schuttige Kehren in einer Schleife eine teils mit Latschen bewachsene und mit einer ausgesetzten, seilgesicherten Passage aufwartende Felsbarriere. An der unteren Karschwelle setzen gemütliche Grashänge an. Eingebettet hinter der oberen Karschwelle schimmert der mit einer Insel geschmückte Schrecksee.

Der erst noch gemächliche Jubiläumsweg hält auf den Kastenkopf zu. Über schrofendurchsetzte Grashänge kommt man in einem Bogen über ein paar Windungen in die Lahnerscharte. Der weglose und gelegentlich schuttige Gipfelhang zum westseitig aufragenden Lahnerkopf mit beeindruckender Schau heizt dem Wanderer nochmals ein.

Zurück zur Lahnerscharte. Von dort erreicht man auf einem schmalen Steig über gerölldurchsetzte Grashänge ohne große Anstrengung den Kastenkopf.

Der Rückweg folgt der Aufstiegsroute.

Gaishorn, 2247 m, Rauhhorn, 2241 m und Kugelhorn, 2126 m

Gipfelsammlung über dem Vilsalpsee

Ausgangspunkt: Tannheim, Vilsalpsee, Parkplatz, 1168 m
Höhenunterschied: 1100 m zum Gaishorn; rund 1450 m mit Rauhhorn und Kugelhorn
Gehzeit: Aufstieg 3 Std., Abstieg 3 Std., gesamt 6 Std.
Charakter: sehr lohnende Bergwanderung, die sich mit Rauh- und Kugelhorn zu einer sehr strammen Bergtour ausweiten lässt; für das Rauhhorn sind Trittsicherheit und Schwindelfreiheit zwingende Voraussetzung (II); auch der Abstieg am Rauhhorn-Südgrat ist relativ anspruchsvoll; im Frühsommer auf der Westseite des Gaishorns steile, bei Vereisung gefährliche Schneefelder; der Abstieg zum Vilsalpsee ist auf weite Strecken, vor allem bei feuchtem Wetter, unangenehm glitschig
Einkehr: am Ausgangspunkt
Karte: KOMPASS WK 4

Das Gaishorn (auch Geißhorn genannt) zählt zu den höheren Berggestalten am Vilsalpsee. An schönen Tagen ist es sehr begehrt. Und, was Bergwanderer kaum für möglich halten, es ist sogar ein Skitourengipfel für mutige Brettlartisten, die sich durch das steile, felsdurchsetzte Nordkar hinauf- und hinuntertrauen.

Die Tour beginnt beim Wirtshaus am Vilsalpsee. Von dort steigt man über die Weltlingalpe nach Westen und kommt bald in schütteren Wald hinein. Weit unter der Oberen Roßalpe endet der Wald und man geht einen

Am Vilsalpsee

verbauten, tiefen Bachgraben durch Buschwerk entlang. Neben einer Bachverbauung nach rechts über den Wasserlauf und unter dem Roßberg ein Stück nach Norden, im weiteren Verlauf nach Nordwesten bergan bis zu den freien Wiesenhängen der Oberen Roßalpe. Auf der Höhe von 1685 m an der Alphütte vorbei und über die weiten Wiesen zwischen Latschenfeldern zur Feldalpe hinauf. Über ihre Hänge nach Westen weiter und auf den breiten Rücken zwischen Schnurschrofen und Gaishorn. Dem Bergrücken folgend etwas nach links und im Wesentlichen gegen Süden, bis sich der Rücken zu einem schmalen Grat verjüngt. Nun in die wilden Westhänge des Gaishorns hinein.

Der Anstieg wird steiler, das Gelände immer felsiger. Schließlich sind ein paar wilde Reißen zu queren, der Berg wird noch steiler, bis schließlich der Gipfelgrat erreicht ist. Auf ihm nach links abbiegen und das letzte Stück gegen Osten bequem zum Kreuz hinauf.

Der Rückweg führt vom Gipfel erst einmal nach Westen, dann ein wenig nach links und unter dem Punkt 2212 m in das Geißeckjoch. Wer schnell wieder ins Tal will, biegt dort nach links ab, steigt gegen Osten zur Vilsalpe hinab und geht am See entlang zum Ausgangspunkt zurück. Für Konditionsstarke gibt es eine Abstiegsvariante. Dafür den Markierungszeichen nach Süden folgend durch einen kurzen, aber pfiffigen Kamin hinauf und das letzte Stück sehr ausgesetzt am Drahtseil zum scharfgeschnittenen Rauhhorn. Vom Rauhhorn in langer, aber leichter Kletterei in den Sattel zwischen Rauhhorn und Kugelhorn. Wer noch nicht genug hat, kann von diesem Sattel in etwa einer halben Stunde noch das Kugelhorn „mitnehmen" und wieder zum Sattel zurückkehren. Von dort auf dem Jubiläumsweg durch die Hintere Schafwanne zur Vorderen Schafwanne und gegen Osten zum Vilsalpsee zurück.

Lachenspitze, 2126 m

Drei Seen und vier anspruchsvolle Gipfel im Naturschutzgebiet Vilsalpsee

Ausgangspunkt: Tannheim, Vilsalpsee, Parkplatz, 1168 m
Höhenunterschied: 1400 m
Gehzeit: Aufstieg 3½ Std., Abstieg 3 Std., gesamt 6½ Std.
Charakter: im Prinzip eine nicht schwierige Bergtour, doch der Übergang von der Lachenspitze ins Östliche Lachenjoch verlangt eine gehörige Portion an Trittsicherheit und Schwindelfreiheit (II)
Einkehr: Gasthaus am Vilsalpsee, Untere Traualpe, Obere Traualpe, Landsberger Hütte, Gappenfeldalpe
Karte: KOMPASS WK 4

Die Berge rund um den Vilsalpsee sind für alle Arten des alpinen Vergnügens wie geschaffen. Die hier vorgestellte Tour gehört allerdings zu den großen Unternehmungen in diesem schönen Alpenteil, weil gleich vier Gipfel, die Rote Spitze, 2130 m, die Steinkarspitze, 2067 m, die Lachenspitze, 2126 m, und die Schochenspitze, 2069 m, erreicht werden können. Belohnt wird man mit tiefgreifenden Landschaftserlebnissen und herrlichen Ausblicken.

Vom Parkplatz auf dem Fahrweg am öst-

Auf der Schochenspitze

lichen Seeufer, bis nach links der markierte Wanderweg abzweigt, der den Bach entlang durch den Wald und auf einem steilen Felsenhang in vielen Kehren zur Staumauer des Traualpsees ansteigt. Am See nach Süden weiter und in einen felsigen Aufschwung. Besonders Vorsichtige finden dort Halt an einer Eisenkette. Oberhalb der grünen Lache biegt man nach rechts ab und stößt zur Landsberger Hütte.

Nach der Einkehr gegen Westen unter den Gratausläufern der Roten Spitze in das Kastenjoch. Von diesem Sattel könnte man (muss aber nicht) in einer knappen halben Stunde nach rechts auf die Rote Spitze gehen. Nun aus dem Kastenjoch nach links und über einen Gratrücken auf den wilden Gipfelfelsen der Steinkarspitze zu. Der Steig wendet sich etwas nach rechts und man geht von Nordwesten steil, aber unschwierig zum Gipfelkreuz der Steinkarspitze.Von der Steinkarspitze steil nach Osten hinab oder erst gegen Süden am Grat-rücken und dann nach links und über steile Wiesen zum Grat, der in das Steinkarjoch führt. Ein guter Steig verläuft nun fast eben, später dann ziemlich steil in vielen Kehren zum Gipfelkreuz der Lachenspitze hinauf. Der Abstiegsweg fällt am Anfang vom Gipfel steil und sehr ausgesetzt nach Nordosten hinab. Den Markierungszeichen folgend etwas südöstlich des Grates in das Östliche Lachenjoch. Von dort über weite Wiesenhänge steil zur Schochenspitze hinauf. Auch dieser Grasgipfel wird überschritten, indem man nach Norden zum Saalfelder Höhenweg absteigt. Man kommt in den Schochensattel, von dort ein paar Meter sehr steil hinab (Seilsicherung) und zur Jausenstation Gappenfeldalpe weiter. Dort nach links abbiegen und gegen Nordwesten über den Gappenfeldbach auf einem Fahrweg zur Autostraße. Neben ihr geht man auf einem Wanderweg bequem bis zum Ausgangspunkt am Vilsalpsee zurück.

95

Leilachspitze, 2274 m

Stille Tour durch das Birkental

Ausgangspunkt: Nesselwängle-Rauth, Parkmöglichkeit am Eingang ins Birkental, 1140 m
Höhenunterschied: 1150 m
Gehzeit: Aufstieg 4½ Std., Abstieg 3 Std., gesamt 7½ Std.
Charakter: stille, aber anspruchsvolle Bergwanderung auf einen wenig bekannten Aussichtsgipfel; das sehr brüchige Gestein fordert vor allem am Gipfelgrat große Vorsicht; absolute Schwindelfreiheit und Trittsicherheit sind deshalb auf der beschriebenen Aufstiegsroute zwingende Voraussetzung; der lange Weg durch das Birkental verlangt Ausdauer, gewährt zum Ausgleich aber großartige Landschaftsbilder
Einkehr: in Rauth
Karte: KOMPASS WK 4

Schon aus der Ferne sticht die scharf geschnittene Leilachspitze ins Auge. Sie liegt inmitten einer bizarren Gebirgslandschaft, die von ihren Formationen her ohne Weiteres in die Dolomiten passen würde. Der Aufstieg führt auf markiertem Weg weit über dem Grund des wilden Birkentals taleinwärts und quert nach 1½ Stunden an der Höflishütte den Weißenbach nach links.

Gipfelrast auf der Leilachspitze

Nun gegen Südosten, später Osten bis kurz unter die Kienbichlhütte bergauf. Dort zweigt der Pfad scharf nach rechts, nach Westen, ab und steigt gemütlich an. Bei 1700 m Höhe an verfallenen Alphütten vorbei. Weiter oben, im Weißenbacher Notländer Kar, nach rechts und gegen Westen zum felsigen Gipfelaufbau. Jetzt neben einer Schuttreiße sehr steil zum Gipfelgrat hinauf. Auf dem Gipfelgrat luftig nach Süden bis zum höchsten Punkt.

Der Abstieg verläuft entlang der Aufstiegsroute oder vom Gipfel nach Südwesten knapp an den Krottenköpfen (2180 m und 2087 m) vorbei, in weitem Bogen gegen Norden, unter der Lachenspitze über das Gappenfelder Notländ, zum Östlichen Lachenjoch und an der Verzweigung nach rechts durch das Birkental zur Höflishütte. Von dort auf dem Anstiegsweg bis Rauth hinaus.

Tipp

Auf einer deutlich kürzeren Route als der hier vorgestellten Wanderung kann die Leilachspitze auch von der Westseite bestiegen werden. Dieser Weg führt vom Vilsalpsee über die Landsberger Hütte herauf.

Schänzlekopf, 2070 m und Schänzlespitze, 2052 m

Mit dem Mountainbike von Forchach durch das Schwarzwassertal

Ausgangspunkt: Forchach, Sportzentrum, Parkplatz, 910 m
Höhenunterschied: 1200 m
Gehzeit: Aufstieg 4 Std., Abstieg 2¾ Std., gesamt 6¾ Std.
Charakter: lange Forststraßen, markierte Bergpfade, teilweise auch weglos; sehr lange und bis auf ein paar stramme Steiletappen (besonders am Ende der Bike-Strecke) sehr einfache Radauffahrt; der Anstieg zu den Gipfeln zieht sich enorm hin; am Schänzlekopf sind Trittsicherheit und Schwindelfreiheit zwingend; die Schänzlespitze ist deutlich einfacher
Einkehr: keine Möglichkeit
Karte: KOMPASS WK 24

Das lange Schwarzwassertal ist ein ideales Gebiet für Spaziergänger, die sich keinen Gipfelanstieg antun wollen. Vom hinteren Talgrund gibt es eindrucksvolle Ausblicke auf die markanten Berge nördlich des Hochvogels zu bestaunen. Wer auf einen Gipfel will, braucht ein Rad, sonst sind die gewaltigen Entfernungen nicht zu schaffen. Eine Übernachtungsmöglichkeit gibt es nicht.
Vom Freizeitzentrum dem Radwanderweg zum Lech folgen und in Richtung Weißenbach durch die Lechauen dahin. Bald nach links, auf einer Hängebrücke über den Lech und durch den Radsperrboden (Radfahren erlaubt!). Oberhalb der Brücke auf asphaltiertem Radweg gegen Süden und über den Schwarzwasserbach. Gleich dahinter nach

Herbst im Schwarzwassertal

rechts abbiegen und in mäßiger Steigung dem Schwarzwassertalweg folgen. Anschließend auf der elend langen Fahrstraße gegen Westen durch das Schwarzwassertal, an Neunerskreuz, Eiblesbrücke und Unterer Lichtalpe vorbei bis zum Ende des Fahrwegs bei der Fuchswaldhütte nach gut 14 km. Dort das Fahrrad abstellen.

Auf schmalem Bergweg durch Buschwerk gegen Südwesten zur Oberen Lichtalpe und zunächst in der gleichen Richtung weiter. Nach einem Rechtsknick wieder gegen Südwesten hinauf und dabei auf einem teilweise schlecht erkennbaren Pfad - über längere Etappen sogar weglos - weiter bis zum markierten Querweg unter der Kesselspitze. Auf ihm nach rechts, an der kleinen Bergwachthütte vorbei und um den Gratausläufer der Lärchwand herum. Dann auf schmalem Pfad enorm steil abfallende Hänge queren (Drahtseil), kurz durch Bachgräben und schließlich zum Notlendsattel. Dort ein wenig rechts und im Buschwerk an steilen Hängen entlang, mehrmals durch Geröllreissen und auf einen Gratausläufer. Auf ihm nach links und zur Wegverzweigung. Auch dort nach links und zum Schänzle hinauf. Nun entweder nach rechts über die freien Wiesenhänge auf Wegspuren zur Schänzlespitze oder nach links und in Richtung Schänzlekopf aufsteigen. Dorthin über steiles Geröll auf Trittspuren zu einer Rippe. Auf ihr nach rechts über Geröll bis zu einer steilen Rinne. Durch sie nun geradewegs weiter und über Schrofen zum Gipfel hinaufkraxeln.

Bis zur Notländ steigt man in jedem Fall entlang der Aufstiegsroute ab. Dort bietet sich eine Abkürzung über einen Schäfersteig an, der unterhalb der Aufstiegsroute steile Grashänge querend zur Oberen Lichtalpe führt. Von dort entlang der Aufstiegsroute zum Fahrraddepot und mit dem Rad durch das Schwarzwassertal und das Lechtal zum Ausgangspunkt zurück.

Grubachspitze, 2100 m

Spannende Tour im Südosten der Allgäuer Alpen

Ausgangspunkt: Vorderhornbach, Parkmöglichkeit beim Friedhof, 1030 m
Höhenunterschied: 1070 m
Gehzeit: Aufstieg 3 Std., Abstieg 2 Std., gesamt 5 Std.
Charakter: interessante, steile Bergtour, die einwandfreie Kondition voraussetzt; wegen der steil abfallenden Hänge ist an einigen Stellen Schwindelfreiheit erforderlich
Einkehr: in Vorderhornbach
Karte: KOMPASS WK 24

Als kurze und gemütliche Angelegenheit kann man die Bergtour zur Grubachspitze wahrlich nicht bezeichnen. Die Route ist anstrengend, und wer nicht früh am Tag aufbricht, muss in den steilen Osthängen eventuell mit der Hitze kämpfen. Dafür ist die Tour recht schön – vor allem im Frühsommer, wenn sich die Blütenpracht in den lichten Wäldern voll entwickelt hat. Die

Ausblick auf das ursprüngliche Lechtal beim Anstieg zur Grubachspitze

Gipfelaussicht, besonders hinüber zur wilden Stallkarspitze und zur Haldenspitze ist auch nicht zu verachten.

Auf einem Fahrweg vom westlichen Ortsrand Vorderhornbachs nach Norden in lichten Wald hinein und nach etwa 10 Minuten Anstiegszeit, kurz vor Spiesemühl, den Markierungszeichen nach links folgen. An einigen Quellfassungen vorbei, noch einmal den Fahrweg queren und relativ steil durch den Wald nach Nordosten zur Waldlichtung am Brennboden aufsteigen. Bei der ersten Abzweigung auf 1203 m geradeaus. Etwas dahinter knickt der Anstiegsweg links ab und quert den obersten Lauf des Hochstattbachs, ehe er im Tannenwald nahe an die tiefe Schlucht des Wiesbachs herankommt. In einem weiten Bogen wendet sich der Steig nach Nordwesten und gabelt sich wieder.

Der direkte Anstieg zur Grubachspitze dreht an beschilderter Stelle nach links ab und steigt auf steilen Schuttreissen nach Südwesten an, verläuft im Latschengebüsch zu einem Rücken und im Felsgelände zum Gipfel.

Zurück geht man normalerweise entlang der Aufstiegsroute. Man könnte am Ende des felsigen Gipfelgrats jedoch auch nach links in das Hornbachkar abbiegen und in das flache Kar hinausgehen, bis am oberen Ende des Wiesbachgrabens wieder der Aufstiegsweg erreicht wird.

Dieser Abstiegsweg gewährt zwar recht schöne Blicke zum Gipfelgrat, ist aber stellenweise schwer zu finden.

Hochvogel, 2593 m
Am Bäumenheimer Weg

Ausgangspunkt: Hinterhornbach, Gasthaus Adler, Parkmöglichkeit, 1139 m
Höhenunterschied: 1700 m
Gehzeit: Aufstieg 5½ Std., Abstieg 3½ Std., gesamt 9 Std.
Charakter: anstrengende Bergwanderung, die (besonders bei der Abstiegsvariante durch das Fuchskar) eine Top-Kondition verlangt; auf dem Bäumenheimer Weg sind Trittsicherheit und Schwindelfreiheit zwingende Voraussetzung, dort gibt es bis weit in den Sommer hinein ein steiles Schneefeld, das man queren muss (u. U. Leichtsteigeisen anlegen!)
Einkehr: Gasthaus Adler am Ausgangspunkt
Karte: KOMPASS WK 3

Der Hochvogel, eine scharf geschnittene Berggestalt, überragt seine Nachbargipfel deutlich. Deshalb zeigt er sich als dunkler Felsenklotz weit über die Allgäuer Alpen hinaus. So ein markantes Gipfelziel wird gern und oft bestiegen. Es gibt mehrere Zustiege, und nordwestlich des Gipfels findet sich im Prinz-Luitpold-Haus auch ein beliebtes Unter-

0 500 m
KOMPASS

Blick von der Schwabegghütte zum Hochvogel

kunftshaus. Der hier vorgestellte Anstieg auf dem Bäumenheimer Weg zählt zu den anspruchsvolleren, ist von konditionsstarken Bergsteigern dafür aber an nur einem Tag zu schaffen. Prächtig ist die Landschaft, großartig die Blumenwelt.

Von Hinterhornbach auf markiertem Weg in den Wald hinein, bald über eine herrliche Blumenwiese, mehrmals die Forststraße querend steil hinauf und wieder in den Wald, der sich bei der Schwabegghütte lichtet. Durch Krummholzgebüsch steil nach Norden zu einem weiten Höhenrücken (Mute). Dort verzweigt sich die Route. Nach links abbiegen, auf dem Bäumenheimer Weg das Roßkar queren und unter dem felsigen Gipfelmassiv des Hochvogels in weitem Linksbogen dahin. Die Route dreht nach rechts ab, wird felsig und sehr steil. Mit Hilfe von Sicherungen in leichter Kletterei der Markierung nach Norden bis zum Gipfel folgen.

Beim Abstieg entweder der Aufstiegsroute folgen oder vom Gipfel nach Nordwesten hinab, an der Kreuzspitze vorbei und nach rechts abbiegend über steile Altschnee- bzw. Geröllfelder ins Fuchskar hinunter. Nach Osten weiter und wieder aufsteigend in den Fuchsensattel, 2039 m. Von ihm nach Süden ein wenig bergab ins Kuhkar und bis zum Punkt 1975 m wieder hinauf. Dort trifft man zur Anstiegsroute und folgt ihr zum Ausgangspunkt zurück.

Holzgauer Muttekopf, 2431 m

Panoramatour auf aussichtsreichen Sonnenhängen

Ausgangspunkt: Holzgau im Lechtal, Parkplatz, 1114 m
Höhenunterschied: 1320 m
Gehzeit: Aufstieg 3½ Std., Abstieg 2½ Std., gesamt 6 Std.
Charakter: einmalig schöne, sonnige Wanderung über herrliche Blumenwiesen; bis zur Vorderen Mutte sehr steil; streckenweise auf schmalen Wegen auf fast senkrecht abbrechenden Graten, daher Trittsicherheit und Schwindelfreiheit erforderlich; im Hochsommer auf den Südhängen mitunter sehr heiß
Einkehrmöglichkeit: in Holzgau
Karte: KOMPASS WK 24

Südlich der markanten Mädelegabel findet sich im Muttekopf ein lohnendes Wanderziel, von dessen höchstem Punkt eine großartige Aussicht zu oben genanntem Berg mit allen seinen Trabanten, zum Hohen Licht, zur Krottenkopfgruppe und nach Süden in die Lechtaler Al-

Frühlingserwachen am Holzgauer Muttekopf

pen, möglich ist. Die herrliche Blumenwelt und die Kinderstube der Murmeltiere, an dessen Rand die Route verläuft, garantieren, dass auf dieser schönen Wanderung keine Minute Langeweile aufkommen kann.

Hinter der Kirche im schmucken Lechtaler Dorf Holzgau beginnt ein Fahrweg, dem man, bei der Abzweigung nach rechts, bis zur beschilderten Wegverzweigung folgt. Über die schönen Gföllwiesen in ausholenden Kehren hinauf, auf dem markierten Pfad in den Wald hinein und steil nach Norden hinauf. Unter dem Gumpegg biegt auf der Höhe von rund 1500 m die Spur links ab. Steiler werdend führt sie durch eine Waldlichtung, später auf freien Wiesen gegen Westen über das Gumpegg, 1747 m. Schließlich über einen sehr scharfen Höhenrücken zur Vorderen Mutte. Dort flacht das Gelände etwas ab.

Nun folgt man den Markierungszeichen über wilden Felsabbrüchen zur Hinteren Mutte. Von ihr entweder geradewegs zum Gipfel hinauf oder sich anfangs etwas rechts haltend, später wieder westwärts, in den Sattel östlich des Gipfels. Von diesem Sattel dem schmalen Gratverlauf folgen, der in das Schochental enorm steil abbricht. Der Abstieg verläuft entlang der Aufstiegsroute.

Rohnenspitze, 1990 m

Gipfelrundkurs hoch über Tannheim

Ausgangspunkt: Tannheim-Bichl, Parkplatz am westlichen Ortsrand von Tannheim, 1095 m
Höhenunterschied: 950 m
Gehzeit: Aufstieg 3 Std., Abstieg 2 Std., gesamt 5 Std.
Charakter: Gipfelanstieg etwas luftig und felsig, deshalb Trittsicherheit und Schwindelfreiheit erforderlich; ein kurzes Stück am Drahtseil; Abstieg technisch leichter, aber längere Zeit über losen Schotter, daher Vorsicht nötig
Einkehr: Älpele
Karte: KOMPASS WK 4

Südwestlich des beliebten Ferienortes Tannheim steigt das Älpelestal an, aus dem sich gleich mehrere interessante Gipfel besteigen lassen. Zu den schöneren in dieser Riege gehört die Rohnenspitze, die zusammen mit dem Zirleseck in einer pfundigen Rundtour überschritten werden kann. Die gesamte Wegstrecke ist von großartiger Landschaft geprägt.

Vom Parkplatz fast eben nach Westen zu einem Fahrweg. Auf ihm weiter und bei der Verzweigung nach links ins Älpelestal. Schon bald kann man den monotonen Fahrweg verlassen und einem Bergpfad folgen, der in der Nähe der Straße über dem Älpelebach ansteigt. Dabei kommt man mehrmals kurz zur Straße, doch meistens ist sie nur zu queren. Schließlich wird unter der Jausenstation Älpele ein Kreuz erreicht und gleich darauf die Wirtschaft. Von ihr auf einer Fahrspur, die sich bald zu einem

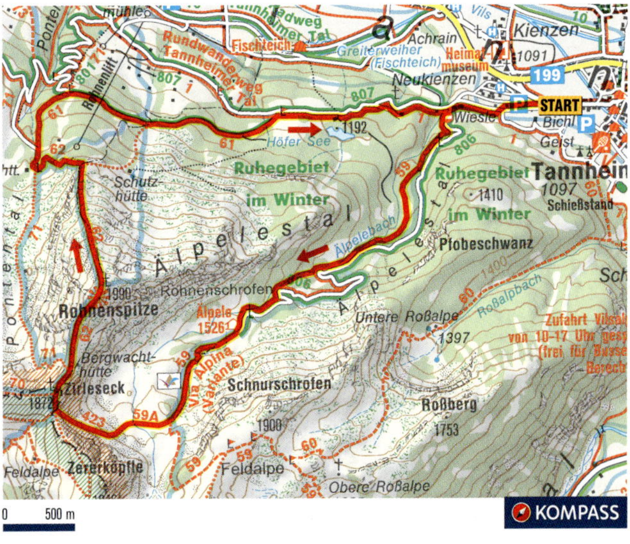

Auf dem felsigen Gipfelgrat der Rohnenspitze

Bergweg verjüngt, weiter talein. Noch ein längeres Stück auf der Route in Richtung Gaishorn weiter, bei der Verzweigung auf etwa 1665 m Höhe nach rechts abbiegen. Auf einem schmalen Bergpfad etwa 30 Höhenmeter abwärts und dann die steile Flanke unter dem Zerrerköpfle querend durch die Kelle gegen Westen zu einem breiten Gratsattel hinauf. Dort sich rechts halten und über einen Rücken zum Zirleseck, 1872 m, hinauf.

Dort verzweigen sich die Wege. Nach links ginge es zu Ponten und B'schießer. Der Anstieg zur Rohnenspitze führt nach rechts weiter. Anfangs über den Gratrücken nach Norden, unmittelbar vor der kleinen Bergwachthütte aber nach links um einen Felsenaufschwung herum. Gleich dahinter schwenkt die Route nach rechts und steigt durch eine steile Felsenrinne (Drahtseilsicherung) zur Grathöhe an. Nun im Wesentlichen auf der Gratschneide, mal über grobe Felsen, dann wieder über breite Wiesen und durch Latschengebüsch in ständigem Auf und Ab mühsam zum höchsten Punkt hinauf. Das Kreuz steht ein wenig nördlich des Gipfels, denn nur von dort sieht man es vom Tal aus.

Vom Gipfel auf einem Bergweg mit großartigen Talblicken vorsichtig steil durch Geröll rund 200 Höhenmeter hinunter. Im weiteren Verlauf geht es ins Latschenbuschwerk und schließlich in den Wald hinein.

Allmählich dreht das Weglein etwas nach links ab und vereint sich mit dem Weg, der durch das Pontental ansteigt. Kurz durch den Wald hinab und zu einem Fahrweg. Auf ihm nach links und dann wieder nach Norden auf einem Bergweg durch den Wald hinunter. In weitem Bogen nach rechts und auf freien Hängen zu einer Fahrrampe. Schließlich auf einem Sträßchen abwechselnd über schöne Wiesen und durch lichten Wald immer nach Osten hinaus, bis bei Wiesle der Aufstiegsweg erreicht ist. Auf ihm zum Ausgangspunkt zurück.

Einstein, 1866 m

Einsamer Nordanstieg zu einem berühmten Gipfel

Ausgangspunkt: Engetal, Straße Pfronten - Grän, Bushaltestelle „Deutsch-österreichische Grenze“, Parkplatz, 1010 m
Höhenunterschied: 861 m
Gehzeit: Aufstieg 2¼ Std., Abstieg 1¾ Std., gesamt 4 Std.
Charakter: markierte Wege, teilweise felsiges Gelände und mit Drahtseilen gesichert; ab dem Forsthaus Einsteinhaus landschaftlich schöne Tour mit umfassendem Gipfelblick; geeignet für schneidige Kinder ab 10 Jahren (die kleineren bitte an den exponierten Stellen ans Seil nehmen!)
Einkehr: keine
Karte: KOMPASS WK 4

Der Einstein hat nichts mit seinem berühmten Namensvetter zu tun. Er ist ein großartiges, viel besuchtes und schnell zu erreichendes Gipfelziel in den Tannheimer Bergen. Meistens wird dieser prächtige Berg von Süden, also aus dem Tannheimer Tal besteigen. Hier ist die deutlich ruhigere Route beschrieben, die im Engetal beginnt und über die stillen, wesentlich kühleren Nordhänge hinauf- und hinunterführt. Das ist gerade recht für heiße Sommertage.

Von der Bushaltestelle kurz nach Westen und dann nach links, gegen Süden über eine

Wiese zum Waldrand hinüber und sehr stramm bergauf. Bald durch Waldlichtungen in weit ausholenden, später in engen Kehren zur breiten Forststraße. Dort ca. 150 m weit nach rechts dem Fahrweg folgen und nach links auf eine weitere Straße abzweigen. Durch zwei Serpentinen und in einem ebenen Straßenstück an beschilderter Stelle nach links auf eine Fahrspur. Sie schnürt sich zu einem Bergpfad zusammen, führt in den Wald hinein und stößt zur malerisch gelegenen Jagdhütte Einsteinhaus. An der Hütte links vorbei und auf die steilen Berghänge unter dem Gipfelkamm zu. In Kehren durch die Flanke hinauf und dann nach links über den Hang zu einem Felsendurchschlupf. Mutig über eine kurze, relativ glatte und haltlose Felsenplatte. Gleich darauf wird es wieder einfacher.

Zu einem Rücken hinauf, über ihn steil nach rechts und das letzte Stück forsch zur Grathöhe hinauf. Auf der Schneide nach rechts, über sie etwas auf und ab zur Wegverzweigung und auf einem guten Weg die letzten Meter wieder über Felsen zum Gipfelkreuz hinauf.

Der Rückweg verläuft entlang der Aufstiegsroute.

Herrliches Wandergelände von der Jagdhütte Einsteinhaus zum Gipfel

Aggenstein, 1985 m

Zum meistbesuchten Gipfel der Tannheimer Gruppe

Ausgangspunkt: Pfronten-Fallmühle, Parkplatz, 928 m
Höhenunterschied: 1240 m
Gehzeit: Aufstieg 4 Std., Abstieg 3 Std., gesamt 7 Std.
Charakter: als Tagestour sehr lang und anstrengend; der klettersteigartig ausgebaute Gipfelanstieg zum Aggenstein verlangt Trittsicherheit und Schwindelfreiheit; Steinschlaggefahr durch weiter oben Gehende; Rest der Route lang, streckenweise steil, aber nicht schwierig
Einkehr: Ostlerhütte auf dem Gipfel des Breitenbergs, Gasthof Fallmühle
Karte: KOMPASS WK 4

Auf dem scharf geschnittenen Aggenstein-Gipfel

Wie ein wilder Zahn ragt der Aggenstein in den Himmel der Tannheimer Berge. Wer aus dem Engetal zu dieser markanten Berggestalt aufblickt, mag kaum glauben, dass sie für den ambitionierten Bergwanderer relativ problemlos zu erreichen ist. Und wer es noch einfacher mag, kann von Pfronten mit der Seilbahn hinauffahren

Der markante Zahn des Aggensteins

und hat dann nur noch eine gute Stunde zum Gipfel. Von Fallmühle auf dem Fahrweg nach Südwesten und gleich hinter der Brücke über die Steinacher Achen nach links auf einen steilen Fahrweg. Auf ihm aus dem Wald hinaus und zur Autostraße, wo es auch eine kleine Parkmöglichkeit gibt. Dort nach links und am Fahrbahnrand knapp 100 m weiter, bis nach rechts ein asphaltiertes Sträßchen in den Wald abzweigt. Auf ihm bis zum markierten Weg in Richtung Breitenberg. Diesem Weg folgen, weiter oben noch einmal ein paar Meter auf dem Sträßchen und dann wieder nach links zum Bergweg.
Im Wald lange stramm nach Süden hinauf, auf etwa 1500 m Höhe rechts ab und über einen Waldrücken weiter. Überwiegend rechts der Grathöhe dahin, bis die Ostlerhütte und das Gipfelkreuz auf dem Breitenberg erreicht sind.
Vom Unterkunftshaus auf dem breiten, steilen Schotterweg zunächst nach Osten, dann gegen Südosten zur Bergstation des Skilifts hinab und gegen Süden in den Sattel zwischen Breitenberg und Aggenstein. Nun zum Gratausläufer nördlich des Aggensteingipfels und über ihn in die Lange Rinne hinein. In unzähligen Kehren steil auf dem stellenweise mit Drahtseil gesicherten Steig stramm zur Scharte östlich des Aggensteingipfels hinauf. Dort nach rechts schwenken und auf den kurzen, aber zackigen Gipfelsteig zu. Mit Hilfe von Eisenketten über die schräge Felsenflanke luftig von Süden her zum zweigeteilten Gipfel hinauf.
Der Rückweg verläuft auf der Anstiegsroute.

Obere Strindenalp, 1682 m und Haldensee

Beschaulich vom Berg ins Tal

Ausgangspunkt: Tannheim, Bushaltestelle am Kreisverkehr im östlichen Ortsteil, Parkplatz an der Vogelhornbahn, 1100 m
Höhenunterschied: 820 m
Gehzeit: Obere Strindenalp ¾ Std., Haldensee 1¾ Std., Rückweg 1 Std.; gesamt 3½ Std.
Charakter: außer dem problemlosen, gesicherten Steilaufschwung am Neunerköpfle keine Aufstiege; gut beschilderte Wege
Einkehr: Obere Strindenalp, Edenbachalp, in Haldensee (kleiner Abstecher)
Karte: KOMPASS WK 4

Diese unbeschwerte Rundtour mit Aufstiegshilfe erschließt das beliebte Bergreich über dem zentralen Tannheimer Tal. Die Gondel der Vogelhornbahn fährt schnell von Tannheim zur Bergstation (in der

Nähe die Gundhütte). Ein Steig leitet in Kürze über einen drahtseilgesicherten Steilaufschwung zum grünen Neunerköpfle mit ausgezeichnetem Rundblick. Nach unbedeutendem Pfadabstieg zu einem Sattel quert man den licht bewaldeten Westhang des Vogelhorns und gelangt über einen sanft fallenden Graskamm, die Sulzspitze vor Augen, zu einem weiteren Sattel hinunter. In zwei Schleifen über ein Weidegebiet zur Oberen Strindenalpe. Jenseits des hintersten Strindentals baut sich das gegliederte Massiv des Litnisschrofens mit seinen öden Schuttkaren auf.

Serpentinen schlängeln sich nach einem Flachstück in den idyllischen Talschluss. Am unteren Rand der Krummholzzone über den Strindenbach, an der Unteren Strindenalp vorbei und über weitere Alpweiden. Unterhalb der Edenbachalpe nochmals das Bachufer wechseln. Über dem tief unten rauschenden Wildbach verengt sich das Hochtal. Nach einem in den Fels gesprengten Wegstück warten reizvolle Ausblicke in die nahe Südwand der Roten Flüh sowie zum spitzen Aggenstein. Eine Schleife führt ins Tannheimer Tal zurück und hinter der Strindenbachbrücke in einem kleinen Abstecher zum Haldensee.

Zurück an der Brücke auf einem zu Beginn asphaltierten Wirtschaftsweg in Richtung Tannheim. Am Ortsanfang von Haldensee folgt man dem aussichtsreichen und bequemen Rundwanderweg (auch Wiesenweg genannt). Zuerst in der Talsohle, dann etwas oberhalb davon, gelangt man wieder nach Tannheim.

Tannheimer Kletterwand

Im Gebäude des Tourismusverbandes Tannheimer Tal können Anfänger und Kinder an einer modernen, pfiffigen Kletterwand ihren Mut unter Beweis stellen. Bergrettung und Bergwacht haben in der mehr als 10 m hohen Kletteranlage mit einer vertikalen bis stark überhängenden, 130 Quadratmeter großen Aktionsfläche 25 spannende Routen unterschiedlicher Schwierigkeitsgrade eingerichtet. Komplette Ausrüstung vorhanden. Die ganz Kleinen können während der elterlichen Schwerkraftverleugnung in derselben Halle den kostenlosen Kindergarten mit Spielplatz testen.

Öffnungszeiten: Montag bis Freitag 8-17 Uhr. Anmeldung bei der Tourismusinfo Tannheim, Tel. +43(5675)62200

Schwanenfamilie am Haldensee

Litnisschrofen, 2068 m

Kalkburg zwischen Strindental und Birkental

Ausgangspunkt: Nesselwängle, Bushaltestelle beim Liftparkplatz Krinnenalp (Parkplatz), 1130 m
Höhenunterschied: 930 m
Gehzeit: Gräner Ödenalp 2½ Std., Litnisschrofen 1 Std., Abstieg 2¾ Std.; gesamt 6¼ Std.
Charakter: für den gesicherten Gipfel mit einfacher Kletterei (I) in festem Fels sind Trittsicherheit und Übung erforderlich; gut bezeichnete Wege
Einkehr: Nesselwängler Ödenalp, Gräner Ödenalp, Krinnenalp
Karte: KOMPASS WK 4

Sommerliche Bergblumenpracht

Am westlichen Ortsrand von Nesselwängle beginnt der weitgehend einfache Weg zu diesem stillen Zweitausender. Der Markierung zur Edenalpe folgend auf einen Alpweg, der durch eine Waldweide ansteigt. Auf der anderen Talseite imponiert die leuchtende Südwand der Roten Flüh. Hinter der Seilbahntrasse rücken auch die anderen Tannheimer Zinnen mit ihren scharfen Graten ins Blickfeld. Bei der Wegteilung beim Almbodenlift der Beschilderung des Forst-

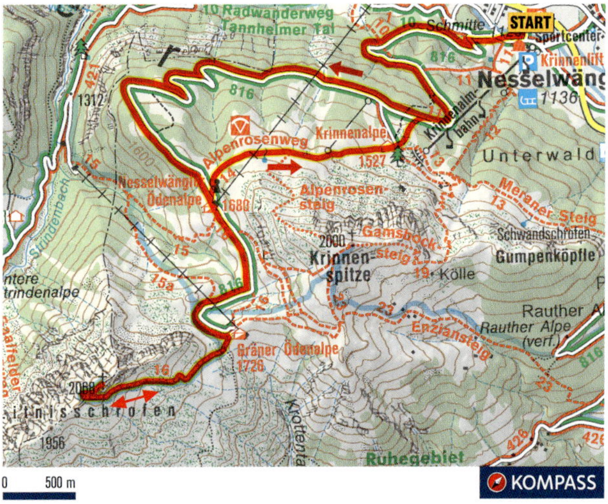

wegs zur Ödenalpe folgen. Nach kleinem Höhenverlust über dem Haldensee setzen noch ein paar Wegkehren an. Bald öffnet sich das Strindental mit dem Litnisschrofen-Ostgrat und der Sulzspitze. Wenig später trifft man bei der Nesselwängler Ödenalpe (auch Edenalpe) ein.

Nun flach in die Alpwanne unter den Ostabstürzen des gegliederten Litnischrofens. Eine letzte Kurve und man erreicht einen Sattel, von dem ein kaum nennenswerter Abstieg zur gut bewirtschafteten Gräner Ödenalpe leitet. Nach behaglicher Hüttenbrotzeit ein kleines Stück zurück und nach links auf den Steig zum Litnisschrofen. Über lichte Latschenhänge, von denen man hoch über dem Birkental einen herrlichen Ausblick in die Lechtaler Alpen gewinnt. Über Grasgelände und schmale Schuttströme südseitig um das Bergziel herum. Anschließend hat man die Wahl zwischen zwei jeweils mit Eisenketten gesicherten Gipfelrouten. Links eine unangenehm bröselige und abgeschabte Rinne mit schlechten Tritten, rechts der wesentlich schönere Weg in gut gestuftem Fels – eine zuverlässige Angelegenheit. Beide Möglichkeiten fordern leichte Kletterei (I) und Trittsicherheit. Das letzte Stück auf den Litnisschrofen auf dem obersten Westgrat.

Für den Rückweg von der Nesselwängler Ödenalp wählt man den Alpenrosenweg zur Krinnenalp, einen alten Bergweg, der über beweidete Hänge abfällt. Bald danach stößt man zum Aufstiegsweg und folgt ihm zurück nach Nesselwängle.

Der Anstieg zum Litnisschrofen führt durch ausgedehnte Krummholzbereiche.

Schartschrofen, 1968 m

Klettersteig-Turnerei mit Haldensee-Tiefblick

Ausgangspunkt: Nesselwängle-Haller, Bushaltestelle am westlichen Ortseingang, 1130 m; Parkplatz am östlichen Ortsrand
Höhenunterschied: 920 m
Gehzeit: Hallergernjoch 2 Std., Schartschrofen 1¼ Std., Abstieg 2 Std.; gesamt 5¼ Std.
Charakter: für den nicht ganz einfachen, ausgesetzten Friedberger Klettersteig (I+) in etwas brüchigem Fels sind Trittsicherheit, Schwindelfreiheit und alpine Erfahrung sowie die Benützung von Klettergurt und Steinschlaghelm Voraussetzung; längere steile Auf- und Abstiege; gute Pfade; nicht bei Nässe oder Gewitterneigung!
Einkehr: Berggasthaus Adlerhorst
Karte: KOMPASS WK 4

Der etwas umständliche Anstieg zum Eisenweg im Tannheimer Hauptkamm beginnt am westlichen Ortsrand von Haller. Man achtet bei der Kapelle im Dorf auf den Wegweiser zum Berggasthaus Adlerhorst, das auf dem sogenannten Waldweg erreicht wird. Von dort auf dem Wanderweg in Richtung Füssener Jöchl bis zur Kreuzung auf einer Anhöhe. Dort weiter auf einem Pfad in angenehmer Steigung durch Wald zu der Lichtung mit der Gessewangalpe. Das Gipfelpaar Rote Flüh und Gilmenkopf beherrschen die Blicke.

Ab der Einsattelung hinter einem Waldflecken über einen schmalen Rücken. Bei einer Gabelung auf den Steig in Richtung Schartschrofen. Dieser überwindet in einer Schleife den deutlich ansteigenden Latschenhang ins Hallergernjoch.

Nach einem Steilabstieg in Pfadkehren durch eine Grasmulde in Richtung Otto-Mayr-Hütte bei der Routenteilung über dem hintersten Raintal nach rechts abbiegen und die Ostabstürze des Schartschrofens umgehen. Auf

Kammeis

einem zuletzt in anstrengenden, abschüssigen Serpentinen einen unangenehmen Schutthang überlistenden Steig am Westgratansatz der Roten Flüh in die Gelbe Scharte. Dort beginnt nun der Respekt einflößend steile, rund 70 m hohe Friedberger Klettersteig (I+) mit einem etwa 200 m langen Drahtseil und einem begeisternden Tiefblick auf den Haldensee. Auf und etwas neben dem ausgesetzten Schrofengrat kraxelt man, stets auf brüchige Felsen achtend, zu einer reizvollen Rinne empor, die allerdings das Finale der kurzen „Via Ferrata" darstellt. Vom Schartschrofen über die Rasenpolster des Nordwestrückens, später zwischen Latschen ins Hallergernjoch hinunter, von wo man entlang der Aufstiegsroute bis Haller zurückgeht.

Hinter dem Hallergernjoch erhebt sich die Läuferspitze

Brentenjoch, 2001 m

Von Vils über Vilser Alpe und Vilser Jöchl

Ausgangspunkt: Vils-Angerwies, Wanderparkplatz Angerwies-Fall unter dem Steinbruch, 872 m
Höhenunterschied: 1135 m
Gehzeit: Aufstieg 3 Std., Abstieg 2 Std., gesamt 5 Std. (mit dem Mountainbike bis zur Vilser Alpe verringert sich die Abstiegszeit um etwa ½ Std., sh. Tour 107))
Charakter: einfache, aber sehr lohnende Bergwanderung mit der Option auf einen zweiten Gipfel (Roßberg, 1945 m); ab der Vilser Alpe sehr schöne Landschaft bis zum Gipfel
Einkehr: Vilser Alpe
Karte: KOMPASS WK 04

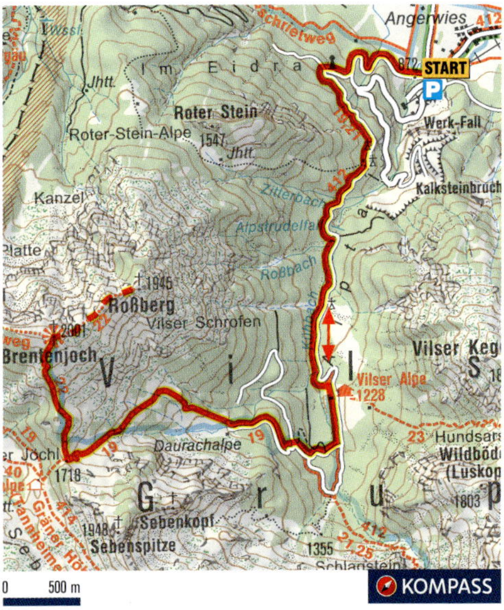

In der Tannheimer Gruppe finden sich interessante Wander- und Kletterberge, die regen Zuspruch finden. Viele sind sehr bekannt und überlaufen, wie der Aggenstein oder die Große Schlicke. Zu den etwas weniger besuchten Bergen gehört das Brentenjoch, das eine Aussichtswarte von hohem Rang darstellt.

Vom Parkplatz unterhalb des geologisch interessanten Kalksteinbruchs auf dem Fahrweg über den Kühbach und anfangs in ein paar Kehren gegen Westen. Später nach Süden die mäßig steile Straße hinauf, am Alpstrudelfall vorbei und zur Bergwirtschaft Vilser Alpe. Nach rund 250 m nach Süden zuerst nach rechts auf einen schmaleren Fahrweg, dann nach links auf einen breiten Bergweg, der zur Bad Kissinger Hütte führt. Hinter dem Bachgraben, wo sich der Anstiegsweg zu einem Sträßchen weitet, zweigt die Route nach links ab. Nun durch das lange, ansprechende Hochtal der Daurachalpe, bis sich der Pfad im freien Hang etwas aufschwingt und in das Vilser Jöchl mündet. Unmittelbar vor dem Vilser Jöchl nach

Gipfelblick vom Brentenjoch zum Roßberg

rechts abdrehen und dem Querweg nach Norden durch Krummholz und bisweilen über Felsen folgen.
Schon bald kommt man wieder in ein Jöchl. Von ihm auf dem Südrücken des Brentenjochs anfangs durch feinen Grieß und Latschenbuschwerk, weiter oben am freien Hang mäßig steil zum Gipfelkreuz hinauf.
Vom Gipfel kann man in einer halben Stunde auch noch zum Roßberg, 1945 m, in mehrmaligem Auf und Ab hinübergehen (Trittsicherheit und Schwindelfreiheit sind erforderlich!). Von dort muss man auf gleicher Route zum Brentenjoch zurück. Der Abstieg verläuft entlang der Aufstiegsroute.

Der Kalksteinbruch im Alptal

Vilser Kegel, 1831 m

bike & hike durchs Hundsarschjoch

Ausgangspunkt: Vils-Angerwies, Wanderparkplatz Angerwies-Fall, 872 m
Höhenunterschied: 950 m
Gehzeit: Aufstieg 2 Std., Abstieg 1 Std., gesamt 3 Std. (ohne Mountainbike etwa ½ Std. länger)
Charakter: leichte, nicht besonders steile Bike-Auffahrt; steiler Anstieg zum Hundsarschjoch, langer Gipfelanstieg über feinen Grieß; Trittsicherheit erforderlich; Übergang vom Kreuz zum Gipfel etwas ausgesetzt
Einkehr: Vilser Alpe
Karte: KOMPASS WK 4

Im Norden der Tannheimer Gruppe gibt es die relativ kleine Vilser Gruppe, in deren Mitte der Vilser Kegel steht. Er ist eine besonders schöne Aussichtswarte, denn das ganze Ostallgäu liegt ihm zu Füßen. Deshalb erhält der Berg auch viel Besuch.

Man radelt am Sperrschild vorbei. Anfangs steigt die Straße kaum an, schwingt sich aber nach 600 m Fahrstrecke deutlich auf. An der Verzweigung auf dem Hauptweg (rechts) bleiben und munter weiterstrampeln. Die Route führt durch die Kurve nach links an der Abzweigung vorbei, steigt zügig bergan und flacht beim Wegkreuz St. Peter spürbar ab. Von dort sieht man über das Tal zum geologisch interessanten Kalksteinbruch hinüber (Informationstafel).

Gleich darauf an der Holzerhütte vorbei und im weiteren Verlauf wieder etwas stärker bergan zum Alpstrudelfall. Das Wasser schießt schrägt aus einer Felsenrinne und hat im weichen Kalk skurrile Formen geschaffen.

Über dem Wasserfall quert die Straße den Kühbach, führt durch zwei Kehren und stößt zur Vilser Alpe, wo man gut einkehren kann. Dort Raddepot.

Nun auf dem Wanderweg gegen Osten über Wiesen und in lichten Wald hinein. Neben einer kleinen Jagdhütte leicht ansteigend, weiter oben im Latschenbuschwerk deutlich steiler zum Hundsarschjoch zwischen Luskopf und Vilser Kegel. Dort links ab und über den unbequemen Gratweg durch feinen Grieß. Oberhalb markanter Felsformationen steigt der Bergpfad stramm gegen Norden an, verlässt die Grathöhe nach rechts und schwingt sich zuletzt über eine steile Wiese zum Kreuz auf. Dort nach links und über den schmalen Grat in ein paar Minuten zum Steinmann am höchsten Punkt hinauf. Abstieg und Abfahrt verlaufen auf der Anstiegsroute.

Wer kein Rad mitgenommen hat, kann aus dem Hundsarschjoch nach Osten zur Hundsarschalpe absteigen und von dort durch das Karretal neben dem Hundsarschbach den weiten Weg nach Vils zurückgehen.

Der Vilser Kegel und das Hundsarschjoch

108

Große Schlicke, 2059 m

Mit dem Mountainbike durchs Raintal

Ausgangspunkt: Roßschläg, Gasthaus Bärenfalle, Parkplatz, 855 m
Höhenunterschied: 1230 m
Gehzeit: Aufstieg 3 Std., Abstieg 1¼ Std., gesamt 4¼ Std. (ohne Fahrradunterstützung etwa 1 - 1½ Std. länger)
Charakter: nur das erste und das letzte Stück der Bike-Auffahrt sind steil, die restlichen Etappen gemütlich; Gipfelanstieg über rund 500 Höhenmeter ist zwar steil, aber nicht schwierig
Einkehr: Otto-Mayr-Hütte und Füssener Hütte
Karte: KOMPASS WK 4

Wegen der Nähe zur Seilbahn von Grän zum Füssener Jöchl erhält die Große Schlicke sehr viel Besuch. Das Gedränge beschränkt sich jedoch auf die letzten 100 Höhenmeter unter dem Gipfel und den Gipfel selbst. Der Rest der Tour zu dem besonders aussichtsreichen Gipfel der Tannheimer Gruppe ist zwar auch nicht gerade einsam, aber nicht überlaufen.

Vom Parkplatz beim Wirtshaus Bärenfalle fährt man mit dem Bergradl auf dem Raintalweg in den Wald hinein, und nach 560 m Fahrstrecke wird es hinter der Absperrschranke steil. Sportlich zur Straßenverzweigung und bis km 2,15 steil weiter, dann flacht die Straße ab bis zum Sababach.

Dort nach rechts, über den Bach und zunächst in Kehren, dann lange geradeaus moderat ansteigend, zwischendurch sogar mehrmals leicht abfallend bis zur Jausenstation Musauer Alp.

Dort schwingt sich der Fahrweg wieder deutlich auf und steigt in einem langen, kraftraubenden Anstieg in Kehren zur Otto-Mayr-Hütte an und gleich darauf zur Füssener Hütte, wo man nach 9,5 km und einer Auffahrtszeit von 1¾ Std. das Rad abstellt. Der Gipfelan-

0 675 m

Die Große Schlicke

stieg führt an der kleinen Willi-Merkl-Hütte vorbei und bald in schütteren Wald hinein. An der Wegverzweigung nach rechts der deutlichen Beschilderung folgen. Nach schütterem Latschenbuschwerk über freie Wiesenhänge und nach der Wegverzweigung etwa 100 Meter unter dem Gipfel in einen etwas felsigen, aber unschwierigen Anstieg hinein. Relativ steil zum Gipfelkreuz hinauf.

Bis zur Routenverzweigung unter dem Gipfel steigt man entlang der Aufstiegsroute ab. Dort nach rechts abbiegen und durch sonnengeheiztes Latschenbuschwerk anfangs eben, dann zur Vilser Scharte abwärts dahin. In der Scharte nach links schwenken und zur Aufstiegsroute hinab, der man zum Fahrraddepot folgt. Nun mit dem Mountainbike in flotter Abfahrt zum Ausgangspunkt zurück.

Vergissmeinnicht

109

Schneetalalp, 1640 m

In der wilden Nordostecke der Allgäuer Alpen

Ausgangspunkt: Nesselwängle, Bushaltestelle am Gasthof Köllenspitze, 1130 m; Parkplatz am Krinnenalplift
Höhenunterschied: 520 m
Gehzeit: Schneetalalp 1¾ Std., Abstieg 1½ Std.; gesamt 3¼ Std.
Charakter: längere steile Etappe; ausreichend bezeichnete Route
Einkehr: Schneetalalp
Karte: KOMPASS WK 4

Die Kellespitze (auch Köllenspitze), der Babylonische Turm und der Kelleschrofen wetteifern über dem östlichen Tannheimer Tal mit einem Formenreigen, der seinesgleichen sucht: bizarr, jäh abstürzend, kantig, unnahbar – einfach majestätisch. Eine der rühmenswertesten Betrachtungsbühnen für diese einprägsamen Berggestalten ist die schmucke, nur auf einem einsamen Steig zugängliche Schneetalalp.

Vom Gasthof Köllenspitze an der Bank und der Bäckerei vorbei, dann auf dem Sträßchen links des Grobenbachs zum Haus „Alpin“ mit Kapelle. Dem Richtungszeiger zur Schneetalalp folgend auf einen Ziehweg, der in Kehren durch aufgelockerten Jungwald auf die Südwand der Kellespitze zuhält. Dieser wechselt später in einen Steig.

An der Abzweigung nicht zur Tannheimer Hütte, sondern nach rechts. Dort verdichtet sich der Wald. Bei der nun deutlich angenehmeren Steigung kann man aufatmen. Plötzlich steht man gebannt vor dem schneidigen Felsobelisk mit dem befremdlichen Namen „Babylonischer Turm“. Östlich davon beeindruckt der Kelleschrofen aus leuchtendem Wettersteinkalk, einem exzellenten Klet-

Teufelsgrat, Babylonischer Turm und Kelleschrofen vom Aufstieg zur Schneetalalp

tergestein. Zur Linken lässt der Teufelsgrat zur Kellespitze erfahrene Felsgeher mit Vorliebe für exponierte Gratschneiden ins Schwärmen geraten.

Solche Eskapaden bleiben dem Wanderer erspart. Nun im Bereich von Lichtungen den Graben des Kressebachs queren, hinter einer kleinen Jagdhütte durch einen letzten Waldflecken und über einen weiteren Graben. Dann ist es nur noch ein Katzensprung zur Schneetalalp, die auf einem freien Geländeabsatz zwischen der Schneidspitze und dem Hahnenkamm zu einer Stärkung einlädt.

In aller Seelenruhe lässt man die Blicke über das Tannheimer Tal schweifen, das südlich der Vilsalpseeberge und gegenüber der einzigartigen Rang-und-Namen-Gestalten des Tannheimer Hauptkamms flankiert wird. Über dem Lechtal sieht man die stillen Berghöhen der Hornbachkette.

Fichtenkreuzschnabel

Gaichtspitze, 1986 m

Rundtour am Gaichtpass

Ausgangspunkt: Weißenbach am Lech, Parkplatz an der zweiten scharfen Linkskehre der Gaichtpassstraße oberhalb von Weißenbach am Lech, 1050 m
Höhenunterschied: 940 m
Gehzeit: Aufstieg 2¾ Std., Abstieg 1½ Std., gesamt 4¼ Std.
Charakter: stramme Bergtour in steilem Gelände; beim Aufstieg an einigen Stellen (besonders, wenn Schnee liegt) unterhalb der Gundenspitze Trittsicherheit von Vorteil; leider nach dem Gaichtpass unschöner Rückweg am Straßenrand.
Einkehr: Jausenstation am Gaichtpass
Karte: KOMPASS WK 4

Soldanellen, die ersten Frühlingsboten, die unmittelbar nach der Schneeschmelze zu finden sind

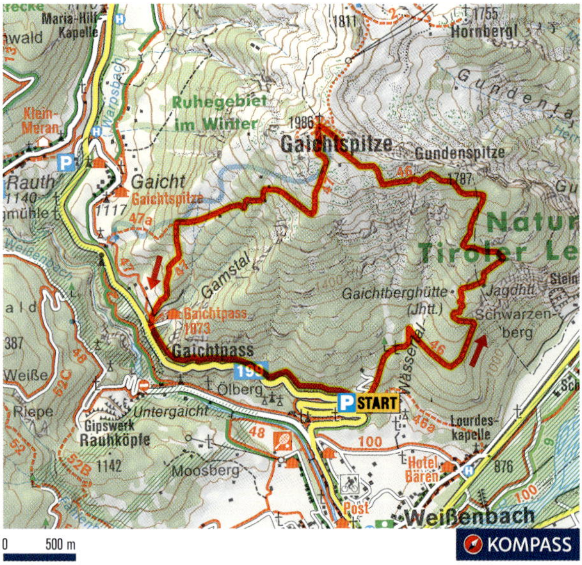

Die kleine Ortschaft Gaicht hat nicht nur dem bei Motorradfahrern besonders beliebten Gaichtpass seinen Namen geliehen, auch einer stattlichen Berggestalt hoch über dem Lechtal steht sie Pate. Wer es sich ganz leicht machen will, kann von der Bergstation der benachbarten Hahnenkammbahn hinüberspazieren. Wer selber aufsteigt, muss sich auf eine anstrengende Tour einstellen, denn Auf- und Abstiegs-

route fallen sehr steil aus. Der Berg ist eine großartige Aussichtskanzel in die Lechtaler- und die Allgäuer Alpen.
Beim Aufstieg wird die Gaichtpassstraße nach Westen auf einem Sträßchen verlassen. Nach wenigen Minuten, unmittelbar nach der ersten Linkskurve, vom Fahrweg auf einem Ziehweg über eine Wiese, dann im Wald steil hinauf und an zwei Jagdhütten vorbei. Erst auf der Höhe von rund 1700 m flacht der Berg etwas ab. Dort dreht der Weg nach links (Westen), führt unter der Gundenspitze durch steile Schuttreißen und zum Schluss über freies Gelände. An der Weggabelung nach links und kurz durch Latschenbuschwerk zum Gipfel hinauf.
Der Abstieg verläuft entweder entlang der Aufstiegsroute oder vom Gipfel nach Süden auf markiertem Weg steil durch lichten Wald hinab. Auf der Höhe von etwa 1730 m biegt die Route nach Nordwesten ab und stößt nach einem Linksbogen zu einem Sträßchen, das zum Scheitelpunkt der Gaichtpassstraße abfällt. Von der dortigen Jausenstation am Rande der Autostraße zum Ausgangspunkt zurück.

Eindrucksvoller Talblick von der Gaichtspitze in das Tannheimer Tal

Kaufbeuren - Bad Wörishofen - Irsee - Kaufbeuren

Radltour an der Wertach

Ausgangspunkt: Kaufbeuren, Bahnhof, Parkplatz, 675 m
Höhenunterschied: 330 m
Fahrzeit: 3½ Std.
Charakter: bei der Hinfahrt sehr einfache, flache Radtour; die Rückfahrt ist etwas hügeliger, aber auch nicht schwer; insgesamt 46 km
Einkehr: Bräustüberl in Irsee und etliche weitere Gasthäuser an der Strecke
Karte: KOMPASS WK 188

Diese Radtour entlang der Wertach mit ihren Stauseen eignet sich für Genussradler, die schwierige Strecken nicht mögen. Die etwas anspruchsvollere Rückfahrt wartet mit interessanten Attraktionen auf, von denen das Kloster Irsee die wichtigste ist.
Vom Bahnhof in Kaufbeuren muss man erst einmal nach Norden aus der Stadt hinausfinden. Dazu fährt

Unterwegs an der Wertach

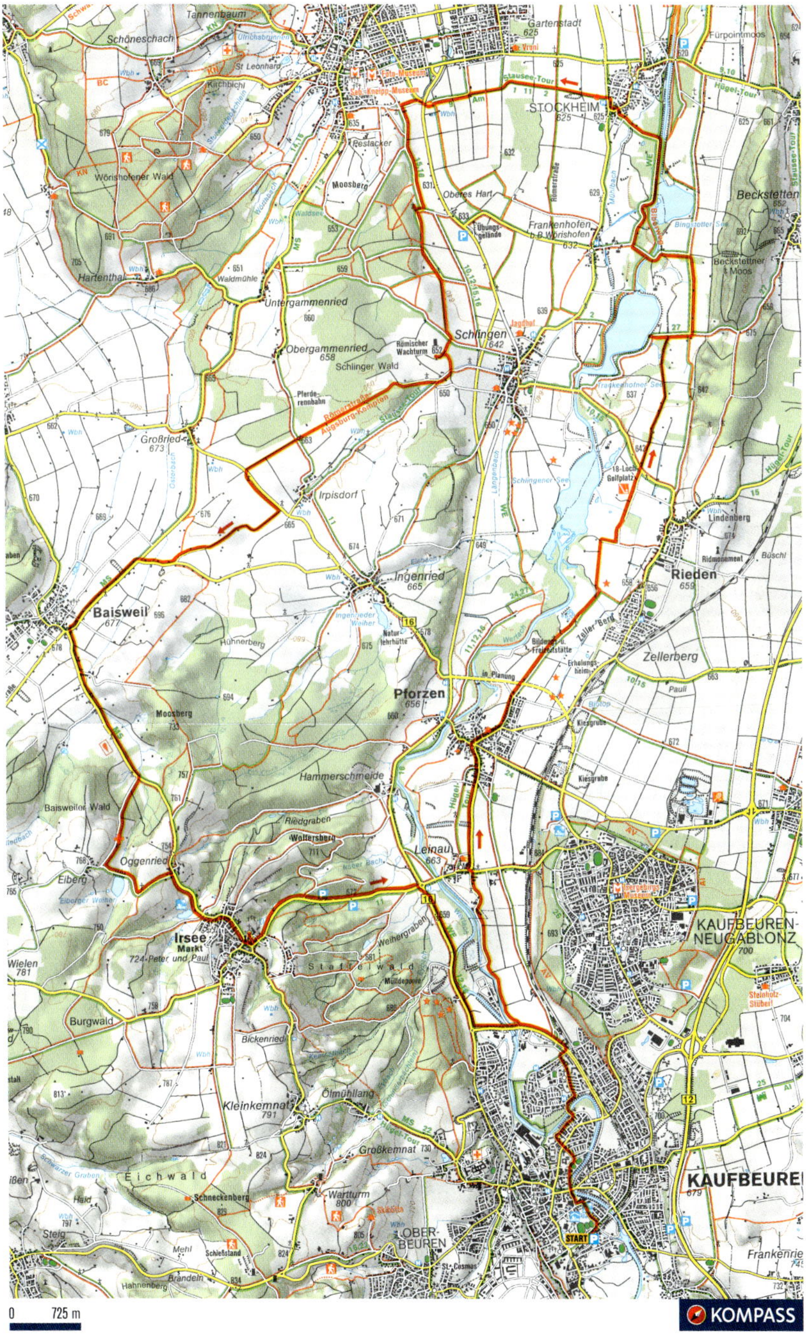
Tannenbaum
Schöneschach
St Leonhard
Kirchbichl
Wörishofener Wald
Hartenthal
Waldmühle
Untergammenried
Obergammenried
Schlinger Wald
Moosberg
Restacker
Gartenstadt
625
Stausee-Tour
STOCKHEIM
Oberes Hart
Frankenhofen b.B.Wörishofen
632
Beckstetten
Schlingen
642
Römerstraße Augsburg-Kempten
Großried
673
Irpisdorf
Ingenried
665
Baisweil
677
Hühnerberg
Pforzen
656
Rieden
659
Zellerberg
Lindenberg
Moosberg
733
Hammerschmeide
Riedgraben
Wolfersberg
Baisweiler Wald
Oggenried
Eiberg
Leinau
663
Irsee
Markt
Wielen
781
Staffelwald
Weihergraben
KAUFBEUREN-NEUGABLONZ
700
Burgwald
Bickenried
Kleinkemnat
791
Ölmühlhang
Großkemnat
Eichwald
Schneckenberg
Wartturm
800
OBER-BEUREN
KAUFBEUREN
679
Frankenried
START
Hügel-Tour
0 725 m

KOMPASS

Kloster Irsee

Beim Klärwerk nach rechts in die Buronstraße hinein und sogleich wieder nach rechts dem Wegweiser nach Leinau folgen. Neben dem Wertachkanal lange geradeaus nach Norden über Leinau und Pforzen zum Golfplatz bei Rieden. Östlich am Golfplatz vorbei, durch ein Wäldchen und auf eine Asphaltstraße. Von dort nach links kurzer Abstecher zum Frankenhofner See. Wieder nach Osten zurück und unmittelbar hinter einem Bachgraben nach links. Auf dem Fahrweg weiter, unmittelbar hinter einem Waldgürtel nach links auf ein Sträßchen, das nach Stockheim beschildert ist. Auf ihm in die Wertachau, sich rechts haltend auf einer Eisenbrücke über den Fluss und an der nächsten Abzweigung wieder nach rechts. Nun erst den Bingstetter See, dann den Kanal nach Norden entlang und hinter dem Kraftwerk nach links nach Stockheim. Im Zickzack gegen Nordwesten durch Stockheim und am Ortsrand nach links abbiegen. Auf dem guten Radweg südlich von Bad Wörishofen lange gegen Osten weiter, an einer Kneippanlage vorbei, eine Autostraße unterqueren und erst am

man die Bahnhofstraße bergab, biegt nach links in die Otto-Müller-Straße ein und folgt dieser neben dem Mühlbach. Dann nach links in die Adolph-Kolping-Straße, gleich wieder rechts und auf einem Radweg zum Tänzelfestweg, der neben der Wertach am Schulkomplex vorbei und zur Wilhelmine-Mayer-Straße verläuft. Am Straßenende nach rechts in die Honoldstraße, bei der Jakob-Brucker-Straße nach links auf einem Steg über die Wertach, nach rechts in die König-Rudolf-Straße und bei der Sparkasse nach links in die Barbarossastraße. Nach rechts in die Herzog-Friedrich-Straße und durch eine Radunterführung. Gleich dahinter scharf nach links auf den Radweg und nach Norden aus Kaufbeuren hinaus. Alles klar?

Ortseingang von Bad Wörishofen nach links abbiegen. Auf einem Feldweg nach Süden weiter, an der Verzweigung nach rechts und bei der nächsten Verzweigung in einem kurzen Abstecher nach rechts zur Mariengrotte. Nun lange gegen Süden weiter. Auf der Höhe von Schlingen auf einer Fahrspur nach rechts kurz die Informationstafel des spätrömischen Straßenpostens (Burgus) besuchen.
Von ihm wieder zurück und am Rastplatz rechts herum. Bei der folgenden Straßenverzweigung nach rechts auf die gering ansteigende Nebenstraße. Diese führt durch den Wald und stößt dann zur alten Römerstraße, die von Bregenz nach Augsburg führte. Auf ihr lange schnurgerade gegen Südwesten dahin, an einem steinernen Feldkreuz (663 m) vorbei und zur Autostraße. Dieser nach links folgen und auf der Höhe einer alten Kapelle nach rechts auf einen breiten Wirtschaftsweg abzweigen.
Im weiteren Verlauf wird wieder eine Autostraße erreicht, die an den Rand von Baisweil führt. Bei der Verzweigung nach links abbiegen und ein längeres Stück aufwärts. Noch vor dem Waldrand nach rechts auf ein Waldsträßchen einschwenken und mühsam bis Eiberg bergauf. Kurz vor Eiberg stößt man wieder auf eine Autostraße. Auf ihr nach links flott zum Eiberger Weiher hinab und rund 12% steil mühsam nach Oggenried hinauf. Dort nach rechts erst rasant hinab und dann wieder steil aufwärts bis nach Irsee mit der großartigen Klosteranlage.
In leichtem Linksbogen aus Irsee heraus und auf einem Radweg neben der Autostraße schnell gegen Osten zur B 16 hinab. Dort nach rechts abbiegen und auf dem Radweg neben der Bundesstraße nach Süden bis kurz vor Kaufbeuren. Vor der Radwegunterführung nach links schwenken, über die Wertach und wieder zum Hinweg. Auf ihm fährt man dann bis zum Bahnhof zurück.

Der Burgus bei Schlingen

Der spätrömische Straßenposten (Burgus) bei Schlingen stammt aus konstantinischer Zeit (erste Hälfte des 4. Jahrhunderts n. Chr.).
Nach den dramatischen Einfällen der Alemannen (259-260) ist die obergermanische Grenzsicherung mit dem Limes zusammengebrochen und musste neu organisiert werden. An strategisch wichtigen Straßenknoten wurden Truppenstützpunkte (Burgi) errichtet. So ein Stützpunkt stand auf einer Anhöhe bei Schlingen. Er wurde im Jahr 1938 ausgegraben. Man fand dort den Grundriss eines Holzgebäudes und einen 1,5 m breiten Spitzgraben, welcher der Drainage und als Annäherungshindernis diente. Heute erinnert eine Hinweistafel an das alte Bauwerk.

112

Marktoberdorf - Roßhaupten

Radtour auf den Auerberg

Ausgangspunkt: Marktoberdorf, Bahnhof, Parkplatz, 728 m
Höhenunterschied: ca. 700 m
Fahrzeit: 4 Std.
Charakter: lange, aussichtsreiche Radrundfahrt über 48 Kilometer mit strammer Auffahrt zum Auerberg
Einkehr: Gasthaus Adler in Sameister und weitere Wirtshäuser auf der Strecke
Karte: KOMPASS WK 188 und 179

Zwischen Marktoberdorf und dem Forggensee breitet sich eine prachtvolle Voralpenlandschaft aus, wie sie für das gesamte Ostallgäu typisch ist: tiefe Wälder wechseln sich mit Mooren, freien Wiesen und vielen Weihern und Seen ab. Im Hintergrund brillieren die Ketten der Ammergauer- und Allgäuer Alpen mit den besonders markanten Tannheimer Bergen.

Frühlingsreise nach Roßhaupten

Vom Bahnhofsplatz nach Süden auf Bahnhof- und Meichelbeckstraße aus Marktoberdorf hinaus, auf der Autostraße nach Kohlhunden hinauf, durch den Ort hinab und bei der Verzweigung nach links in Richtung Sulzschneid (Keramikhof) abbiegen. Anfangs im Wald, dann über freie Wiesen mit schönem Alpenblick nach Sulzschneid. Die Hauptstraße geradeaus verlassen und nach Süden zum Kröbelbauer weiter. An der Gabelung sich dort links halten und auf dem Ostallgäuer Wanderweg durch den Osterwald bis Buchach.
Unmittelbar vor dem malerischen Örtchen entweder geradeaus durch das Hochmoos (Rad schieben; nasse Füße!) bis zu einem Forstweg oder nach rechts durch Buchach und vor der Lobacher Viehweide erst nach Süden, dann bald gegen Osten wieder in den Osterwald hinein. Dort trifft man auf den Weg der ersten Alternative. Erst gegen Osten, dann Südosten lange auf geraden Forststraßen, dann nach Riedle und über hoch gelegene Wiesenrücken nach Roßhaupten hinunter. Nach links auf die Augsburger Straße einbiegen,

die Autostraße schräg links verlassen und nach rechts durch die Unterführung. Dem Asphaltsträßchen nach Nordosten zum Huttler folgen. Dort nach rechts, an dem idyllischen Huttlerweiher entlang und nach Egelmoosen hinauf. Im Dorf links ab, dann in weitem Rechtsbogen in ein Tal hinunter und gegen Norden über die Staatsstraße 2058 nach Sameister, wo die Kapelle Maria Sieben Schmerzen (1685-1692) und das

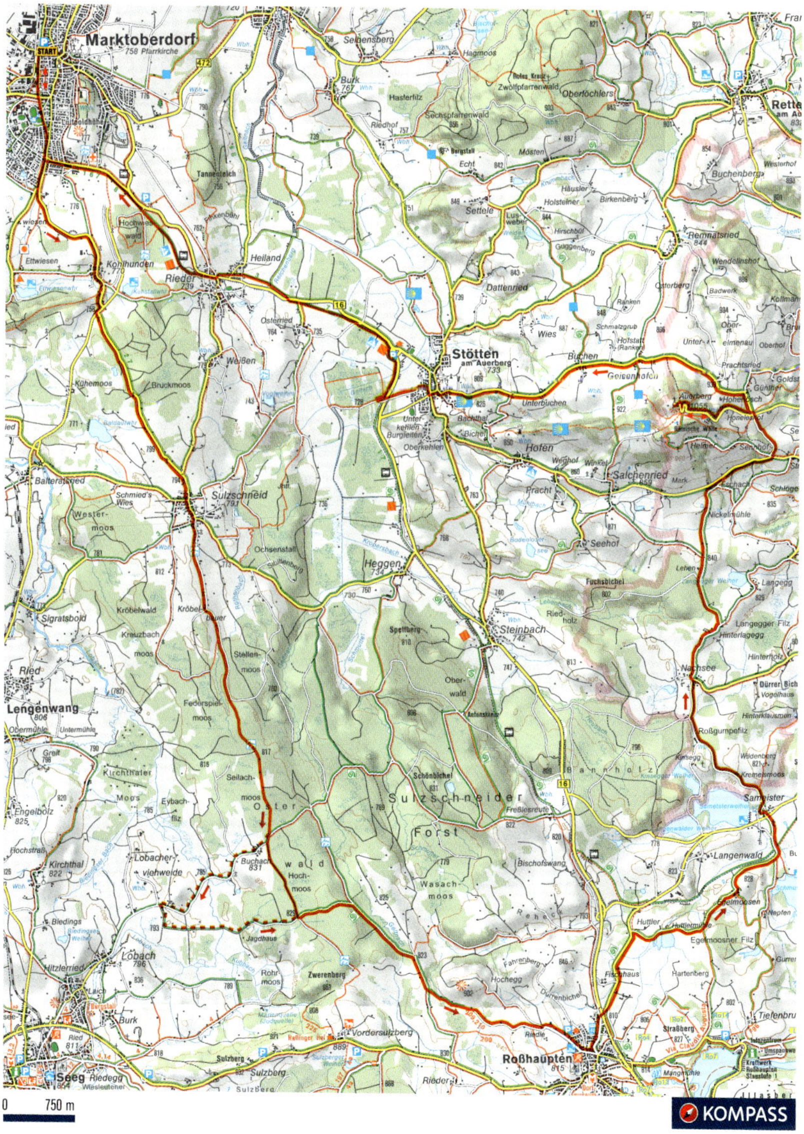

Gasthaus Adler stehen. Sich links halten und im Zickzack nach Norden weiter. Immer dem Hauptweg folgen und in mehrmaligem forschen Auf und Ab am Sameisterweiher vorbei zum Gut Kinsegg.

Über Nachsee nach Hinterlangegg hinauf, dort nach links abbiegen und in Eschach zur Kreisstraße OAL 9. Auf ihr rund 1 km nach Nordosten, dann nach links dem Wegweiser zum Auerberg folgen. Bei der folgenden Kreuzung neben dem Honeleshof links ab und in strammer Auffahrt zum Auerberg mit seiner Gipfelkirche. Vom Auerberg wieder hinab und beim Honeleshof nach links, in Günther wieder nach links und über Prachtsried in langer Talfahrt nach Stötten am Auerberg. Gegen Westen durch den Ort und auf einer Brücke über die B16.

Beim Spielplatz scharf nach rechts und auf der ehemaligen Bahnstrecke dem Dampflockradweg in flotter Fahrt folgen, bis in Marktoberdorf die Zufahrtsstrecke erreicht ist. Auf ihr fährt man dann zum Bahnhof zurück.

Die Gipfelkirche auf dem Auerberg

Auf dem Auerberg

Schon die alten Römer haben die besondere Schönheit des aussichtsreichen Auerbergs erkannt und zwischen 15 und 45 nach Christus dort eine zivile Siedlung angelegt, in der Eisenverarbeitung, Töpferei und Weberei betrieben wurden.

Nicht nur das Wirtshaus, auch die Kirche auf dem Auerberg ist einen Besuch wert. Besonders prächtig ist die Aussicht vom Kirchturm, der über eine enge Holztreppe bestiegen werden kann.

Der kristallklare Huttlerweiher im Vorfrühling

Alpspitz, 1575 m und Edelsberg, 1630 m

Durch die Höllschlucht

Ausgangspunkt: Kappel, Parkplatz beim Waldseilgarten Höllschlucht, 920 m
Höhenunterschied: 750 m
Gehzeit: Aufstieg 2½ Std., Abstieg 1¼ Std., gesamt 3¾ Std.
Charakter: zünftige Bergtour mit der spannenden Höllschlucht als besonderer Attraktion; gute, aber teilweise steile Steige
Einkehr: Kappeler Alpe, Alpspitz-Kiosk und Sportheim Böck
Karte: KOMPASS WK 4

Alpspitz und Edelsberg zählen zu den großartigsten Aussichtswarten des Ostallgäus. Und weil sich das längst herumgesprochen hat, geht es auf den beiden kleinen Gipfeln bisweilen zu wie auf dem Rummelplatz. Die Alpspitzbahn, die nahe an die beiden Bergziele heranführt, tut ein Übriges dazu. Wer also allein sein will, muss früh am Morgen aufbrechen, spätestens um 6 Uhr, dann ist er noch vor den ersten Seilbahngästen auf den beiden Gipfeln. Aber nichts ist sicher ...

Rund um die beiden Gipfel gibt es übrigens sehr beliebte Mountainbikerouten. Wer stramme Waden hat, kann's ja mal versuchen.

Zuerst einmal geht man auf breiter Fahrstraße in Richtung Kappeler Alpe hinauf. In der ersten scharfen Linkskehre der Straße geradeaus weiter und neben dem Steinbach auf einem Rückeweg (Forstweg) dahin. Auf etwa 1015 m Höhe auf einem Holzsteg über den Bach und auf schmalem Steig in die Höllschlucht hinein.

Neben dem Bach durch die von senkrechten Felswänden eingesäumte Klamm hinauf. Der Wildbach schäumt um bizarre Sturzblöcke und tost ungezähmt ins Tal. Der krönende Abschluss dieses Naturschauspiels ist

Edelsberg und Kappeler Alpe

ein gewaltiger Wasserfall, der in faszinierenden Kaskaden über eine Felswand hinabstürzt. Dort dreht der Steig nach rechts ab. Begleitet vom Wasserrauschen, das mit zunehmender Höhe verblasst, geht es steil aus der Schlucht hinaus und auf eine bewaldete Gratrippe. Über sie auf einem Wurzelweg hinauf und am Waldrand auf eine große Wiese. Auf dem bei Nässe rutschigen Lehmweg zur Kapeller Alpe weiter.
Hinter der Bergwirtschaft auf dem Mountainbikeweg gegen Westen gering ansteigend zu einer breiten Straße. Auf ihr in der gleichen Richtung weiter und in den Alpspitzsattel (Seilbahn-Bergstation). Von dort auf breitem Fahrweg nach Südwesten weiter und zu einem Bachgraben, wo die Straße nach links abdreht. Dort nach rechts und der Markierung neben dem meist trockenen Graben nach Nordwesten folgen, bis kurz vor einer kleinen Hütte bei einem Gratsattel die Route nach rechts abdreht und steil und ein wenig felsig, aber leicht begehbar zum Gipfel des Alpspitz ansteigt. Vom ersten Gipfel gegen Südosten über den Grat weiter und nach rechts abdrehend auf weite Wiesenhänge, über die ein breiter Weg zur Fahrstraße abfällt. Auf ihr gegen Süden weiter, die Mountainbikeroute an beschilderter Stelle nach rechts verlassen und durch lichten Wald auf einem ausgewaschenen Bergweg zum Edelsberg hinauf.
Vom Edelsberg geht man entlang der Aufstiegsroute zur Kappeler Alpe hinab. Unter der Wirtschaft, kurz bevor der Weg wieder in den Wald eintaucht, zweigt auf der Höhe von 1290 m der Wiesenweg ab. Diesem folgt man nach links weiter, durch Wald und weite Lichtungen steil gegen Osten hinab, zuletzt auf einem Viehweg zu einem Sträßchen. Auf ihm nach rechts und schon ist der Ausgangspunkt wieder erreicht.

Zirmgrat, 1293 m

Panoramarunde zu zwei Burgruinen

Ausgangspunkt: Vils, Parkplatz am Sportplatz, 817 m
Höhenunterschied: 730 m
Gehzeit: Aufstieg 2 Std., Abstieg 3 Std., gesamt 5 Std.
Charakter: etwas lange, sehr panoramareiche Gratwanderung mit vielen Attraktionen; überwiegend gute Wege
Einkehr: Saloberalm und Berghotel Falkenstein
Karte: KOMPASS WK 4

Zwischen dem Vilstal und dem südlichen Ostallgäu baut sich als schroffe Barriere der Zirmgrat auf, in dem es etliche kleine Gipfel gibt, die gerade nicht mehr die 1300-er Höhenmarke erreichen. Diese Barriere war ein willkommenes Gelände, dort ein paar Burgen zu bauen, die mehr der Abschreckung als tatsächlichem Schutz dienen sollten. Zu diesen Ruinen und auf etliche Gipfel und Aussichtspunkte führt diese schöne Bergtour.

Vom Sportplatz gegen Westen zur Annakirche. Unmittelbar rechts neben der Kirche auf einem schmalen

Steig recht forsch im Wald zur Ruine Vilsegg hinauf, die großartige Ausblicke auf die benachbarten Tannheimer Berge gewährt.
Von dort auf dem Wanderweg durch den Wald gegen Westen weiter und bei der Verzweigung schräg rechts hinauf, durch ein paar Kehren und dann auf einen Geländeabsatz. Etwas dahinter steht die Bergwirtschaft Saloberalm.
Man folgt von der Scheitelstrecke der Straße, gleich neben der Alm einem markierten Bergweg und biegt bei der Verzweigung nach rechts auf einen kurzen Abstecher über die Grenze nach Bayern zum Vierseenblick (Weißensee, Hopfensee, Forggensee und Bannwaldsee) ab. Von dort wieder zur Grenze zurück und auf einem steilen Bergweg in ausholendem Linksbogen zum Rastplatz auf dem aussichtsreichen höchsten Punkt der Tour.
Der Weiterweg verläuft gegen Westen etwas nördlich der Gratstrecke durch den Wald. Wer aufpasst, findet nach links eine kurze Trittspur zur Grathöhe hinauf. Auf ihr nach rechts weiter und recht sportlich, weitgehend weglos, zum zweiten Gipfel, dem Einerkopf.
Traut man sich einen steilen Geländeabstieg im felsigen Wald zu, kann man auf kaum erkennbaren Spuren etwas westlich des Gipfels vorsichtig zum Wanderweg absteigen. Auf ihm in längerem Abstieg dahin und schließlich zur Fahrstraße, der man weitgehend folgt, bis das Berghotel Falkenstein erreicht ist. Vom Hotel aus auf einem Treppenweg zur Burgruine Falkenstein hinauf. Zurück am Hotel, nimmt man den schmalen und ziemlich steilen Südabstieg. Er fällt neben einer Felsenwand zur eindrucksvollen Mariengrotte ab und schwenkt im weiteren Verlauf nach rechts, bis er leider sehr weit nach Westen hinausführt und in der Nähe des Bahnhofs Pfronten-Steinach das Vilstal erreicht. Dort nach links und neben der Vils sehr lange eben auf dem Rundwanderweg Ostallgäu-Tirol zum Ausgangspunkt zurück.

Burgruine Falkenstein

Auf dem Manzenberg (wie der Falkenstein früher genannt wurde) steht die höchstgelegene deutsche Burgruine. Sie wurde 1270 von Graf Meinhard II von Tirol gebaut, der Ansprüche auf das Erbe des letzten Stauferkönigs, Konradin V, erhob. Die Burg war wohl eine Drohgebärde an das Herzogtum Bayern, denn ihre exponierte Lage machte sie strategisch bedeutungslos. Im Jahr 1646 wurde die Burg durch die Tiroler Landesregierung in Brand gesteckt, damit sie nicht den heranrückenden Schweden und Franzosen in die Hände fallen konnte. König Ludwig II hatte sich 1883 entschlossen, auf dem Falkenstein ein Burgschloss zu bauen, das noch eindrucksvoller sein sollte als Neuschwanstein. Nach den Erschließungsarbeiten wurde jedoch das Geld knapp. Die Pläne wurden immer bescheidener und der Tod des Königs setzte dem Vorhaben ein Ende. Im Juni 1889 zerstörte ein gewaltiger Blitzschlag die östliche Giebelwand. Seitdem wurde die Ruine mehrmals saniert.

Großartiger Ausblick vom Zirmgrat auf die noch winterlich verschneiten Tannheimer Berge, das Vilstal und die Burgruine Falkenstein, wo König Ludwig II ein Schloss geplant hatte

Rund um den Weißensee

Gemütliche Seewanderung im Schatten der Tannheimer Berge

Ausgangspunkt: Weißensee, Bushaltestelle am Seegasthof in Oberried, Parkplatz, 787 m
Höhenunterschied: 40 m
Gehzeit: 1¼ Std.
Charakter: sehr leichte und beliebte Wanderung um einen idyllischen Voralpensee
Einkehr: Gasthäuser in Weißensee am Ausgangspunkt
Karte: KOMPASS WK 4

Bis zum Jahr 1952 konnte man um den Weißensee nicht herumgehen. Ein markantes Felsenhindernis versperrte den Weg. Heute führt ein Weg um das Hindernis herum: mit Spenden von zwei treuen Urlaubs-

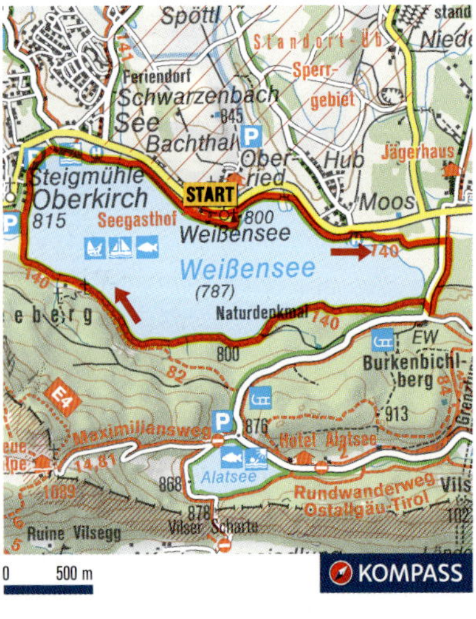

Die Kirche St. Walburga am Weißensee

gästen konnte 1952/53 eine 60 m lange Eisenkonstruktion vor dem Felsen im See errichtet und mit Beton ausgegossen werden, auf dem heute der nach den Spendern, Hugo Städtgen und Ludwig Prem, benannte Hugo-Ludwig-Steg verläuft. Vom Seegasthof führt die Wanderung an der Kirche St. Walburga (Altar von Dominikus Zimmermann) vorbei und hinter dem Friedhof am ehemaligen Schul- und Mesnerhaus und dann am alten Pfarrhof vorbei nach rechts zum See hinunter. Auf breiter Promenade schlendert man gemütlich zwischen See und Bundesstraße gegen Osten bis Moos. Hinter Moos an der Pegelanlage vorbei und bei der Bushaltestelle nach rechts am Rande von Streuwiesen unter der Stromleitung durch, auf der Brücke über die Füssener Ache zur schmalen, romantischen Straße. Auf der Asphaltstraße nach rechts (gegen Süden) weiter, am Parkplatz vorbei und gleich darauf zum Weißenseerundweg. Er führt gegen Westen am Südufer des stillen Sees dahin. Dabei schnürt er sich stellenweise ziemlich eng zusammen. Bei der Unterstandshütte ist etwa die Hälfte der Strecke geschafft. Hinter einem kleinen Felsentor kommt man zum oben erwähnten Hugo-Ludwig-Steg.

Bei der Abzweigung zum Alatsee und der Saloberalm geradeaus, an einem markanten Wasserfall und einem alten, aufgelassenen Marmorsteinbruch vorbei und ans Westufer. Von dort gegen Norden zum Bad in Oberkirch und sich rechts haltend nach Weißensee zurück.

Am Alatsee

Südlich des Weißensees liegt in der Nähe des neuen Grenztunnels am Vilser Berg auf 865 m Höhe der Alatsee, von dem es Besonderes zu berichten gibt. Dieser kleine Bergsee misst zwar nur rund 300 x 500 m und ist mit einer Tiefe von rund 35 m auch nicht besonders aufregend, doch soll dort ein alter Mönch umgehen, der angeblich in den 50er Jahren zum letzten Mal gesehen worden ist.

Das Besondere am Alatsee ist eine in etwa 15 m Tiefe liegende Schicht aus rötlichen Schwefelbakterien, die manchmal an die Oberfläche kommt, weshalb der See auch „Blutender See“ genannt wird. Unter dieser Bakterienschicht bleibt das Wasser seit vielen Tausend Jahren stehen, wird also nicht erneuert. In diesem lebensfeindlichen Milieu gibt es keinen Sauerstoff. Tauchen ist im See nach etlichen tödlichen Unfällen verboten; Baden ist erlaubt.

Im See gibt es noch heute große Eisenstangen, die während des Zweiten Weltkriegs für geheime Aerodynamik-Versuche für das aus Holz konstruierte Flugzeug Focke-Wulf Ta 154 verwendet worden sind.

Gerüchte, dass dort ein Nazischatz verborgen sein soll, der ursprünglich in das Schloss Neuschwanstein ausgelagert war, halten sich nachhaltig.

Der Alatsee ist Schauplatz des Krimis „Seegrund“ der beiden Allgäuer Erfolgsautoren Michael Kobr und Volker Klüpfel.

Hopfensee

Gemütlich unterwegs auf dem Hopfensee-Rundweg

Ausgangspunkt: Hopfen am See, Parkplatz am südlichen Ortsrand an der Staatsstraße 2008, 784 m
Höhenunterschied: 5 m
Gehzeit: 1½ Std.
Charakter: beliebte, sehr einfache und nicht allzu lange See-Rundwanderung über 6,9 km
Einkehr: Gasthaus Wiesbauer in Riederwies und zahlreiche Gasthäuser in Hopfen am See
Karte: KOMPASS WK 4

Gerade mal 10 Meter tief ist der Hopfensee, der in der großartigen Voralpenlandschaft des Ostallgäus ein besonderes Kleinod darstellt. Das haben auch Touristen zur Kenntnis genommen und deshalb reihen sich am Nordufer des schmucken Sees – dort wo sich hinter dem frischen Wasser die scharf geschnittene Kette der Tannheimer Berge am schönsten zeigt – Gasthäuser, Hotels und Ferienwohnungen dicht aneinander. Die touristischen Einrichtungen konzentrieren sich jedoch auf dieser Seite und der Rest des Seebereichs ist weitgehend unberührt geblieben. Ein ideales Revier also für Spaziergänger, Wanderer, Nordic-Walker und Jogger. Radfahren ist am Ost- und Südufer des Sees leider nicht erlaubt, auch wenn die schönen Wege geradezu zum Biken einladen.

Vom Parkplatz auf der Seepromenade nach Süden, am Kinderspielplatz und am Campingplatz vorbei und durch ein prächtiges Ried weiter.

Bei der zweiten Abzweigung nach rechts, auf einem Steg über die Ach und bald in den Wald hinein, der immer wieder schöne Seeblicke freigibt. Kurz bevor der breite Wanderweg aus dem Wald austritt, steht ein kleiner Unterstand und bald darauf kommt man zu einer Verzweigung. Dort geradeaus weiter, am Parkplatz bei Riederwies nach rechts und neben der Bahnstrecke nach Norden. Im weiteren Verlauf erst nach rechts und kurz vor dem Ufer nach links und in einem Bogen erst nach Norden dann nach Osten am Seeufer entlang weiter.

Anschließend muss man scharf nach links abdrehen, auf einem Steg die Hopfensee-Achen überqueren und nach einer schwungvollen Wegführung ein zweites Mal über ein Bächlein. Beim Minigolfplatz verläuft die Promenade ein wenig im Zickzack zur Autostraße hinaus. Von dort könnte man einen Abstecher zur Burgruine Hopfen (siehe Tipp) hinauf unternehmen. Ansonsten geht man neben der Straße durch den Ort zum Ausgangspunkt zurück.

Burgruine Hopfen

Am Westende der Hügelkette nördlich von Hopfen wurde in den vergangenen Jahren der komplette Grundriss einer Burg aus dem 12. Jahrhundert inklusive Turmhaus, Kapelle, Ringmauer und Wirtschaftstrakt freigelegt. Es könnte sich hierbei um die älteste Steinburg des Allgäus handeln. In einer zwanzig-minütigen Wanderung kann man einen kleinen Abstecher dorthin machen, sich über die Geschichte der alten Burg informieren und ein großartiges Alpenpanorama bewundern.

Ausblick vom Zirmgrat zum Hopfensee

Hohenschwangau

Von Pinswang über die Rotwand und um Schwan- und Alpsee herum

Ausgangspunkt: Pinswang-Unterpinswang, Kirche, Parkplatz, 814 m
Höhenunterschied: 570 m
Gehzeit: 5 Std.
Charakter: 14 Kilometer lange, interessante Wanderung mit vielen Attraktionen; stellenweise ist etwas Trittsicherheit notwendig; gut markiert
Einkehr: Gasthäuser in Hohenschwangau, Gasthaus Schluxen in Pinswang
Karte: KOMPASS WK 4

Auf dieser Wanderung wird fast alles geboten, was man sich an Attraktionen vorstellen kann: ein Höhlenschloss, eine schneidige Bergtour, zwei kristallklare Bergseen mit Badegelegenheit und ein Königsschloss. An Kurzweil wird es also nicht mangeln, braucht man nur noch die nötige Kondition, denn anstrengend ist diese Tour, auch wenn man es auf den ersten Blick nicht glauben will.

Von der malerischen Kirche geht man auf der Straße nach Norden zum Waldrand. Dort nach rechts abdrehen und eben zum Feuchtbiotop weiter. Um den kleinen See herum, bei der Hinweistafel nach rechts und stramm auf einem schmalen Bergpfad nach Norden durch lichten Wald hinauf, bis sich der Steig gabelt. Dort nach links und in ein paar Minuten zum Schlossloch.

Dort sind die Reste eines mittelalterlichen Höhlenschlosses zu sehen und obendrein gibt es prächtige

Schloss Hohenschwangau vor weißblauem Himmel, wie es sich gehört

Ausblicke über Pinswang in die Tannheimer Berge.
Auf demselben Weg zur Verzweigung zurück, dann nach Osten weiter, kurz an soliden Eisenketten hinauf und anfangs durch einen steilen Bachgraben, dann rechts daneben zur Wegverzweigung. Geradeaus weiter, durch eine sanfte Senke nach Nordosten und sich links haltend auf den markanten Felsen der Rotwand, 1102 m. Von dort imposanter Tiefblick auf den Lech. In derselben Richtung weiter und in vielen Kehren zur Promenade hinab, die kurz vor Ziegelwies erreicht wird. Auf ihr nach Osten weiter, bei Ziegelwies ein wenig nach links zum Fahrweg (Königstraße) und zum Schwansee. Am Uferweg nach rechts und das Nordostufer des kleinen Bergsees entlang.
Am östlichsten Seezipfel kurz nach rechts und bei den Wegweisern gleich darauf nach links abbiegen. In ausholenden Kehren moderat ansteigend zur Verzweigung hinauf und geradeaus weiter zu den Resten der Ruine von Schloss Frauenstein (Gedenktafel). Von dort auf steilem Bergpfad zur Asphaltstraße hinab, die direkt zum Schloss Hohenschwangau führt. Durch das Schlossgelände (Besichtigung) und auf einem Treppenweg zu den Gasthäusern und dem Parkplatz hinunter.
Hinter dem Großparkplatz geht man zum Ostzipfel des Alpsees, um auf der linken Seite des sauberen Sees dem Fahrweg bis zum Bad zu folgen. Dann geht es auf dem Uferweg bis kurz vor das Marienmonument am Westufer weiter. Dort nach links, zu einem Fahrweg hinauf und auf ihm gegen Westen bis zur Fürstenstraße. Auf der asphaltierten Mountainbikeroute unter dem Schwarzenberg zum Schwangauer Gitter (ehemalige Grenzstation) und dann auf dem Sträßchen zum Wirtshaus Schluxen hinab. Von dort auf einem Wiesenweg zum Feuchtbiotop und zum Ausgangspunkt zurück.

Säuling, 2047 m

Von Hohenschwangau über die Nordhänge

Ausgangspunkt: Hohenschwangau, Parkplatz Schloss Neuschwanstein, 810 m (erst ab 8 Uhr geöffnet)
Höhenunterschied: 1240 m
Gehzeit: Aufstieg 4 Std., Abstieg 3 Std., gesamt 7 Std.
Charakter: Wanderung auf Fahrwegen, später auch steile Bergwege, die teilweise mit Drahtseilen und Eisenketten gesichert sind; Anstieg zum Säuling anfangs nicht besonders berauschend, später – unter den scharf geschnittenen Felswänden des Pilgerschrofens bis zu den beiden Gipfeln und auch auf dem Abstiegsweg in die Bleckenau – recht spannend; trotz der Sicherungsanlagen Trittsicherheit und Schwindelfreiheit erforderlich; gute Markierung
Einkehr: Säulinghaus (auch Übernachtung), Königshaus in der Bleckenau
Karte: KOMPASS WK 4 oder 5

Von den Königsschlössern kann man die westlichsten Gipfel der Ammergauer Alpen besteigen, die dort gleich mit ein paar satten Trümpfen aufwarten. Pilgerschrofen und Säuling sind recht markante Berge, die zahlreiche Freunde haben. Während der Pilgerschrofen ambitionierten Kletterern vorbehalten bleibt und zusammen mit dem Säuling 18 verschiedene Kletterrouten im Programm führt, dürfen sich am Säuling auch bergerfahrene Wanderer versuchen. Gipfelaufstieg und Gipfelabstieg sind zwar stellenweise durchaus ausgesetzt, aber mit Sicherungseinrichtungen gut versorgt.

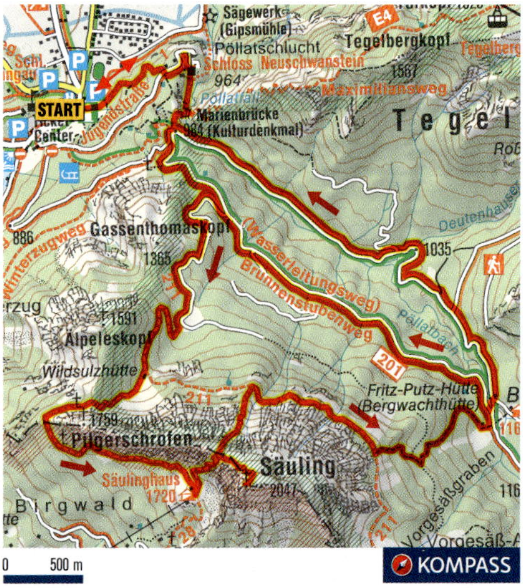

Auf einem asphaltierten Fußweg spaziert man erst einmal zum Schloss Neuschwanstein hinauf und weiter bis kurz vor die Marienbrücke, die die Pöllatschlucht überspannt und einen oft fotografierten Blick zu König Ludwigs Märchenschloss gewährt.

Vor der Brücke schwenkt man nach rechts, gegen Süden, ab und folgt dem Brun-

Gipfelblick vom Säuling auf das Lechtal

nenstubenweg, der als Fahrweg hinter einer engen Kehre nach Südosten ansteigt. Bald wieder nach rechts und auf einem Sträßchen gegen Süden im Wald bis nach rechts ein bezeichneter Wanderweg abbiegt. Auf ihm in ausholenden Kehren zum Jagdhaus Wildsulzhütte hinauf. Wieder verzweigt sich die Route. Dort nach rechts und zwischen Älpeleskopf und Pilgerschrofen gegen Südwesten steil hinauf, bis schließlich ein Sattel westlich des Pilgerschrofens überschritten wird. Dann geht es steil bergab, am Pilgerschrofen südlich vorbei und in dichtem Wald ständig auf und ab, mehrfach durch Geröllbänder und unter eindrucksvollen Felsenwänden zum Säulinghaus hinüber. Das Unterkunftshaus lässt sich erst im letzten Moment sehen, so gut ist es im Wald versteckt.

Der weitere Anstieg wird recht sportlich. Auf einem guten Felsensteig (mit Seilen und Ketten gesichert) kraxelt man in den Sattel zwischen Pilgerschrofen und Säuling hinauf und erfreut sich dort oben am großartigen Blick auf Neuschwanstein, Hohenschwangau und in das Ostallgäu.

Vom Sattel gegen Südosten der Staatsgrenze folgend nach rechts, anfangs auf einem schönen Weglein, dann wieder über schroffe Felsen zum Kreuz auf dem Westgipfel. Von dort in eine kleine Scharte hinab und zum Ostgipfel hinauf.

Der Abstieg führt anfangs entlang der Aufstiegsroute. Im Sattel aber schwenkt man nach rechts und folgt dem steilen, felsigen und teilweise ausgesetzten Steig, der auf ein paar Meter gesichert ist, nach Nordosten hinunter. Vor allem bei Nässe ist es kritisch, auf den abgeschmierten Kalkfelsen abzusteigen, bis man eine 2 Meter hohe Leiter hinuntergestiegen ist und wieder einfacheres Berggelände erreicht hat.

Von dort auf einem Weglein im Wald in der selben Richtung weiter zu einer Gabelung. Dort nach rechts und ziemlich eben um die nördlichen Felsausläufer des Säulings herum, durch einige steile Reissen, bei der Wegverzweigung im Wald nach links und auf einem guten, aber steilen Steig zur Fritz-Putz-Hütte und zum Königshaus in der Bleckenau hinunter. Von der viel besuchten Wirtschaft mit dem Bus oder zu Fuß auf einem der beiden Fahrwege zum Ausgangspunkt zurück.

Branderschrofen, 1879 m

Auf den Tegelberg

Ausgangspunkt: Schwangau, Talstation der Tegelbergbahn, Parkplatz, 820 m
Höhenunterschied: 1070 m
Gehzeit: Aufstieg 3 Std., Abstieg 2 ½ Std., gesamt 5 ½ Std.
Charakter: beim Anstieg auf dem Klettersteig sowie beim letzten Stück des Gipfelanstiegs Trittsicherheit und Schwindelfreiheit erforderlich; Route über das Rohrkopfhaus einfach; großartige Gipfelrundschau in die Ammergauer-, die Lechtaler-, die Allgäuer Alpen mit der Tannheimer Gruppe und auf das Ostallgäu
Einkehr: Tegelberghaus (auch Übernachtung), Rohrkopfhütte
Karte: KOMPASS WK 4

Der Tegelberg ist mit einer Seilbahn erschlossen und hat einen markanten Gipfel. Dieser bleibt jedoch erfahrenen Bergwanderern vorbehalten, denn man muss sich auf eine nette Kraxelei am Drahtseil einstellen. Die meisten Gipfelstürmer kommen mit der Seilbahn herauf. Wirklich spannend und auch die Kondition herausfordernd wird die Tour allerdings erst, wenn man auf die Seilbahnunterstützung verzichtet und auf dem Gelben-Wand-Steig, einer leichten Klettersteiganlage, zum Tegelberg aufsteigt. Wer das als zu anspruchsvoll empfindet, kann auf dem sogenannten Schutzengelweg über die Rohrberghütte ansteigen, wie es hier für den Rückweg vorgeschlagen ist.

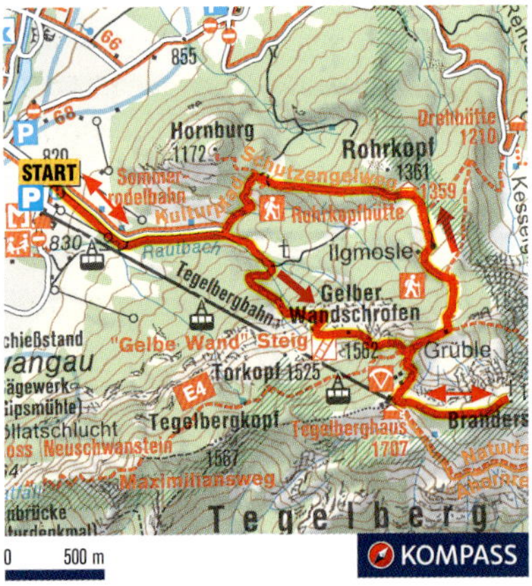

Vom Kinderspielplatz dem beschilderten Asphaltsträßchen neben der Rutschbahn gegen Südosten folgen und zur Verzweigung neben dem Rautbach hinauf. Dort nach rechts, über den Bach und steil zur beschilderten Abzweigung hinauf.

Dort nach rechts auf den Gelben-Wand-Steig und auf Treppenstufen durch schütteren Wald, über eine breite Hangreisse und an die ersten, soliden Eisenketten, die steil über die Kalkfelsen gespannt sind. Den Markierungszeichen und den Ketten in luftigem Anstieg folgen, ein felsiges, steiles Hochtal queren und auf seiner linken Seite neben

Das Tegelberghaus unter dem Branderschrofen

bizarren Felsgebilden und Wandüberhängen hinauf, bis die Steiganlage endet und die Route in den Wald hineinführt.

Der Pfad wird nun immer besser, vereint sich mit dem breiten Wanderweg, der von Neuschwanstein heraufkommt und stößt schließlich zur Schulter oberhalb des Grüblekars. Dort nach rechts, über einen Rücken auf Trittstufen zur Skipiste hinauf und auf ihr unter den Seilbahnkabeln zum Tegelberghaus. Unmittelbar neben dem Unterkunftshaus nach links, zum Drachenfliegerstartplatz hinauf und auf dem beschilderten Weg in Kehren auf den Branderschrofen hinauf. Unter dem Gipfel ans Drahtseil und über steilen Fels zum Kreuz hinauf.

Bis zur Wegverzweigung auf der Schulter über dem Grüblekar folgt man beim Rückweg der Aufstiegsroute. Dort nach rechts abbiegen und neben der Skipiste auf einem Wanderweg in Kehren über freie Hänge mit kurzem Zwischenanstieg zur Bergwirtschaft Rohrkopfhütte.

Wer es sich leisten will, kann in der Hütte einkehren, ehe er dem steilen Bergweg in vielen Kehren durch dichten Wald zur Aufstiegsroute hinabfolgt, auf der es zum Ausgangspunkt zurückgeht.

Forggenseeumrundung

Radrundtour zum Lechfall bei Füssen

Ausgangspunkt: Roßhaupten, am nördlichsten Ostufer des Forggensees, Parkplatz beim Kiosk Panoramastadel, 825 m
Höhenunterschied: 430 m
Fahrzeit: 2½ Std.
Charakter: sehr einfache Radrundtour auf gut beschilderten Radwegen über 33 km
Einkehr: Gasthäuser an der Strecke
Karte: KOMPASS WK 179 und 4

In sommerlicher Pracht sieht man es dem großen Forggensee nicht an, dass er künstlich geschaffen worden ist, um Strom zu erzeugen. Erstmals wurde der Forggensee 1954 geflutet. Im Winter wird sein Wasserstand um 16 Meter abgesenkt, dann ist der See fast leer und sieht nicht sehr einladend aus. Im Juni wird wieder der höchste Pegelstand erreicht. Rund um den See führt

Am Nordufer des Forggensees

eine sehr beliebte Radtour, die fast ausschließlich auf guten Radwegen verläuft und mit ein paar Ausnahmen keine besonders anstrengenden Steigungen birgt. Natürlich kann man die Tour beginnen, wo man will. Wer mit der Bahn anreist, startet sinnvollerweise in Füssen. Ansonsten empfiehlt sich der hier vorgeschlagene Ausgangspunkt, von dem man die schönste Aussicht über den See zur Alpenkette hat.

Vom Panoramastadel auf gutem Radweg zum Illasbergsee hinab, am Freibadeplatz vorbei und steil nach Kniebis hinauf. Dort dreht die Route nach rechts, also gegen Süden, ab und führt neben dem Schapfensee nach Rauhenbichl. Am Ortsende scharf nach rechts abbiegen und auf einem asphaltierten Feldweg nach Greith, wo man sich links hält.

Nun im Wesentlichen gegen Süden zum Hegratsrieder See weiter und östlich um den Vogelberg herum, der sich zwischen Forggensee und Bannwaldsee erhebt. Nach prächtigen Blumenwiesen quert die Route die Mühlberger Ach und führt in die Ortschaft Brunnen. Dort kurz nach rechts und auf der Seestraße gegen Nordwesten, dann nach links der Radwegmarkierung folgend. Durch Waltenhofen und Horn auf der Forggenseestraße dahin. In Horn der Radwegmarkierung folgend nach rechts in eine Talsenke hinab und zum Kraftwerk. Über die Wehranlage, unter der Bundesstraße durch und dann auf dem Lechsteg zum Südufer des Lechs. Am Rande der B 17 bis zum eindrucksvollen Lechfall. Dort führt ein schmaler Steg über die Klamm. Man schiebt das Rad über die Treppenstufen, über den Steg und am jenseitigen Ufer wieder hinauf, um nach rechts auf den Ländeweg einzubiegen. Auf ihm zum Gesundheitszentrum Bad Faulenbach hinab. Dort nach links zum Kapellenberg hinauf, dann nach rechts durch einen Felsdurchbruch und beim Kreisverkehr nach rechts in die Altstadt.

Nach der Stadtbesichtigung vom Franziskanerkloster nach links das Rad durch die Klosterstraße entgegen der Einbahnstraße schieben, kurz nach rechts auf die Theresienstraße und zweimal nach links bis in die Weidachstraße. Auf ihr immer der guten Beschilderung folgend gegen Norden aus Füssen hinaus. Am Musical-Theater vorbei und neben der B 16 bis Ehrwang. Dann am Forggenseeufer bis Osterreinen, wo der Radweg das Ufer verlässt. Bei Dietringen verläuft er wieder neben der Bundesstraße.

Wer nicht nach Roßhaupten hinein will, kann an beschilderter Stelle rechts abbiegend zum Seeufer hinunterradeln, unmittelbar vor dem Ufer nach links abbiegen und gegen Norden auf einem Waldweg zur Mangmühle fahren. Durch zwei Gatter und anschließend nach links wieder zum Forggenseerundweg hinauf. Auf ihm neben der Straße über die Staumauer und zum Ausgangspunkt unter dem Illasberg zurück.

Malerische Füssener Altstadt

Reiseatlas

Schloß Neuschwanstein von Hohenschwangau gesehen

Zeichenerklärung - Reference - Légende - Segni convenzionali

München-West
Autobahn mit Anschlussstelle
Motorway with junktion
Autoroute avec point de raccordement
Autostrada con raccordo

Rasthaus, Tankstelle, Mautstelle
Service area and filling station
Etape de repos, station service
Ristorante, stazione riforimento carburanti

Autobahn in Bau, geplant
Motorway under construction, in projekt
Autoroute en construction, en project
Autostrada in construzione, in progetto

Zweibahnige Straße (Vierspurig)
4 lane motorway
Route á chaussèes séparées
Superstrada a 4 corsi

Fernverkehrsstraße
Important main road
Route de communication importante
Strada di grande communicazione

Hauptstraße
Main road
Route de communication
Strada principale

Nebenstraße, Touristenstraße
Secondary road, tourist road
Route secondaire, route touristique
Strada secondaria, strada turistica

Fahrwege
Road
Chemin carrossable
Strada praticabile

A10 A4
Autobahnnummer
Motorway number
Numero de Autoroute
Numero di Autostrada

E70
Europastraßen-Nummer
European road number
Numero de route européen
Numero di strada europea

S31
Schnellstraßen-Nummer
4 lane motorway number
Numero de route á chaussées séparées
Numero di Superstrada a 4 corsi

10 10
Bundesstraßen-Nummer -
Nationalstraßen-Nummer (mit Vorrang)
Federal road number -
national road number (with priority)
Route nationale (avec priorité)
Strada statale (con precedenza)

35
Bundesstraßen-Nummer (ohne Vorrang)
Federal road number (without priority)
Route nationale (sans priorité)
Strada statale (senza precedenza)

Kfz. gegen Gebühr
Toll road accessible aux
Autos moyennant péage
Strada a pedaggio

Verboten für Kfz.
Forbidden for cars
Défendu au trafic automobile
Divieto di transito per autoveicoli

Grenzübertrittstelle (Zoll)
Custom house
Poste de douane
Dogana

1973
Pass mit Höhenangabe
Pass with details of altitude
Col avec altitude
Valico con indicazione altimetrica

1771
Höhe über Normal-Null
Altitude above sea-level
Altitude absolue
Altitudine sopra l.d.m.

15%
Steigungsangabe in Prozent
Gradient (in percent)
La montée en %
Pendenza in %

Für Wohnanhänger unpassierbar
Forbidden for caravans
Impraticable aux caravanes
Divieto per caravans

Verkehrsflugplatz
Airport
Aérodrome
Aeroporto

Autoverladung
Car loading point
Embarquement pour autos
Treno navetta

F
Autofähre
Car ferry
Bac parsant les autos
Traghetto per auto

Haupt- bzw. Nebenbahn
Main-, secondary track respectively
Route principale ou secondaire
Ferrovia principale - secondaria

Kirche, Kloster
Cathedral, church; monastery
Eglise; couvent
Chiese; monastero

Burg, Schloss; Ruine; Turm
Castle, palace; ruin; tower
Fort ou château; ruine; tour
Castello, palazzo; rovine; torre

Denkmal; Leuchtturm
Monument; lighthouse
Monument; phare
Monumento; faro

Bergbahn (Auswahl)
Mountain railway (selection)
Chemin de fer de montagne (sélection)
Funivia, funicolare

Bergwerk; Skisprungschanze
Mine; skijumping
Mine; tremplin
Miniera; trampolino

Gasthof, Unterkunftshaus (Auswahl)
Inn, tourist cabin (selection)
Auberge, chalet-refuge (sélection)
Osteria, rifugio

Campingplatz (Auswahl)
Camping (selection)
Emplacement de camping (sélection)
Campeggio

Staatsgrenze, Landes-Provinzgrenze
State boundary, provincial boundary
Frontiere d´Etats, limite de provinz
Confine di stato, confine di provincia

97 66 94 Tournummer im Wander-Atlas

Maßstab · Scale · Echelle · Scala

0 5 10 15 20 25 km

Michelwinnaden
Mühlhausen
Ellwangen
Haslach
Ob.-schwarzach
Unt.-schwarzach
Hauerz
Bad Waldsee
Haisterkirch
Dietmanns
Treherz
Aitrach
Haidgau
Bad Wurzach
Gaisbeuren
Ziegelbach
Rohrsee
Aichstetten
Seibranz
Bergatreute
Eintürnen
Arnach
Diepoldshfn.
Immenried
Leutkirch i. Allgäu
Wolfegg
L.-West
L.-Süd
Unterankenreute
Kißlegg
Gebrazhofen
Herlazhofen
Vogt
Argensee
Waldburg
Badsee
Beuren
Rohrdorf
Unt. Argen
Amtzell
Wangen-West
W.-Nord
Ratzenried
Christazhofen
Wangen i. Allgäu
Eisenharz
Isny
Niederwangen
Eglofs
Maierhöfen
Neuravensburg
Heimenkirch
Ob. Argen
Röthenbach
Lindenberg
Sigmarszell
Weißensberg
Simmerbg.
Mutten
Scheidegg
Weiler
Hörbranz
Oberstaufen
Deutsche Alpenstr.
Lindau
Hörbranz-Lochau
Scheffau
Paradies
Lochau
Thalkirchdorf
Pfändertunnel (6,7km)
Sulzberg
Pfänder
Aach
Langen
Zwing
Riefensberg
Bregenz-Weidach
Buch
Doren
Krumbach
Kennelb.
Burgen
Wolfurt
Bildstein
Lingenau
Hittisau
E43
E54
96
190
30
465
18
308
205
8%
1063

REISE-ATLAS

292

REISE-ATLAS

291
REISE-ATLAS

294

REISE-ATLAS

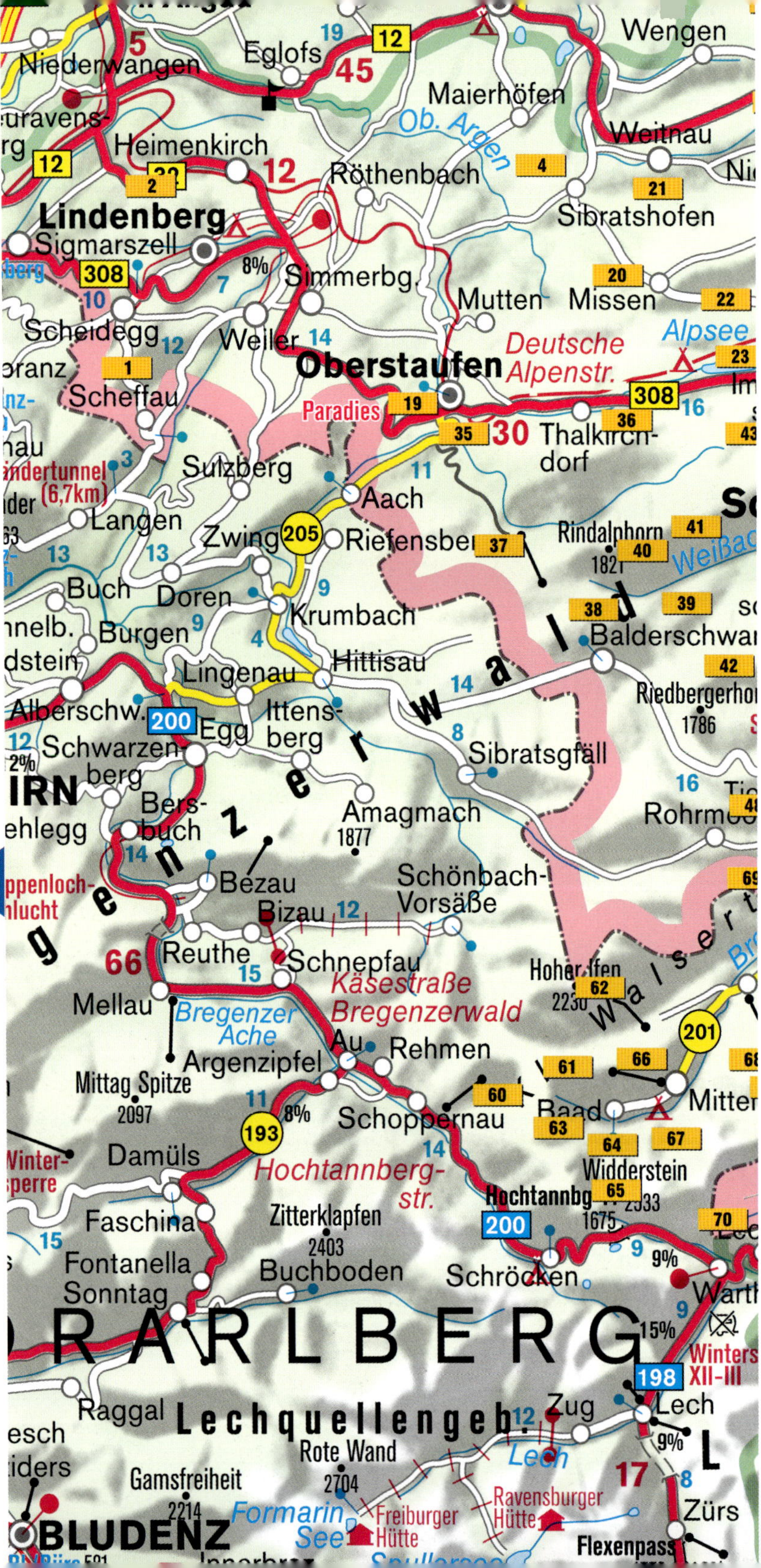
Niederwangen
Eglofs
Wengen
Maierhöfen
Ob. Argen
Weitnau
Heimenkirch
Röthenbach
Sibratshofen
Lindenberg
Sigmarszell
Simmerbg.
Mutten
Missen
Alpsee
Scheidegg
Weiler
Oberstaufen
Deutsche Alpenstr.
Scheffau
Paradies
Thalkirchdorf
Pfändertunnel (6,7km)
Sulzberg
Aach
Langen
Zwing
Riefensberg
Rindalphorn 1821
Weißach
Buch
Doren
Krumbach
Balderschwang
Burgen
Hittisau
Lingenau
Riedbergerhorn 1786
Alberschw.
Egg
Ittensberg
Sibratsgfäll
Schwarzenberg
Rohrmoos
Bersbuch
Amagmach 1877
Bregenzerwald
Bezau
Schönbach-Vorsäße
Bizau
Reuthe
Schnepfau
Käsestraße Bregenzerwald
Hoher Ifen 2230
Walsertal
Mellau
Bregenzer Ache
Au
Rehmen
Argenzipfel
Mittag Spitze 2097
Schoppernau
Baad
Mittelberg
Damüls
Hochtannbergstr.
Widderstein
Hochtannbg 1675
Faschina
Zitterklapfen 2403
Fontanella
Sonntag
Buchboden
Schröcken
Warth
VORARLBERG
Raggal
Lechquellengeb.
Zug
Lech
Rote Wand 2704
Gamsfreiheit 2214
Formarin See
Freiburger Hütte
Ravensburger Hütte
Zürs
Flexenpass
BLUDENZ
Winters. XII-III
200
205
193
198
201
308
12
45
66
30
17

293

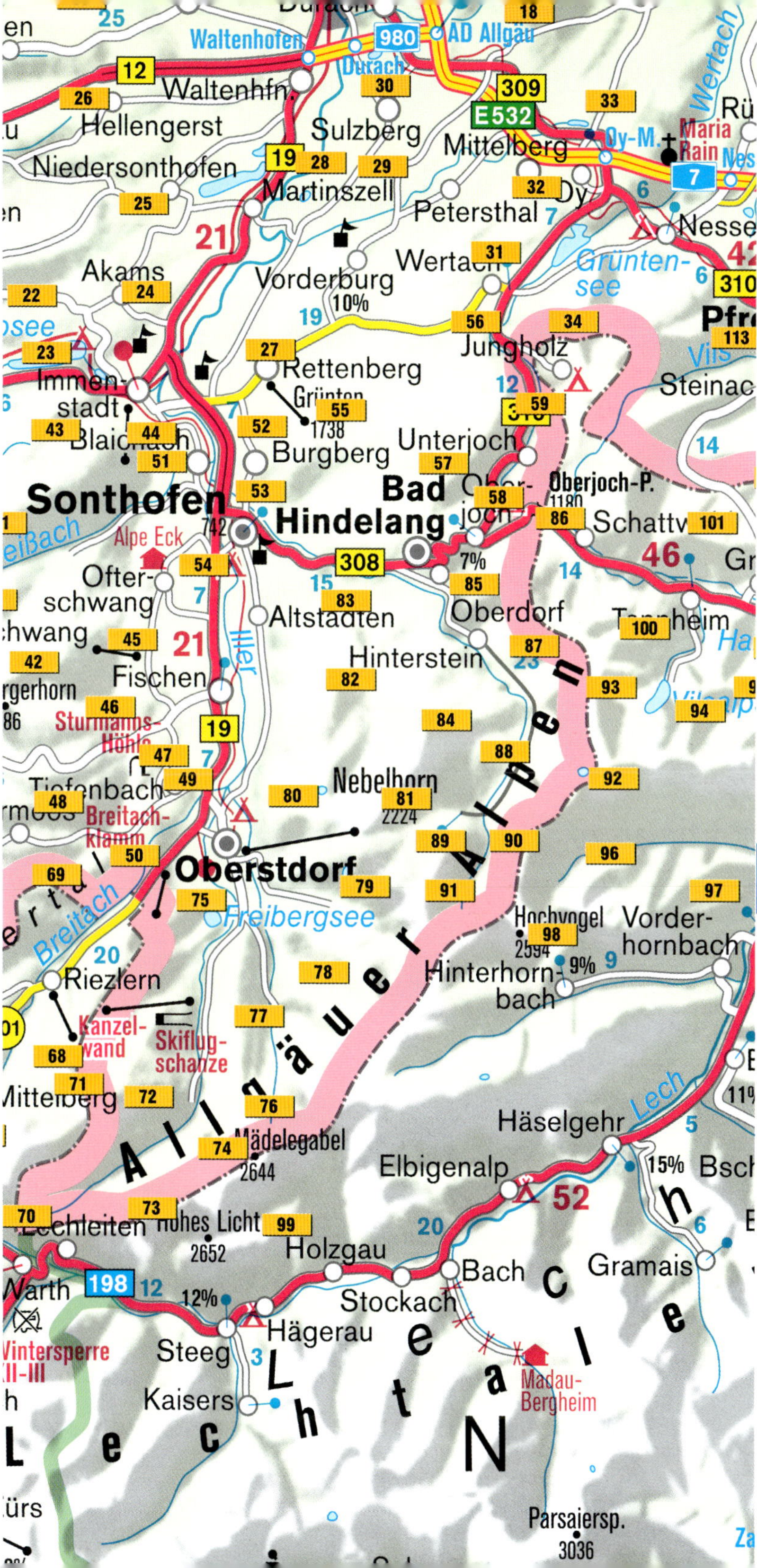
Waltenhofen
AD Allgäu
Durach
Waltenhfn.
Hellengerst
Sulzberg
Mittelberg
Maria Rain
Niedersonthofen
Martinszell
Petersthal
Oy
Nesselwang
Akams
Vorderburg
10%
Wertach
Grüntensee
Pfronten
Jungholz
Rettenberg
Grünten 1738
Immenstadt
Blaichach
Burgberg
Unterjoch
Steinach
Vils
Sonthofen
742
Bad Hindelang
Oberjoch
Oberjoch-P. 1180
Schattwald
Alpe Eck
Ofterschwang
7%
Altstädten
Oberdorf
Tannheim
Hinterstein
Fischen
Iller
Sturmanns-Höhle
Tiefenbach
Nebelhorn 2224
Breitachklamm
Oberstdorf
Freibergsee
Breitach
Riezlern
Hochvogel 2594
Vorderhornbach
Hinterhornbach
9%
Kanzelwand
Skiflugschanze
Mittelberg
Allgäuer Alpen
Mädelegabel 2644
Häselgehr
Lech
Elbigenalp
15%
Lechleiten
Hohes Licht 2652
Holzgau
Warth
Bach
Gramais
12%
Stockach
Hägerau
Steeg
Wintersperre XII-III
Kaisers
Madau-Bergheim
Lechtaler
Parsaiersp. 3036
E532
980
309
310
308
198
12
19
21
46
52
296
REISE-ATLAS

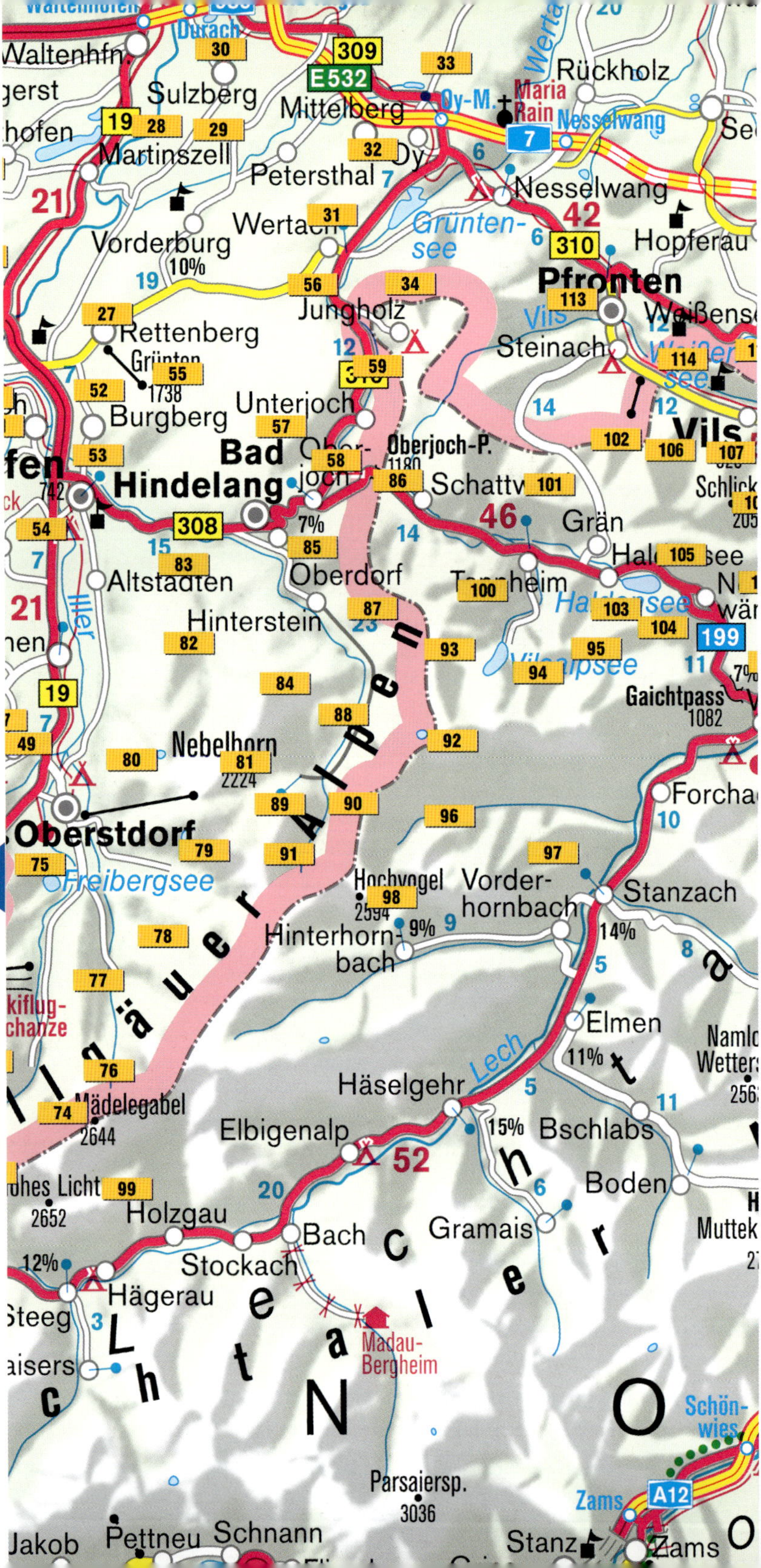

295

REISE-ATLAS

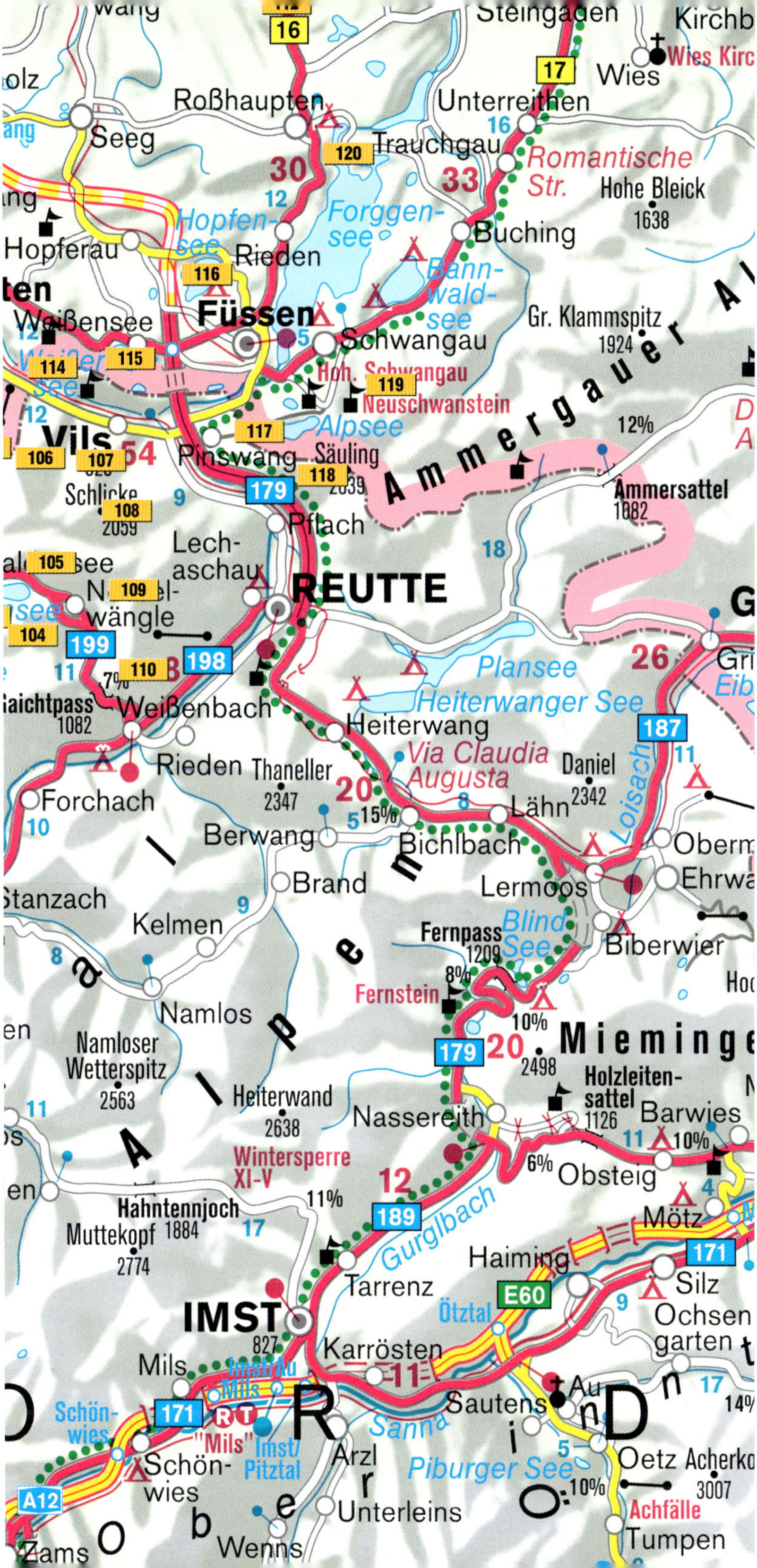
Steingaden
Kirchb
Wies
Wies Kirc
16
17
Roßhaupten
Seeg
Unterreithen
Trauchgau
120
30
33
Romantische Str.
Hohe Bleick
1638
Forggensee
Hopfensee
Rieden
Buching
Hopferau
116
Bannwaldsee
Füssen
Weißensee
Schwangau
Gr. Klammspitz
1924
114
115
Hoh. Schwangau
119
Neuschwanstein
Alpsee
Ammergauer A
12%
Vils
54
117
106
107
Pinswang
Säuling
2039
118
Ammersattel
1082
179
Schlicke
108
2059
Pflach
Lech-
aschau
18
105
109
Nesselwängle
REUTTE
199
198
104
110
7%
Gaichtpass
1082
Weißenbach
Plansee
Heiterwanger See
26
187
Heiterwang
Rieden
Thaneller
2347
Via Claudia Augusta
Daniel
2342
Loisach
Forchach
20
15%
Lähn
Berwang
Bichlbach
Oberm
Brand
Lermoos
Ehrwa
Stanzach
Kelmen
Fernpass
1209
Blindsee
Biberwier
Namlos
Fernstein
8%
10%
Mieminge
Namloser
Wetterspitz
2563
179
2498
Holzleitensattel
1126
Heiterwand
2638
Nassereith
Barwies
10%
Wintersperre
XI-V
6%
Obsteig
12
11%
Hahntennjoch
Muttekopf
1884
2774
189
Mötz
Gurglbach
Haiming
171
Tarrenz
Silz
E60
IMST
827
Ötztal
Ochsengarten
Mils
Imst/Au
Mils
Karrösten
Au
Schönwies
171
"Mils"
Imst/Pitztal
Sautens
Sanna
Arzl
Piburger See
Oetz
Acherko
3007
10%
14%
Achfälle
A12
Schönwies
Unterleins
Tumpen
Zams
Wenns
Lechtaler Alpen
Oberinntal

REISE-ATLAS

Am Hohen Ifen

1. Auflage 2009 · Verlagsnummer 588 · ISBN 978-3-85026-075-6

Titelfoto: Frühlingswerwachen am Holzgauer Muttekopf (Siegfried Garnweidner)

Fotonachweis: Herbert Mayr: Seite 45, 47, 49, 55, 57, 59,.61, 63, 65, 67, 69, 71, 73, 75, 77 oben, 79, 80, 81, 83, 85, 87 unten, 89, 91, 93, 95 oben, 97, 99, 101 oben, 103, 105, 107 oben, 109 oben, 111, 117 oben, 118, 121 oben, 123 oben, 125, 127 unten, 133, 137 oben, 139, 141 oben, 143, 149, 151, 153 unten, 163 unten, 165, 169, 173, 175 oben, 179 oben, 181, 182, 184 unten, 187, 188, 190, 193, 195, 197, 203, 207, 209, 215 oben, 210, 219, 221, 245, 247 unten, 255 oben

Alle anderen Bilder stammen von Siegfried Garnweidner.

Alle Angaben und Routenbeschreibungen wurden nach bestem Wissen gemäß unserer derzeitigen Informationslage gemacht. Die Touren wurden sehr sorgfältig ausgewählt und beschrieben, Schwierigkeiten werden im Text kurz angegeben. Es können jedoch Änderungen an Wegen und im aktuellen Naturzustand eintreten. Wanderer und Bergsteiger müssen darauf achten, dass sich der Wegzustand bezüglich Begehbarkeit aufgrund ständiger Veränderungen nicht mit den Angaben in diesem Führer decken müssen. Bei der großen Fülle des bearbeiteten Materials sind daher vereinzelte Fehler und Unstimmigkeiten nicht vermeidbar. Die Verwendung dieses Führers erfolgt ausschließlich auf eigenes Risiko und auf eigene Gefahr, somit eigenverantwortlich. Eine Haftung für etwaige Unfälle oder Schäden jeder Art wird daher nicht übernommen. Berichtigungshinweise nehmen wir gern entgegen. Senden Sie Ihre Korrekturvorschläge bitte an

KOMPASS-Karten GmbH, Kaplanstraße 2, 6063 Rum/ Innsbruck, Österreich,
Fax: + +43(0)512/265561-8, kompass@kompass.at

NOTIZEN

KOMPASS
Wander-, Rad-, Skitouren- und Langlaufkarte
4
Füssen · Außerfern
1:50000 1cm ≙ 500 m
mit Panorama
www.kompass.at
Mit Tourenführer KOMPASSkompakt
GPS
ratiopharm

KOMPASS
Wander-, Rad- und Langlaufkarte 05
Oberammergau und Ammertal
1:25000 1cm ≙ 250 m
www.kompass.at
Mit Tourenführer KOMPASSkompakt
GPS
ratiopharm

KOMPASS
07
Werdenfelser Land mit Zugspitze
Wandern | Rad
1:25 000
1 cm ≙ 250 m
KOMPASS kompakt
GPS
ratiopharm